班主任在学生心理健康促进中的关键角色探究

孙淮河 ◎著

吉林文史出版社

图书在版编目（CIP）数据

班主任在学生心理健康促进中的关键角色探究 ／ 孙淮河著 . -- 长春：吉林文史出版社，2024．7． -- ISBN 978-7-5752-0465-1

Ⅰ．G448

中国国家版本馆 CIP 数据核字第 2024C957M6 号

BANZHUREN ZAI XUESHENG XINLI JIANKANG CUJIN ZHONG DE GUANJIAN JUESE TANJIU

书　　名	班主任在学生心理健康促进中的关键角色探究
著　　者	孙淮河
责任编辑	张　蕊
出版发行	吉林文史出版社
地　　址	长春市福祉大路 5788 号
印　　刷	北京四海锦诚印刷技术有限公司
开　　本	170mm×240mm　1/16
印　　张	14.5
字　　数	150 千字
版　　次	2025 年 3 月第 1 版
印　　次	2025 年 3 月第 1 次印刷
定　　价	58.00 元
书　　号	ISBN 978-7-5752-0465-1

前　言

在当今社会，学生的心理问题日益受到广泛关注。面对学业压力、人际关系、家庭环境等多重挑战，许多学生陷入了心理困境。如何有效促进学生心理健康，已成为教育领域亟待解决的问题。本书旨在探讨班主任在学生心理健康促进中的重要作用，并提出相应的策略与方法。

随着社会的快速发展和教育改革的不断深入，学生的心理问题日益凸显，成为衡量教育质量的重要标准之一。传统的教育模式往往过于注重学生的学习成绩，而忽视了学生的心理健康需求。现代教育理念已经逐渐认识到，学生的心理健康是其全面发展的重要基础，也是其未来成功的重要保障。在这一背景下，班主任作为学生成长过程中的重要陪伴者和引导者，其角色与职责也在不断得到拓展和深化。过去班主任的主要职责是管理班级纪律和组织教学活动，但现在班主任的责任已经远远超出了这些范畴。他们不仅需要关注学生的学业进步，更需要关注学生的心理健康状况，及时发现和解决学生在心理方面遇到的问题。越来越多的研究表明，班主任在学生心理健康促进中发挥着举足轻重的作用。他们与学生建立了深厚的情感联系，是学生最亲近、最信任的人之一。班主任的一言一行都会对学生的心理产生深远的影响。当班主任关注学生的心理健康，积极营造健康、和谐的班级氛围时，学生的心理健康状况就会得到明显的改善。相反，如果班主任忽视学生的心理健康需求，或者采取不当的教育方式，就会导致学生的心理问题加剧，甚至引发严重的心理危机。

本书的核心宗旨在于明确班主任在学生心理健康促进中所扮演的具体角

色、担负的具体职责以及可以采纳的有效策略。通过详尽而深入的研究，旨在为广大班主任提供一套既有理论深度又有实践指导意义的工具书，帮助他们在实际工作中更加得心应手，为学生的心理健康保驾护航。本书致力于对班主任在学生心理健康促进中的角色和职责进行清晰的界定。他们不仅是学生知识的传授者，更是学生心理健康的守护者。而心理问题是一个复杂而多变的领域，需要具备专业的知识和技能才能有效应对。因此，本书整合了心理学、教育学等多学科的相关理论和实践成果，旨在为广大班主任提供一套全面、系统、科学、实用的心理健康促进方法和技巧，以便帮助他们更好地应对学生的心理问题。本书还将为班主任提供丰富的实践案例和策略建议，以助其在实际工作中取得更好的效果。理论是灰色的，而实践之树常青。只有将理论与实践结合起来，才能真正发挥理论的指导作用。

本书的出版将有力地纠正"传统教育观念中，学生的学习成绩往往被视为衡量教育质量的唯一标准,而学生的心理问题则常被忽视或轻视"这一偏见，使班主任更加深刻地认识到学生心理健康的重要性，从而更加主动地参与学生心理健康促进工作。本书的推广和应用将有助于形成全校、全社会共同关注学生心理健康的良好氛围。学生的心理问题不仅仅是学校和教育部门的问题，更是全社会共同关注的问题还引发了社会各界的深入思考，从而形成了全社会共同关注学生心理健康、共同促进学生健康成长的良好氛围。

目　录

第一章　班主任与学生心理健康的基础

第一节　班主任在学生心理健康教育中的作用

一、理解班主任的角色与职责

理解班主任的角色与职责，对有效促进学生心理健康具有至关重要的意义。在当今教育领域，班主任扮演着不可或缺的关键角色，他们不仅是学生学习、生活的引导者，更是学生心理健康的关键推动者。从多个角度审视班主任的角色与职责，有助于深入了解他们在学生心理健康促进中的关键作用。班主任是学生心理健康教育的倡导者和引导者。作为班级的领导者，班主任有责任关注学生的心理健康状况，并为学生提供必要的支持和帮助。通过与学生建立信任和沟通的桥梁，班主任可以及时发现学生的心理问题，并采取有效的措施予以引导和干预，从而促进学生心理健康的全面发展。班主任是学生心理健康教育的实施者和推动者。在日常的教育教学活动中，班主任可以通过课堂教育、心理健康讲座、心理辅导等形式，向学生传授心理健康知识，培养他们的心理健康意识和素养。同时班主任还可以组织学生参加各种心理健康活动，促进他们的心理健康成长，培养其积极应对压力和解决问题的能力。班主任是学生心理健康教育的监督者和管理者。在学校管理中，班主任应当密切关注学生的心理健康状况，加强对学生的心理健康评估和监测，及时发现和处理学生的各类心理问题。班主任还应与学校相关部门和家长密切合作，共同制订和落实学生心理健康管理方案，确保学生心理健康工作的顺利开展。

（一）关怀与支持

班主任作为学生在校园中的第一位依靠和支持者，扮演着至关重要的角色。在这个角色中，关怀与支持是其最为突出的特质之一。通过真诚的关怀和有效的支持，班主任能够与学生建立深厚的情感联系，为他们提供温暖的情感依托和坚实的心理支持。班主任的关怀体现在对学生的关注和理解上。他们会倾听学生的心声，关注他们的情绪变化和心理需求，及时发现学生存在的困惑和问题。通过与学生建立真诚的沟通和互动，班主任可以了解更多关于学生内心世界的信息，为他们提供个性化的关怀和支持。班主任的支持体现在对学生的积极引导和鼓励上。面对学生的困难和挑战，班主任会给予他们必要的指导和支持，帮助他们找到解决问题的方法和路径。无论是在学业上的困扰，还是在人际关系上的纠纷，班主任都会给予学生耐心的倾听和建议，鼓励他们坚持不懈，勇敢面对，从而增强他们的信心和勇气。班主任的支持也包括对学生心理健康的关注和照顾。在学生面临情绪波动或心理压力较大时，班主任会给予他们及时的关怀和安慰，为他们排忧解难，化解他们的心理困扰。通过与学生建立紧密的情感联系，班主任可以成为学生心灵上的依靠和支持，让他们感受到温暖和安全，更好地适应学校生活中的各种挑战。

（二）情绪管理与指导

班主任在学生心理健康教育中扮演着情绪管理的引导者角色。情绪管理是每个人生活中不可或缺的一部分，尤其对学生来说在面对各种挑战和压力时，良好的情绪管理技巧更显得尤为重要。在这一过程中班主任的指导和支持起着至关重要的作用。班主任教导学生正确的情绪管理技巧，不仅会向学生传授理论知识，更会通过实际案例和亲身经历等方式，向学生传授实用的情绪管理技能，包括但不限于情绪识别、情绪表达、情绪调节等方面的技巧，帮助学生更好地认识和理解自己的情绪，学会如何应对各种情绪状态。班主任帮助学生学会在面对挫折和压力时保持情绪稳定，会在学生遇到困难时给予他们及时的关心和支持，引导他们调整心态，采取积极的应对策略，保持情绪的稳定和平衡。班主任指导学生了解自己的情绪，并提供有效的应对策略，有助于减少学生的情绪困扰，促进他们的心理健康。学会正确处理情绪不仅可以提升学生的心理适应能力，还能够增强他们的自信心和抗压能力，有利于他们更好地应对未来的挑战和压力。

图1-1 人类的情绪

（三）建立支持性班级环境

在一个支持性的班级环境中，学生能够感受到彼此之间的尊重和支持，这种积极的氛围有助于培养学生的自信心和归属感，从而提升他们的心理健康水平。班主任应该通过积极的班级管理和组织活动建立支持性班级环境，致力于营造开放、包容、互助的氛围，鼓励学生之间相互理解和支持。班主任应该组织各种形式的班级活动，如团队合作、互助学习、情感分享等，让学生感受到班级这一大家庭的温暖和支持，增强彼此之间的情感联系。班主任应该注重培养学生的团队意识和合作精神，在支持性班级环境中鼓励学生相互协作、互相帮助，共同解决问题和克服困难。通过团队合作的方式，学生能学会倾听他人、尊重他人、与他人合作，建立良好的人际关系，增强心理韧性，提升心理健康水平。班主任要重视学生之间的交流与沟通，为他们提供一个畅所欲言的平台。在支持性班级环境中，学生可以自由表达自己的想法和感受，得到他人的理解与支持。班主任要会倾听学生的心声，关注他们的需求和问题，及时解决他们之间的各种矛盾和纠纷，促进班级关系的和谐与稳定。

表1-1 建立支持性班级环境的实施方案

实施目标	具体措施	预期效果
营造积极的氛围	以积极、鼓励的态度对待学生，强调班级的共同目标和价值观	学生感受到班级的温暖和支持，自信心和归属感有所增强。
鼓励尊重与支持	开展班级讨论和角色扮演活动，引导学生学会倾听和尊重他人的观点	学生之间形成相互尊重和支持的氛围，减少冲突和矛盾。

续表

实施目标	具体措施	预期效果
组织班级活动	定期组织团队合作、互助学习和情感分享等活动,促进学生之间的交流和合作	学生通过活动建立深厚的友谊,增强班级凝聚力
培养团队意识	在班级活动中强调团队目标,鼓励学生共同解决问题和克服困难	学生学会与他人合作,提升团队协作能力和心理韧性
提供沟通的平台	设立班级意见箱和定期班会,鼓励学生自由表达想法和感受	学生能够畅所欲言,得到他人的理解和支持,促进班级和谐
关注学生的需求	定期与学生个别交流,了解他们的需求和问题,提供必要的帮助和支持	学生感受到被关心和重视,心理健康水平得到提升

班主任在学生心理健康教育中的角色与职责远不止于传统的教育教学不仅能帮助学生取得学业上的成功,更在于关注和促进学生的全面发展。通过关怀与支持、情绪管理与指导,以及建立支持性班级环境等多方面的努力,班主任能够有效地促进学生的心理健康,为他们的全面发展和成长奠定坚实的基础。

二、学生心理健康的重要性

学生的心理问题已成为当今教育领域的热点话题,备受社会各界的关注和重视。在快节奏和竞争激烈的现代社会中,学生面临着越来越多的挑战和压力,心理问题日益凸显。然而学生心理健康的良好状态不仅关乎个体的成长和发展,更直接影响着整个社会的稳定和进步。在这样的背景下深入探讨学生心理健康的重要性,以及班主任在其中的关键作用显得尤为迫切和必要。

(一)学生心理健康与学习成绩的密切关系

学生心理健康与学习成绩的密切关系是当前教育领域广泛关注的一个重要议题。心理状态良好的学生更容易保持专注力和学习动力。处于良好心理状态下的学生通常能够更好地控制自己的注意力,不易受外界因素的干扰,能够更集中精力投入学习中。相对而言,心理不健康的学生会受到内心的困扰,难以集中注意力,导致学习效率降低。心理状态良好的学生能够更有效地掌握知识,提升学习效率。研究表明,心理状态良好的学生更具有良好的学习能力和记忆力,能够更快速地吸收新知识，更有效地理解和应用所学内容。相反，存在心理问题或压力过大的学生会影响学习过程中的信息处理和记忆能力，导致学习效果不佳。心理状态良好的学生往往具有更积极的学习态度和学习行为，他们对学习有更强的自我驱动力和自我控制能力，更愿意主动参与学习活动，更勇于面对学习中的挑战和困难。相比之下，心理不健康的学生会表现出消极的学习态度，缺乏学习动力，对学习失去兴趣，从而影响学习成绩的提升。

（二）学生心理健康与社交能力的培养

心理健康的学生更容易建立积极的人际关系，处于良好心理状态下的学生通常更愿意与他人交流和沟通，能够更好地理解他人的情感和需求，从而与他人建立良好的友谊和互信关系。心理不健康的学生会表现出社交回避或敌意，导致人际关系的疏远和紧张。心理健康的学生能够更好地培养合作精神和团队意识，在集体活动或团队合作中，他们更愿意与他人合作，共同解决问题，实现共同目标。通过与他人合作，他们能学会倾听他人的意见，尊重他人的选择，培养了解和包容的态度，从而增强团队意识和合作能力。相比之下，心理问题会导致学生表现出自我封闭或冲突倾向，影响合作和团队的形成和发展。心理健康的学生能够更好地应对人际关系中的挑战和困难。他们具有较强的情绪管理能力和解决问题的能力，在人际交往中能够更成熟地处理冲突和矛盾，保持理性和冷静，避免情绪化的行为。相反，心理不健康的学生会因情绪波动较大而在人际交往中表现出不稳定或冲动，导致人际关系的破裂或紧张。

（三）学生心理健康与综合素养的提升

心理健康的学生更容易具备良好的情绪管理能力和自我调节能力，能够更好地认识、理解并处理自己的情绪，不易受外界因素的影响而情绪失控。通过有效的情绪管理，他们能更加冷静地面对挫折与压力，在困难面前保持乐观积极的心态，从而有助于提升综合素养。心理健康的学生能够更好地应对各种挑战和困难，从中学会成长和进步，面对挫折和压力时能够保持理性和冷静，积极主动地寻找解决问题的方法和途径，不轻易放弃。这种积极的应对态度和解决问题的能力是综合素养的重要组成部分。心理健康的学生通常表现出更积极的行为和更良好的品德，他们能够更好地控制自己的行为，遵守社会规范和道德准则，积极参与社会活动，为他人和社会做出积极贡献。心理问题会导致情绪失控、行为问题等，影响学生的品德修养和社会适应能力，从而影响其综合素养的提升。

表 1-2 提升学生心理健康与综合素养的方案

实施目标	具体措施	预期效果
提升情绪管理能力	开设情绪管理课程	学生能够更好地管理情绪，减少情绪失控的情况，增强自我调节能力
培养积极应对态度	开展挫折教育和压力管理活动	学生在面对挫折和压力时能够更冷静、乐观，积极寻找解决问题的方法
强化解决问题的能力	组织问题解决和团队合作训练	学生能够更有效地应对各种挑战和困难，从中学会成长和进步
培养良好的品德行为	加强道德教育和社会实践活动	学生表现出更积极的行为，遵守社会规范，积极参与社会活动，提升品德修养
预防心理问题	定期开展心理健康教育和心理筛查	减少心理问题对学生情绪、行为和品德的负面影响，保障综合素养的提升

学生心理健康的重要性不言而喻，直接关系到学生的学习成绩、社交能力以及综合素养的提升。通过对学生心理健康与学习成绩、社交能力及综合素养的关系进行探讨和阐述，能清晰地看到心理健康对学生的全面发展具有至关重要的作用。学生的心理健康程度与学习成绩是息息相关的，心理状态良好的学生更容易保持专注力和学习动力，能更有效地掌握所学知识，从而取得更好的学习成绩。学生的心理健康程度与社交能力的培养也密切相关，心理健康的学生更具有积极的社交能力和人际交往能力，能够更好地与他人建立良好的关系，有利于培养合作精神和增强团队意识。

学生的心理健康程度与综合素养的提升紧密相连。心理健康的学生能够更好地应对挫折与压力，保持乐观积极的心态，具备良好的情绪管理能力和自我调节能力，从而有助于提升其综合素养水平。

三、班主任与学生心理健康的关系

在学生的成长过程中，班主任扮演着至关重要的角色。他们不仅是学生在校园中的重要指导者和支持者，更是学生心理健康的关键推动者。班主任承担着引导、关心和照顾学生的责任，通过与学生建立信任亲近的关系，为他们提供情感上的支持和指导。在学生面临挑战和困难时，班主任时刻关注学生的情绪变化，能积极引导他们正确处理问题，助力他们走出困境。

表 1-3　班主任与学生心理健康之间的关系

班主任的行为或态度	对学生心理健康的影响
关心与支持	增强学生的自信心和归属感
公平与公正	营造和谐的班级氛围，减少冲突和压力
情绪管理	示范良好的情绪调节方式，提升学生的情绪管理能力
压力管理	帮助学生有效应对学业和人际压力
忽视与冷漠	导致学生情感失落、自卑和焦虑
偏袒与不公	破坏班级和谐，增加学生的心理压力和冲突

（一）班主任是学生心理健康的关键支持者

班主任作为学生心理健康的关键支持者，在塑造学生良好心理状态和提升学生心理健康水平方面发挥着至关重要的作用。班主任是学生在校园中的第一位依靠和支持者，作为学生日常生活和学习中的重要指导者，班主任与学生之间建立了亲密的师生关系。学生在面临困难、挑战或情感困扰时，往往会第一时间向班主任求助。班主任以亲切的态度和关怀的心情倾听学生的诉求，能为他们提供情感上的支持和安慰，让学生感受到被理解和被关心，从而增强学生的心理韧性和抗压能力。班主任不仅关注学生的学习情况，更要重视学生的心理状态。班主任应时刻关注学生的情感需求和心理变化，通过与学生的沟通和交流，了解他们的内心世界和情感状态。班主任会定期为学生进行心理健康教育和心理辅导，引导他们正确地认识和处理自己的情绪，教授他们有效地应对压力和解决问题的方法，帮助学生树立积极乐观的心态，积极面对生活中的挑战和困难。班主任还通过多种方式为学生提供心理支持和帮助，不仅是学生学业上的指导者，更是他们情感上的倾诉对象和心灵导师。班主任会倾听学生的困惑和烦恼，为他们提供专业的心理咨询和建议，帮助他们走出困境，重新找到生活的方向和动力。同时班主任还会积极组织丰富多彩的课外活动和心理健康教育，营造积极向上的校园氛围，让学生在快乐的氛围中获得心理疏导和情感支持。

（二）班主任是学生心理健康的重要引导者

班主任作为学生心理健康的重要引导者，扮演着塑造学生正确心态和培养学生应对压力的能力的重要角色。班主任指导学生树立正确的人生观和价值观，在学生的成长过程中，不仅是学生学习上的引导者，更是他们道德观念的引领者。他们通过言传身教，示范和传递积极向上的人生态度与正确的价值观，引导学生树立正确的人生目标和追求，培养学生正确的人生观和价值观，帮助他们树立自信、坚强、积极的心态，从而促进学生的心理健康发展。班主任会教导学生正确的情绪管理技巧和应对压力的方法，在学生面对挫折和压力时，能够及时引导他们正确处理情绪，避免情绪失控和消极情绪的蔓延。班主任会教导学生有效的情绪调节和自我放松技巧，帮助他们认识自己的情绪状态，学会控制和调节情绪，保持良好的心态，从而提升学生的心理素质和应对能力。班主任与学生进行心理沟通，为学生进行心理辅导，能帮助学生认识自己的内心世界，从而有效地解决心理问题。班主任会倾听学生的心声，耐心了解他们的困惑和烦恼，通过引导和建议，帮助他们跨越心理障碍，重新找到自信和动力。班主任的心理辅导不仅是学生心理健康的重要支持，更是学生心理成长的重要推动力。

（三）班主任是学生心理健康的积极倡导者

班主任作为学生心理健康的积极倡导者，扮演着促进学生心理健康的重要角色。班主任积极倡导关心学生心理健康的理念，他们认识到学生的心理健康对其全面发展至关重要，因此将心理健康教育纳入教育工作的重要议程。班主任通过言传身教，以及在日常工作中的实践行动，向学生和社会传递关心、关注学生心理健康的理念，鼓励学生敞开心扉，主动寻求帮助和支持，使学生认识到心理健康和身体健康同样重要。每一位班主任都致力于营造一个充满关爱、支持和和谐的班级氛围，通过组织丰富多彩的班级活动，创造积极向上、充满活力的学习环境，使学生能够在轻松、愉快的氛围中学习和成长。班主任同时注重培养学生之间的友爱和合作精神，鼓励学生相互关心、互相帮助，共同促进班级的团结和和谐。班主任通过开展心理健康教育活动，提升学生的心理素养和心理抗压能力。班主任组织举办各类心理健康讲座、工作坊和培训课程，向学生传授正确的心理健康知识和技能，教导他们有效的情绪管理和压力释放方法，帮助学生建立健康的心理生活方式，提升心理韧性和抗压能力。班主任要与家长和学校其他相关部门密切合作，共同关注和促进学生心理健康的发展。班主任与家长保持密切联系，有利于及时交流学生的心理状况和问题，共同探讨解决方案，形成家校合力，共同关心和支持学生的心理健康成长。同时班主任还要与学校心理健康教育机构和专业人士合作，共同制订和实施心理健康教育计划，为学生提供更加全面、专业的心理健康服务和支持。

班主任与学生心理健康之间的紧密关系在教育领域中扮演着不可或缺的角色。作为学生在校园中的重要指导者和支持者，班主任肩负着多重责任，既要关心学生的学业进步，更要关注他们的心理健康状况。通过引导、关心和照顾学生，班主任能够成为学生心理健康的关键支持者。班主任的关心、引导和倡导为学生心理健康的发展提供了重要的支持与保障。在他们的努力下，学生能够更好地应对生活中的挑战和困难，保持积极向上的心态，实现自身的成长和发展。班主任的角色与学生心理健康的关系密不可分，他们的工作将为学生的健康成长奠定坚实的基础。

四、创建支持性班级环境的基础

学生在学校度过了大部分时间，而班级作为学生集体生活和学习的主要场所，其环境对学生的心理健康具有深远影响。一个支持性的班级环境不仅能够为学生提供良好的学习和发展条件，更能够有力地促进他们的心理健康水平。在这样的环境中，学生不仅能够获得知识，更能够感受到来自同学和老师的尊重、理解与支持，从而增强自信心、归属感和安全感。因此，创建支持性班级环境是至关重要的。

（一）建立积极向上的班级文化

建立积极向上的班级文化是创造支持性班级环境的重要组成部分。在这样的文化氛围下，学生能够更好地发展个人潜能，建立积极的人际关系，从而提升心理健康水平。班主任可以通过鼓励学生相互尊重、合作、分享和支持建立积极向上的班级文化。尊重是班级文化的基石，班主任要引导学生尊重彼此的差异，包括文化背景、兴趣爱好和学习能力等方面。通过鼓励学生之间的合作和分享，班主任可以培养学生的团队意识和协作精神，让学生懂得共同进步的重要性。支持也是班级文化中的重要元素，班主任可以在学生面临挑战和困难时给予及时的支持与鼓励，让学生感受到身边有人支持和关心，从而增强他们的自信心和安全感。班主任可以组织各种丰富多彩的班级活动，如团队合作游戏、志愿者活动等，以培养学生的团队意识和合作精神。通过这些活动，学生不仅可以锻炼团队合作能力，还能够增强集体荣誉感和归属感，从而营造积极向上的班级氛围。例如，组织学生参加团队合作游戏，让学生学会团结协作、共同克服困难，同时也能够增强学生之间的友谊和互助精神。班主任可以通过班会、主题讨论等形式，引导学生树立积极的人生态度和价值观，营造出乐观向上、积极进取的班级氛围。班会是学生展示自己的平台，班主任可以组织学生分享成功的经验，互相激励和鼓励，让学生在积极向上的氛围中成长。同时选取一些与学生生活、学习密切相关的主题，组织学生进行讨论和交流，引导学生树立正确的人生观和价值观，激发他们的内在动力，助力他们更好地应对挑战和困难。

（二）倡导公平公正的班级管理

倡导公平公正的班级管理是确保支持性班级环境稳定和健康发展的关键要素。在这样的管理机制下，学生能够感受到公平和正义，从而建立安全、信任的学习氛围，进而提升其心理健康水平。班主任应建立一套公平公正的班级管理机制，对学生一视同仁，不偏不倚地对待每一个学生。公平公正的班级管理机制应该建立在明确的规章制度之上，以确保每个学生都受到公平的对待。班主任在要求学生遵守规章制度时，也要严格按照规章制度行事，不偏不倚地对待每一个学生，让学生在学校中感受到公平和正义。班主任要坚持公平原则，公正地处理学生之间的矛盾和纠纷。在班级管理中难免会出现学生之间的矛盾和纠纷，班主任应该客观公正地对待这些问题，不偏袒任何一方。班主任可以通过调解、协调等方式，帮助学生解决问题，以维护班级的稳定和和谐，同时还要注重对学生的个性差异和特长的尊重与发展，给予每个学生充分的关注和支持。每个学生都是独一无二的个体，有着不同的特点和潜能，班主任应该充分尊重和重视这些个性差异，为每个学生提供个性化的关怀和支持。班主任可以通过了解学生的兴趣爱好、学习习惯等方面，为他们提供合适的指导和帮助，帮助他们充分发展自己的潜能，增强自尊心和自信心，从而提升其心理健康水平。

（三）促进师生、生生之间的良好关系

促进师生、生生之间的良好关系是班主任在创建支持性班级环境中的重要任务之一。这种关系的良好与否直接关系着班级的凝聚力和学生的心理健康水平。班主任要加强与学生之间的沟通和交流，以便促进良好的师生关系。沟通是建立

良好师生关系的桥梁，班主任应该经常与学生沟通，了解他们的需求、想法和问题，并给予他们及时的关注和支持。班主任可以倾听学生的心声，理解他们的困惑和烦恼，为他们提供有效的帮助和指导，从而增强师生之间的信任和情感联系。积极组织各种交流活，如班级座谈、小组讨论等，营造师生之间平等、尊重、信任的氛围，增进彼此之间的情感联系和沟通效果。班级座谈是一个良好的沟通平台，班主任组织学生进行座谈，让学生畅所欲言，分享彼此的心得和体会，增进彼此之间的理解和信任。班主任还可以组织小组讨论，让学生共同探讨问题，培养他们的合作精神和团队意识。班主任还要教育、引导学生建立良好的人际关系，培养学生的合作精神和团队意识。人际关系是学生在成长过程中需要面对的重要问题，班主任应该教育学生如何与他人相处，如何建立良好的人际关系，如何有效地解决人际矛盾。班主任可以通过课堂教学、班会活动等形式，向学生传授人际交往的技巧和方法，引导他们建立和谐、健康的人际关系，从而促进他们的心理健康发展。创建支持性班级环境是班主任在学生心理健康促进中的至关重要的工作之一，这一环境的建立不仅有助于学生在学习中取得更好的成绩，更能够提升他们的心理健康水平，使他们在面对挑战时更加坚强、自信。通过他们的努力，学生能够在这样的环境中苗壮成长，实现个人潜能的最大发挥，为未来的成长和发展奠定坚实的基础。班主任的工作不仅仅是教书育人，更肩负着关注学生心理健康、引导学生成长成才的重要使命。

第二节　心理健康基础知识

一、心理健康的定义与要素

（一）心理健康的定义

心理健康是指个体在心理上的良好状态，包括情感、思维、行为等多方面的平衡和协调。在这种状态下，个体能够适应生活中的压力和挑战，保持积极的情绪态度，拥有良好的自我意识和自我调节能力，以及健康的人际关系。心理健康的定义涵盖了情感、认知和行为三个方面，这些方面相互交织，相互作用，共同构成了一个人心理健康的综合状态。情感方面是心理健康的重要组成部分，它指的是个体对自己、他人和环境的情感体验与反应。积极的情绪体验如快乐、满足、安心等，反映了个体对生活的积极态度和良好心理状态。这种情感状态有助于提升个体的生活质量和幸福感，使其更加乐观向上，更有动力面对生活中的挑战。而消极的情绪体验如焦虑、抑郁、压力等，则会影响个体的心理健康，导致情绪失控、情绪低落等问题，甚至引发各种心理障碍。认知方面是个体心理健康的另一个重要方面，它指的是个体的思维方式、认知能力和心理过程。个体的认知能力包括对事物的认知和理解能力、解决问题的能力及决策能力等。良好的认知能力有助于个体正确地认知和理解周围的环境与事件，合理地应对生活中的各种挑战和压力。而认知能力的不足则会导致个体对事物的理解偏差、决策失误等问题，影响其心理健康状态。行为方面是个体心理健康的表现和体现，它指的是个体的行为表现和行为习惯。良好的行为表现包括积极的社交能力、有效的应对压力的能力、健康的自我管理能力等。这些能力有助于个体与他人建立良好的人际关系，有效地应对生活中的各种挑战和压力，维护个体的心理健康状态。相反，行为方面的问题，如社交障碍、应对困难能力不足等，则会影响个体的心理健康，导致各种心理问题的产生。

什么是心理健康

我们每个人都有一颗与众不同的心，它会随着我们的成长而成长。怎样让我们的心更加阳光健康地成长，就是我们今天要认识的一个有趣知识。

图 1-2　心理健康

（二）心理健康的要素

心理健康是一个综合性的概念，涵盖了生理、心理和社会三个方面的因素。

这些方面相互作用，共同影响着个体的心理健康状态。生理方面是心理健康的重要组成部分，它指的是个体身体生理机能的健康状况，包括大脑功能、神经系统、内分泌系统等。大脑是心理活动的中枢，神经系统和内分泌系统则负责调节身体内部的各种生理过程。这些生理机能的健康状况直接影响着个体的心理状态和情绪体验。大脑的健康功能能够保证个体思维敏捷、情绪稳定，神经系统的正常工作有助于维持个体的情绪平衡，内分泌系统的稳定能够调节个体的情绪和心理状态。心理方面是心理健康的核心内容，它指的是个体心理状态的良好与否，包括情感、认知、态度和价值观等。情感方面，个体对自己、他人和环境的情感体验和反应反映了其心理状态的健康程度；认知方面，个体对事物的认知和理解能力、解决问题的能力及决策能力等直接影响着其心理健康状态；态度和价值观则是个体对待生活和社会的态度与观念，对个体的心理健康产生重要影响。一个积极乐观、理性平和的心理状态有助于个体保持心理健康，应对生活中的各种挑战和困难。社会方面是个体心理健康的重要保障，它指的是个体与社会环境之间的关系，包括家庭、学校、社会等各种社会关系的互动和影响。良好的社会环境能够为个体提供支持和帮助，增强其心理健康的抵抗力和适应能力。良好的家庭关系、亲密的友谊关系、和谐的师生关系等都有助于个体的心理健康。同时社会环境的压力、竞争和挑战也会对个体的心理健康产生影响，需要个体具备应对的能力和资源。

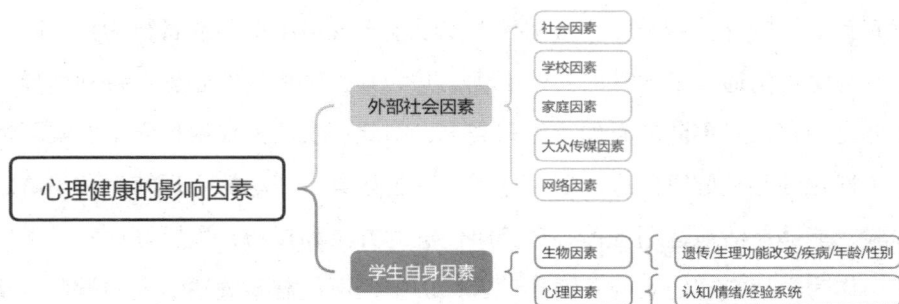

图 1-3　心理健康的影响因素

（三）影响心理健康的内外因素

心理健康的要素不仅包括内在因素，如遗传基因、个性特征和生活经历，还包括外在因素，如社会环境、家庭环境和学校环境等。这些内在和外在因素相互作用，共同影响着个体的心理健康状况。内在因素对心理健康有着重要影响，个体的遗传基因决定了其生理和心理特征的一部分，包括脑部化学物质的分泌和神经系统的构建等。这些基因影响了个体对情绪的调节能力、应对压力的方式及心理问题的易感性。此外，个体的个性特征也会对其心理健康产生深远的影响。例如乐观、开放的人更容易积极应对生活中的挑战，而内向、焦虑的人更容易受到情绪的困扰。个体的生活经历，尤其是童年时期的经历，也会对其心理健康产生重要影响。早年的家庭环境、学校体验及社会关系等都会对个体的心理发展和健康产生深远的影响。外在因素同样对心理健康具有至关重要的作用。社会环境是一个人心理健康的重要影响因素之一，社会环境的压力、竞争、支持及社交关系等都会影响个体的心理健康。例如，社会环境中的歧视、排斥等负面因素会导致个体的心理问题。家庭环境也是影响个体心理健康的重要因素之一；家庭的温暖与支持可以给个体提供安全感和归属感，有利于个体的心理健康；而家庭冲突、家庭暴力等负面家庭环境则会对个体的心理健康产生不良影响。此外，学校环境对个体心理健康的影响也不容忽视。学校的教育方式、师生关系、学习氛围等都会影响个体的心理发展和健康。

心理健康的多维度特征使得班主任需要全面了解学生的心理状态，了解学生的情感状态、认知方式和行为表现，帮助班主任更好地应对学生的需求和问题，提供有针对性的支持和帮助。班主任发现学生出现情绪低落或者行为异常时，可以及时与学生沟通，了解其内心的困扰，并为其提供相应的心理支持和引导。不同个体之间存在着不同的心理特点和需求，因此班主任需要根据学生的实际情况制订个性化的心理健康促进计划。这需要班主任具备广泛的心理知识和丰富的实践经验，能够灵活地运用各种心理健康促进的方法和技巧，以更好地满足学生的需求。作为学生心理健康的关键推动者，班主任不仅需要关注学生的学业表现，更要关心其心理健康状况。了解心理健康的基础知识可以帮助班主任更加敏锐地发现学生心理问题的迹象，及时介入并提供有效的支持和帮助，从而促进学生全面健康成长。心理健康的多维度、综合性特征要求班主任具备广泛的心理健康基础知识，以更好地履行其在学生心理健康促进中的关键角色。只有通过不断学习和提升自己的心理健康知识水平，班主任才能更好地为学生的心理健康发展提供有力的支持和指导。

二、常见的心理健康问题

常见的心理问题涵盖了广泛的领域，包括情绪问题、焦虑与压力、抑郁、自尊与自信、人际关系、适应问题等。

（一）情绪问题

情绪问题在心理健康领域中确实是一项极为普遍且重要的议题。它涵盖了各种各样的情绪波动和情绪失控，对个体的生活和社交活动产生了深远的影响。情绪问题表现为过度的愤怒，个体因为受挫、失望或者受到他人的侵犯而产生愤怒情绪，导致情绪失控，甚至表现为攻击性行为。这种情况下，个体常常无法有效地控制自己的情绪，容易对周围的人和事产生负面影响，严重时会导致冲突和暴力事件。情绪问题还表现为焦虑，个体因为各种原因感到不安、担心和紧张，无法摆脱负面的情绪状态。这种焦虑情绪源于学业压力、未来规划、人际关系等方面，严重时会影响个体的日常生活和工作效率，甚至导致焦虑障碍的发生。情绪问题还表现为沮丧或情绪低落，个体因为生活中的挫折、失望或者孤独感而陷入情绪低谷，失去对未来的希望和动力。这种情绪问题会严重影响个体的心理健康和生活质量，甚至导致抑郁症的发生。情绪问题往往受到多种因素的影响，包括外部环境、生活事件和人际关系等。个体因为长期的压力、挫折和困扰而产生情绪问题，无法有效地应对生活中的挑战和困难。因此，了解并处理情绪问题对维护个体的心理健康至关重要。及时的心理干预和支持可以帮助个体有效地应对情绪问题，恢复其心理健康和生活幸福感。

（二）焦虑与压力

焦虑与压力是当今社会普遍存在的心理问题，特别是在学生群体中更加显著。学业压力、社会竞争、人际关系及未来规划等因素成为焦虑和压力的主要源头，这些压力源可以在学生的学习、生活中产生不同形式的影响。学业压力是学生焦虑和压力的主要来源之一，学生面临着来自学校、家庭和社会的学业期望与要求，不断的学习任务、考试压力及竞争环境都可能导致学生产生焦虑和压力。对一些学生来说，随着年级的升级和学业难度的增加，学业压力会进一步加剧，导致其情绪不稳定和焦虑情绪的增加。人际关系问题也是导致学生焦虑和压力的重要因素。学生在学校中需要面对同学、老师、家长等多方面的人际关系，这些关系会带来各种不同的挑战和压力。例如，与同学之间的竞争关系、与老师之间的学业期望及与家长之间的沟通问题等，都会对学生产生负面影响，导致他们感到焦虑和压力。对未来的不确定性和规划也成为学生焦虑和压力的重要来源，面对未来的升学压力、职业选择及社会竞争等问题，一些学生会感到迷茫和焦虑，担心自己无法应对未来的挑战和压力，从而产生情绪波动和心理压力。

（三）抑郁

抑郁是一种常见而严重的心理问题，在学生群体中尤为突出。抑郁症的主要特征包括长期的情绪低落、消极情绪，以及对生活失去兴趣。患抑郁症的学生会感到无助、绝望，甚至对未来失去信心。抑郁症是由多种因素共同作用所致，其中包括学业压力、人际关系问题、家庭环境、生活事件等。学业压力是导致学生抑郁的常见原因之一，随着学生年级的增长，学习任务和学业压力不断增加，而一些学生无法有效地应对这种压力，导致情绪逐渐低落，并最终发展成抑郁症状。人际关系问题也成为学生抑郁的诱因，学生在学校中需要面对同学、老师、家人等多种人际关系，而人际关系的问题会给学生带来困扰和压力。例如，与同学之间的矛盾、与老师之间的沟通问题，以及与家人之间的紧张关系等都会对学生的心理健康产生负面影响，加重其抑郁症状。家庭环境和生活事件也会对学生的心理健康产生影响，家庭不和睦、家庭暴力、亲人去世、父母离婚等生活事件都会给学生造成心理创伤，导致其陷入抑郁状态。抑郁症对个体的心理健康和生活质量都会产生严重的负面影响，严重时抑郁症甚至会导致自杀。因此，对班主任来说，及时发现学生的抑郁症状、提供专业的支持和指导、帮助学生排解负面情绪、寻求心理咨询和治疗是至关重要的。同时班主任也应该与家长和学校的相关部门密切合作，共同关注和促进学生的心理健康。

（四）自尊与自信

自尊与自信是构建个体心理健康的重要组成部分，它们直接影响着个体的情感状态、行为表现，以及与外界的互动方式。然而自尊与自信也是相当脆弱的，易受外界因素影响而产生波动。学业表现是影响学生自尊与自信的重要因素之一，学生会将自己的价值和地位与学习成绩挂钩，当遇到学习上的困难或者考试不理想时，会产生自我贬低的情绪，从而降低自尊感和自信心。外貌和外在形象也会对学生的自尊与自信产生影响，特别是在青少年时期，学生更容易受到外貌的关注和评价，如果个体对自己的外貌感到不满意，会导致自尊心的降低和自信心的削弱。人际关系问题也会影响学生的自尊和自信，比如与同学之间的竞争关系、与老师之间的沟通困难、与家人之间的冲突等，都会对学生的自尊感和自信心产生负面影响，使他们产生自我怀疑和自卑情绪。

（五）人际关系问题

人际关系问题是学生心理健康中一个重要的方面，直接关系到学生的情感状态和社交能力。在成长过程中，学生会面临与同学、老师和家人之间的各种人际关系挑战，这些挑战会对他们的心理健康产生负面影响。如学生面临的欺凌问题。欺凌是一种常见的人际关系问题，表现为言语上的羞辱、身体上的伤害或者社交上的排斥，会给受害者带来严重的心理创伤。被欺凌的学生会感到无助、孤独和自卑，严重影响其心理健康和学习效果。孤独是另一个常见的人际关系问题。孤独是由个性内向、社交技巧不足、人际关系不和谐等因素所致，会使学生感到与他人产生距离，缺乏社交支持和情感联系。长期的孤独状态容易导致学生的抑郁和焦虑，严重影响其心理健康和生活质量。友谊问题也是影响学生心理健康的一个重要因素，在青少年时期建立良好的友谊关系对学生的发展至关重要，然而一些学生面临着友谊关系的挑战，如友谊矛盾、友谊背叛等。这些问题会使学生感到沮丧、失望和孤独，影响其心理健康和情感发展。

（六）适应问题

适应问题在学生心理健康领域中是一个常见但又极具挑战性的问题，当学生面临新环境、新生活方式或者生活变化时，他们会经历适应困难和适应障碍，这会对他们的心理健康产生负面影响。转学是一个常见的导致适应问题的因素，学生由于转学而离开原来熟悉的环境和社交圈，需要适应新的学习环境、新的同学关系及新的教学方式，会导致他们感到焦虑、孤独和不安。尤其是在新环境中，学生会面临适应时间的延长和社交困难，从而影响其心理健康和学习效果。家庭变故也是导致学生适应问题的常见原因之一，家庭中的变故，如父母离异、家庭搬迁、家庭成员生病等，会对学生的生活产生重大影响，使他们陷入情绪波动、焦虑和自我怀疑中。这种情况下，学生需要面对新的家庭结构和生活方式，需要时间来适应变化。其他生活事件的变化，如失业、生病、财务困难等，也会导致学生的适应问题。这些变化会给学生带来生活压力和情绪困扰，使他们难以应对日常生活和学习中的挑战，从而影响其心理健康和生活质量。

了解并识别常见的心理问题对班主任来说至关重要，只有及时发现和介入，提供专业的支持和指导，才能帮助学生有效地应对这些问题，促进其心理健康的全面发展。

三、心理发展的主要阶段

心理发展的主要阶段确实是心理学中的核心概念之一，它描述了个体在生命周期中不同阶段内心理能力和特征的发展情况。了解这些阶段有助于班主任更好地理解学生的心理状态和需求，从而有针对性地开展心理健康促进工作。每个阶段的心理发展都有其独特的特征和任务，从婴儿期的依恋关系到青少年期的身份认同探索，再到成年期的职业规划和家庭建立，每个阶段都伴随个体心理能力和社会适应能力的不断发展与变化。班主任了解学生心理发展的主要阶段，可以更好地把握学生的成长轨迹，更有效地满足他们的心理需求。通过了解学生所处的阶段的特点，班主任可以为他们提供相应的心理支持和指导，帮助他们克服阶段性的困难和挑战，促进他们健康成长。结合实际，可将心理发展分为几个阶段，具体见下表：

表 1-4　心理发展的主要阶段

阶段	年龄范围	主要特征	主要发展任务
婴儿期	0 ~ 1 岁	感知觉的发展，简单发音，初步社交行为	获得信任感，克服怀疑感，形成希望品质
婴儿后期	2 ~ 4 岁	语言能力迅速发展，自主性增强，好奇心旺盛	获得自主感，克服羞耻感，形成意志品质
幼儿期	4 ~ 7 岁	认知能力大幅提升，社交技能增强，开始形成自我意识	获得主动感，克服内疚感，形成目标品质
童年期	7 ~ 12 岁	学习能力增强，开始形成抽象思维，社交圈扩大	获得勤奋感，克服自卑感，形成能力的品质

阶段	年龄范围	主要特征	主要发展任务
青少年期	12~18岁	身心发生显著变化，独立思考能力增强，形成自我同一性	形成角色同一性，防止角色混乱，形成诚实品质
成年早期	18~25岁	追求独立，建立亲密关系，开始职业规划	获得亲密感，避免孤独感，形成爱的品质
成年中期	25~50岁	事业与家庭稳定，社会责任感增强，开始关注下一代	获得繁衍感，避免停滞感，形成关心、助人的品质
成年后期	50岁以上	面临退休与生活调整，开始回顾人生，关注精神需求	享受生活，接受自我，形成智慧与满足感

（一）婴儿期（0~4岁）

婴儿期是个体心理发展的最初阶段，从出生到大约4岁。在这个关键的阶段，婴儿经历了巨大的生理和心理变化，开始建立对外界世界的认知，并与主要照顾者建立亲密的依恋关系。在婴儿期，婴儿主要通过感知和运动活动探索周围的环境。他们开始认识自己的身体，通过视觉、听觉、触觉等感官逐步了解世界。同时开始发展基本的运动技能，如抬头、翻身、爬行等，以便更好地探索世界和与他人互动。婴儿在这个阶段也开始建立对主要照顾者（通常是父母或其他主要抚养者）的依恋关系。这种依恋关系对婴儿的心理健康和情感发展至关重要，通过与主要照顾者的互动和交流，婴儿会建立安全感和信任感，为其未来的心理健康打下了坚实的基础。在婴儿期给予婴儿充分的关爱、温暖和安全感是至关重要的，包括及时满足他们的生理需求（如喂奶、更换尿布）、提供安稳的环境和温暖的亲密关系。与婴儿的亲密互动和有效沟通，能够促进其情感的健康发展。

（二）幼儿期（4~7岁）

在幼儿期，个体的认知和语言能力迅速发展，这是心理发展中一个关键的阶段。在这个时期幼儿经历了大量的身体和心理变化，开始建立自我意识，并逐渐掌握和运用语言表达自己的需求、情感和想法。幼儿在这个阶段开始形成自我意识，意识到自己是一个独立的个体，并逐渐理解自己与他人的关系。他们开始认识自己的名字、年龄和性别，逐渐形成自我认同和自尊心。幼儿期也是语言能力迅速发展的时期，幼儿开始学会使用语言进行沟通和表达，扩展了解决问题和表达情感的方式，逐渐掌握词汇量和语法规则，开始进行简单的对话和故事叙述。在幼儿期，社交技能的培养也是至关重要的，幼儿开始与同龄人接触，并学会与他人互动和合作。通过与其他幼儿的游戏和交流，幼儿会逐渐发展出基本的社交技能，如分享、合作、尊重和包容。在这一阶段，良好的家庭环境和教育经验对幼儿心理健康的培养至关重要，家长和教育者应该给予幼儿充分的关爱和支持，提供丰富多彩的学习和游戏体验，以促进其认知、语言和社交能力的全面发展，同时创造温馨、和谐的家庭氛围和教育环境，为幼儿的心理健康奠定坚实的基础。

（三）儿童期（7～12岁）

在儿童期，个体的学习和认知能力逐渐提升。在这一阶段儿童开始进入学校接受正规教育，要学会适应学习和社交环境，开始接触各种学科知识，会逐步建立对世界的认知和理解。儿童期是学习能力迅速提升的时期，在学校的学习环境中，儿童开始接触更多的学科和知识领域，逐渐培养对知识的兴趣和热爱。他们开始学会阅读、写作、数学等基础技能，逐步提升自己的学习能力和学习成绩。儿童期也是社交能力得到发展的阶段，在学校和社会环境中，儿童与同龄人和老师进行更多的交流和互动，学会与他人合作、分享和交流。他们开始建立友谊和社交网络，学会处理人际关系，逐步形成自己的社会技能和社会适应能力。在这一阶段，儿童开始建立自我认同和自尊心。他们开始意识到自己的特点和能力，逐步形成自己的价值观和人生观。班主任在这一阶段应该注重培养学生的学习兴趣和自信心，帮助他们建立积极的心态和价值观。通过鼓励、支持和激励，班主任可以帮助学生克服困难，实现自我价值的最大发挥。同时班主任也应该关注学生的情绪变化和心理问题，及时给予帮助和指导，促进他们健康、快乐地成长。

（四）青少年期（12～18岁）

青少年期是个体身心发展的关键时期，也是心理发展中一个重要的阶段。在这一阶段，青少年面临身份认同、自我探索和独立性发展等重要任务，需要适应身心发展的变化和应对生活的挑战。青少年期是身份认同和自我探索的关键时期，青少年开始思考自己的价值观、兴趣爱好、职业规划等问题，尝试去寻找自己的定位和目标。他们会面临对自我认知的困惑和不安，需要经历一段自我探索的过程，建立积极的身份认同。青少年期也是独立性发展的关键时期，青少年逐渐脱离家庭依赖，开始追求独立性和自主性，需要学会独立思考、自我管理和决策，面对更多的选择和责任。在这个过程中，青少年会遇到挫折和困难，但也是成长的重要机遇。在青少年期，班主任扮演着至关重要的角色，不仅是学生的老师，更是他们的良师益友和心灵导师。班主任应该倾听学生的声音，关注他们的需求和困惑，给予他们支持和鼓励。通过与学生建立良好的师生关系，成为学生的知心朋友，班主任可以帮助他们度过成长的挑战，实现心理健康的全面发展。此外，班主任还应该关注青少年的心理问题，及时发现和处理各种问题，给予学生必要的心理支持和辅导。班主任要通过关爱和关怀，为学生提供安全、稳定的学习和成长环境，帮助他们度过青春期这一关键阶段，顺利迈向成熟和成功的道路。

（五）成年期（18岁以上）

在成年期（18岁以上），个体开始承担成年人角色，面临着更多的挑战和责任。这是一个关键的人生发展阶段，标志着个体逐渐步入成年社会，开始面对更为复杂和丰富的生活经历。成年期是个体职业发展和生涯规划的重要阶段，在这一阶段，个体需要面临选择职业和发展方向的任务，需要通过学习和实践，逐步确定自己的职业目标和发展规划，并为之努力奋斗。班主任要通过提供职业指导、生涯规划等方式，帮助学生认清自己的兴趣和优势，指导他们进行职业选择和规划，为未来的职业生涯奠定良好的基础。成年期也是个体家庭建立和人际关系的重要阶段，在这一阶段，个体会面临结婚、生育等重要决策，需要承担家庭的责任和义务，需要学会处理婚姻关系、家庭生活和子女教育等问题，逐步成长为合格的家庭成员和父母。班主任可以通过家庭教育指导和家庭关系沟通等方式，帮助学生建立良好的家庭关系，培养他们良好的家庭价值观和家庭责任感，为其家庭生活的顺利开展奠定坚实的基础。成年期个体还需要承担更多的社会责任和义务，需要积极参与社会活动，为社会发展和进步做出贡献。班主任可以通过社会实践活动、志愿服务等方式，引导学生树立正确的社会价值观和责任意识，培养他们的社会责任感和社会参与意识，为其成年后的社会生活做好准备。了解心理发展的主要阶段对班主任来说至关重要，因为可以帮助他们更好地理解学生的心理状态和发展需求。每个阶段的个体都面临着不同的心理发展任务和挑战，而班主任通过了解这些特点和需求，能为学生提供有针对性的支持和指导，促进其心理健康的全面发展和成长。

四、心理健康与学习成绩的关联

心理健康与学习成绩之间存在着密切的关联，学生的心理健康状况对其学习状态和学习成绩有着重要影响。学生的心理健康水平直接影响着他们的学习动机、注意力集中程度、学习态度及记忆和思维能力，进而影响其学习成绩的表现。心理健康对学生的学习动机和学习态度具有重要影响。心理状态良好的学生通常会更具有积极的学习动机，他们对学习充满热情，愿意投入时间和精力去学习和探索知识。相比之下，心理问题会导致学生学习动机降低，对学习缺乏兴趣，甚至产生消极的学习态度，从而影响其学习成绩。心理健康会对学生的注意力和集中力产生重要影响，心理状态良好的学生通常能够更好地保持注意力集中，专注于学习任务，提高学习效率。相反，心理问题会导致学生注意力分散，难以集中精力，影响其对学习内容的理解和掌握，从而影响学习成绩的提高。心理健康还会对学生的记忆和思维能力产生重要影响，心理状态良好的学生通常能够更好地运用记忆和思维策略，更有效地理解和应用学习内容，提高学习成绩。而心理问题容易导致学生记忆力下降、思维敏捷性减退，影响其对学习内容的消化和理解，进而影响学习成绩的提高。因此，学生的心理健康状况直接影响着其学习状态和学习成绩。班主任在学生心理健康促进中扮演着关键角色，应当重视学生的心理问题，通过关怀与支持、心理疏导和建立支持性班级环境等方式，帮助学生保持良好的心理健康状态，从而促进其学习状态和学习成绩的提高。

第三节　检测与识别心理问题

一、观察学生行为的技巧

观察学生的行为是班主任了解学生心理状态的重要途径之一。通过细致地观察学生的言行举止，班主任可以洞察学生的内心世界，发现他们潜在的心理问题，并及时采取措施加以解决，从而促进学生心理健康的全面发展。在学生处于成长发展的关键阶段，如青少年期，班主任的观察尤为关键，因为心理问题的及早发现和干预对学生的成长和发展至关重要。

（一）注重行为的变化和异常表现

班主任应时刻注意学生的日常行为是否出现了明显变化，这种变化将体现在学生的活动量、表情、交流方式等方面。学生常见的异常表现有情绪波动大、情绪爆发、暴躁、冷漠等。比如，一个平时开朗活泼的学生突然变得沉默寡言、情绪低落、易怒，或者一个原本勤奋好学的学生开始消极怠慢，或者一个文静的学生开始表现出攻击性，这些都是存在心理问题的信号或表现。班主任应及时与学生交流，了解他们出现异常行为背后的原因，并提供必要的支持和帮助。同学和家长往往是班主任观察学生行为的重要参考对象，他们会发现学生在家庭和同学之间的行为表现，提供有价值的反馈信息。班主任应当重视同学和家长的反馈意见，及时沟通与交流，了解学生的情况，并根据需要采取相应的行动。通过与家长和同学的密切合作，班主任可以更全面地了解学生，发现其潜在的心理问题，并及时予以干预和支持，促进学生心理健康的全面发展。

（二）观察学生的情绪表现和体验

班主任应当密切观察学生的情绪表现，包括快乐、沮丧、焦虑等情绪的波动。这些情绪会在不同的时间段或特定的事件后出现。比如，学生在考试前感到焦虑不安，在遇到挫折时感到沮丧，或在取得成绩时感到快乐。班主任应通过细致的观察和记录，了解学生的情绪变化模式，及时发现他们存在的心理问题。学生的心理问题往往会反映在他们的身体上，班主任需要留意学生出现的身体反应，包括头痛、胃痛、失眠等症状。虽然这些症状与生理原因相关，但也可能是心理问题的表现。班主任应当及时关注学生的身体状况，倾听学生的抱怨，并在必要时引导学生寻求医疗或心理咨询师的帮助。与学生建立良好的沟通关系是识别心理问题的重要途径之一，班主任要主动与学生交流，询问他们的情绪体验和内心感受。通过学生的倾诉，班主任可以更加了解学生的心理状态，发现存在的问题。同时班主任应当保持开放的心态，给予学生足够的信任和支持，让他们感到舒适并安心地与自己分享内心的感受。

（三）观察学生的社交互动和人际关系

班主任应当密切观察学生在班级和其他社交场合中的行为表现，包括学生是否与同学积极互动、是否表现出合作精神、是否愿意参与集体活动等。突然的社交退缩或者过度依赖某一位同学的现象都是心理问题的表现，班主任应当及时发现并关注。班主任要留意学生与同学、老师及家人之间的人际关系，因为学生面临着人际关系上的挑战，如与同学之间的冲突、与老师之间的沟通困难、与家人之间的矛盾等。这些问题会影响学生的心理健康，班主任应当通过与学生的交流、家访等方式，了解其背后的原因，并提供支持和帮助。学生在集体活动中的参与程度也是班主任需要关注的重要方面，一些学生表现出社交退缩的倾向，对集体活动缺乏兴趣或者避而不见，可能也是心理问题导致。班主任可以通过观察学生的参与程度，及时发现这些迹象，并采取相应的干预措施，帮助学生重新融入集体生活，促进其心理健康的恢复和发展。

观察学生行为是班主任识别和检测学生心理问题的关键方法之一。通过细致的观察，班主任可以发现学生的行为变化和异常表现，了解他们的情绪波动和体验，并关注他们的社交互动和人际关系。这种观察不仅可以及早发现学生潜在的心理问题，还能够为他们提供及时的支持和帮助，有助于促进他们心理健康的全面发展。班主任在观察学生行为时需要具有敏锐的洞察力和细致的观察技巧，同时结合其他信息，如同学和家长的反馈，以全面了解学生的心理状态，为他们提供有效的心理健康支持和指导。

二、与学生进行有效的沟通

有效的沟通是促进学生心理健康的重要手段之一，尤其对班主任而言更是至关重要的。通过与学生建立良好的沟通关系，班主任能够更深入地了解他们的内心世界，及时发现他们潜在的心理问题，并提供必要的支持和帮助。

（一）倾听和理解

在与学生进行有效沟通的过程中，倾听和理解是至关重要的。班主任需要以开放的心态，耐心地聆听学生的心声，并试图理解他们的视角和感受，从而建立良好的沟通基础。班主任应该为学生创造安全、开放的环境，鼓励他们分享内心的想法和感受，确保他们能够得到充分倾听和被理解。学生有权利表达自己的想法和感受，班主任应该尊重他们的意见，不轻易打断或质疑，让他们感受到被重视和被理解。班主任要试图站在学生的角度，理解他们处境和面临的挑战，避免过度批评或苛责，建立相互尊重和信任的关系。当学生表达自己的想法和感受时，班主任应该给予积极的回应和反馈，让他们感受到被理解和被关心，增强他们的自信心和自尊心。在倾听和理解学生的过程中，班主任应该表达出对学生的关怀和支持，鼓励他们勇敢面对困难和挑战，增强他们的自信心和勇气。

通过给予情感支持和鼓励，班主任可以逐渐建立与学生之间的信任关系，为未来的沟通和支持打下良好的基础。通过倾听和理解，班主任可以更好地与学生建立密切的联系，为他们提供有效的心理支持和指导，促进他们的心理健康发展。

（二）建立信任和亲近关系

在与学生进行有效沟通的过程中，建立信任和亲近关系是至关重要的。班主任需要通过真诚的态度和亲近的行为，与学生建立良好的关系，使其愿意向自己倾诉心声，并积极参与心理健康的促进活动。班主任应该以真诚、坦诚的态度对待学生，不带偏见地倾听他们的话语，让他们感受到被尊重和被理解，通过与学生之间的积极互动和交流，逐渐建立与学生之间的信任关系，让他们愿意向自己敞开心扉，分享内心的困扰。班主任要通过亲切的问候、关心体贴的举止，向学生传递关怀和温暖，增进师生之间的亲近感。在日常交流中，班主任可以适时地使用幽默和轻松的语言，拉近与学生的距离，让他们感受到班主任是一个亲近的朋友。班主任应该创造一个包容、开放的沟通环境，让学生感受到可以自由表达自己的想法和感受，不会受到歧视或指责。班主任应鼓励学生积极参与班级和学校的活动，增进彼此之间的交流和了解，促进师生之间的亲近感和信任。通过建立信任和亲近关系，班主任可以更好地了解学生的心理状况，及时发现心理问题，并为他们提供必要的支持和帮助，促进其心理健康的全面发展。

（三）提供建设性反馈和指导

在与学生进行有效沟通的过程中，提供建设性的反馈和指导是班主任促进学生心理健康的关键之一。通过及时的肯定和鼓励，以及给予建设性的指导和建议，班主任可以帮助学生树立自信心和解决问题，培养良好的情绪管理能力，从而促进他们的全面发展。班主任应该及时给予学生积极的反馈，肯定他们的努力和进步，让他们感受到被认可和被鼓励，增强其自信心和动力。班主任可以通过赞扬学生的优点和成就，激励学生保持积极向上的态度，勇敢面对挑战，不断进步和成长。针对学生的困惑和问题，班主任可以给予他们有建设性的指导和建议，帮助他们找到解决问题的方法和途径，引导他们走向正确的方向；可以通过启发式的提问和讨论，引导学生主动思考和探索解决问题的可能性，培养他们的独立思考能力和创造性思维；可以通过沟通和指导，帮助学生培养良好的自我意识，认识自己的优点和不足，树立正确的自我评价标准。班主任应该教导学生如何有效地管理自己的情绪，学会理性思考和情绪调节，从而更好地应对生活中的挑战和困难。通过提供有建设性的反馈和指导，班主任可以帮助学生建立积极的心态和行为习惯，促进他们的心理健康发展，为其未来的成长和成功奠定坚实的基础。

在学生心理健康的促进中，班主任扮演着至关重要的角色，而与学生进行有效沟通则是实现这一目标的重要途径之一。倾听和理解学生、与学生建立信任和亲近关系，以及提供建设性反馈和指导等方法，班主任可以更深入地了解学生的内心世界，及时发现和识别其潜在的心理问题，并为他们提供必要的支持和帮助。与学生进行有效沟通，班主任能够营造出开放、包容的环境，让学生感受到自己被尊重和被理解，从而增强他们的自信心和自尊心。建立良好的信任和亲近关系后，学生会更愿意向班主任倾诉内心的困扰和问题，使得潜在的心理问题能够被及早发现和解决。同时给予肯定和鼓励、提供建设性指导，班主任可以帮助学生树立正确的人生观和价值观，引导他们健康成长。

三、心理问题的早期迹象

早期识别心理问题对于班主任在学生心理健康促进中的作用至关重要。心理问题的出现往往是一个逐渐积累的过程，而不是一夜之间突然发生的。因此，班主任需要具备敏锐的观察力和细致的洞察力，以便及时发现学生心理问题的早期迹象，并采取有效的措施进行干预和帮助。

（一）学习兴趣减退

学习兴趣减退是学生心理问题的早期信号，这一现象在班级中并不罕见。通常学生会因为心理压力、学业困难、人际关系问题或其他个人挑战而失去对学习的兴趣。面对繁重的课业和考试压力，学生会感到沮丧、无望和压力重重，从而导致学习兴趣逐渐减退。也会因为遇到难以解决的学习问题而失去兴趣，发现自己无法理解课程内容或解决作业问题，感到沮丧和挫败，最终导致对学习的兴趣减退。也会因为家庭问题、个人挑战或心理问题而失去学习兴趣，这些问题包括家庭矛盾、亲人的健康问题、自我身份认同困惑或抑郁等心理问题。也会因为与同学或老师之间的关系问题而失去学习兴趣，遭受欺凌、被排斥或与同学之间存在冲突导致学生对学校环境感到不安，从而影响其学习兴趣。因缺乏明确的目标和动力，学生会感到学习没有意义，逐渐失去对学习的兴趣。

（二）社交退缩

社交退缩是学生心理问题的另一个早期迹象，表现为开始回避社交场合、避免与同学互动或者表现出与周围同学疏远的现象。这种行为往往暗示着学生正在经历内心的挣扎和困扰，原因包括焦虑、自卑、孤独等。学生会因为社交焦虑而退缩，害怕与他人互动，担心被评判或自己的表现会遭到批评。这种焦虑源于对自己能力的怀疑或对他人评价的过度关注，会导致他们选择回避社交场合。学生还会因为自卑而选择退缩，觉得自己与他人不同，无法融入社交圈子，或者对自己的外貌、能力等方面感到不满意，因而选择避开社交场合，以避免暴露自己的不安全感。学生还会因为感到孤独而选择社交退缩，觉得无法与他人建立真正的联系或感到被孤立，因而选择疏远社交互动以逃避内心的孤独感。社交退缩也是其他心理问题的表现，如抑郁、社交焦虑症等，这些心理问题会导致学生对社交场合感到不适，从而选择退缩。

（三）情绪波动

情绪波动是心理问题的早期迹象之一，指的是学生突然出现的情绪变化，包括频繁的情绪低落、易怒、焦虑或情绪爆发等表现。这种情况会出现在日常生活中，也会在特定事件或情境下突然出现。突然间情绪低落，无法找到明确的原因或解释，持续时间较长。这种情绪波动会影响学生的日常生活和学习效率，使他们感到无助和沮丧。在日常生活中表现出易怒和暴躁的情绪，对同学或老师的言行反应过度，甚至与他人发生冲突或争吵。这种情绪波动会导致学生的社交关系受损，影响班级的稳定和和谐。常表现为明显的焦虑和紧张情绪，常常担心未来或特定事件的结果，难以放松或专注于学习，影响学业表现和心理健康，甚至导致身体上的不适症状。

在一些情况下突然情绪爆发，表现出过度激动、情绪失控或哭闹等行为，是因为学生无法有效地应对内心的压力和困扰。身体不适是心理问题的另一个早期迹象，出现频繁的头痛、胃痛、失眠等身体不适症状，但在进行检查时未发现明显的身体问题。这些症状通常与学生的心理状态密切相关，由心理压力、焦虑、抑郁或其他心理问题所致。注意力不集中是心理问题的另一个早期迹象，表现为学生难以在课堂或学习中保持专注，经常分心或容易受到外界干扰。这种注意力不集中是由注意缺陷多动障碍（ADHD）等心理问题所致，学生经常感到思绪不集中，难以将注意力集中在课堂或学习任务上。在学习过程中频繁地转移注意力，对课堂讲解或学习内容很难保持持续的关注；也常因为周围环境的微小变化或其他同学的活动而分心，容易受到外界干扰而无法专心学习。这种注意力不集中会导致学习效率低下，影响学习成绩和学习动力。由于注意力不集中，学生会经常忘记重要的事情或任务，或者在完成任务时出现错误。自我评价过低也是心理问题的一种早期迹象，表现为学生对自己持续性地进行过度的负面评价，缺乏自信心和自尊心，经常自责或自嘲。学生经常对自己的能力、外貌或行为进行过度的批评，认为自己不够好或无法胜任各种任务，会对自己的过失或失败过分放大，从而陷入消极情绪的循环中。自我评价过低的学生会缺乏自信心，对自己的能力和价值产生怀疑，在学习、社交或其他方面表现出犹豫、退缩或避让的行为；责备自己的过失或错误、过度自责或自我指责，同时也通过自嘲的方式来应对自己的不足，但这种自嘲往往会加剧消极情绪。睡眠质量明显下降，无法获得充足和深度的睡眠，会出现疲劳、精神不佳等情况，影响日常学习和生活。在晚上入睡困难，需要花费较长的时间才能进入睡眠状态，与焦虑、担忧或内心压力有关。在夜间频繁醒来，难以保持连续的睡眠状态，会影响睡眠质量，导致白天精神不振、注意力不集中等问题。

（四）社交冲突

在与同学相处的过程中出现频繁的矛盾和冲突，是由彼此之间的意见不合、竞争关系或人际交往技巧不足等原因所致。与老师之间出现意见不合或沟通不畅的情况，是由学习压力、教学方式不适应或者学习成绩等方面的问题所导致。家庭是学生心理健康的重要支持系统，但是学生与家人之间出现频繁的矛盾或冲突，是由家庭环境、家庭教育方式或者个人成长阶段所导致的问题。自我伤害倾向是学生心理问题的一种早期信号，学生会采取割腕、撞墙、划伤皮肤等方式释放内心的痛苦和情绪，这种自残行为是情绪无法得到宣泄的一种表达。有些学生会通过过度饮酒或吸烟逃避现实、麻痹自己的情绪，以缓解内心的痛苦和不安。有些学生会采取危险的行为，如冒险、玩火自焚等，以获取短暂的解脱或满足感。因为学业任务过重或考试压力而感到过度紧张和焦虑，表现为情绪波动大、失眠、食欲改变等身体和心理方面的反应。面对学业压力，采取逃避学习的方式，经常缺课、逃学或做作业时拖延，以逃避学习带来的焦虑和压力。还会因为学习成绩不理想而产生自我怀疑和负面情绪，怀疑自己的能力和价值，甚至出现自卑、自责等情绪。班主任需要时刻保持警惕，对学生的这些早期迹象进行观察和识别。一旦发现学生存在心理问题，班主任应及时采取行动，与学校心理辅导教师或专业心理咨询师进行沟通，制定相应的干预措施，帮助学生尽快调整心理状态，重拾自信，恢复正常的学习和生活状态。班主任及早发现和干预心理问题，有助于避免问题的进一步恶化，保障学生的身心健康。

四、如何引导学生寻求帮助

引导学生寻求帮助是班主任在促进学生心理健康中的重要职责之一。当学生面临心理问题时，能够主动求助并接受专业帮助是解决问题的第一步。因此，班主任需要采取有效的措施，引导学生积极寻求心理健康支持和帮助，以促进他们的心理健康发展。

1. 建立信任和亲近关系。班主任应该以亲切、真诚的态度对待学生，表现出对他们的关心和理解。通过与学生之间的积极互动和交流，逐渐建立相互信任的关系，这种信任关系是学生敞开心扉、与班主任分享内心困扰的基础。班主任还应该通过各种方式增进与学生之间的亲近感，关心学生的生活、学习和情感状态，理解他们的困难和需求，给予他们及时的支持和鼓励。在课堂上、课外活动或个别交流中，班主任要展现对学生的理解和支持，使他们感受到班主任不仅是严厉的监督者，更是值得信赖的朋友和导师。通过建立信任和增进亲近感，班主任可以为学生提供安全、开放的环境，让他们敢于面对自己的问题，并积极寻求帮助和支持。这种信任和亲近感的关系不仅有助于学生更好地应对自己的心理问题，也有助于促进他们的个人成长和发展。

2. 开展心理健康教育。定期开展心理健康教育课程，向学生介绍心理健康的基本知识，包括心理问题的常见类型、症状和影响，以及如何有效应对心理问题和寻求帮助的方法。这些课程可以通过讲座、小组讨论、角色扮演等形式进行，旨在增强学生的心理健康意识和应对能力。除了定期的课堂教育，班主任还可以向学生提供心理健康相关的资料，如书籍、文章、视频或网站链接，涵盖心理健康的各个方面，如情绪管理、压力应对、人际关系等；向学生推荐适合他们年龄和需求的心理健康资源，帮助他们更全面地了解和掌握心理健康知识，提升心理健康水平。开展心理健康教育，不仅可以提高学生的心理健康意识和知识水平，还可以培养他们积极应对心理问题的能力，增强他们寻求帮助的意愿和能力。这样学生在面对心理困扰时，会更加理性地对待问题，主动寻求合适的支持和帮助，从而更好地保障自己的心理健康。

3. 倡导积极心态和自我认知。班主任要通过积极心态的培养，帮助学生树立正面的生活态度，从而更好地应对生活中的挑战和困难；通过赞扬学生的努力和进步，鼓励他们相信自己的能力，坚信困难只是暂时的，而积极面对和努力解决问题才是解决困境的关键。提升自我认知也是帮助学生寻求帮助的关键，能引导学生了解自己的情绪和需求，帮助他们建立健康的自我认知，认识到寻求帮助是解决问题的第一步。

4. 提供心理支持和咨询。首先，随时倾听学生的感受和困扰，给予他们情感上的支持和理解，包括与学生建立良好的师生关系，让他们感受到班主任的关怀和支持。可以通过定期的个别谈话或小组讨论等方式，了解学生的心理状态和情绪波动，及时发现和解决学生面临的心理问题。可以通过倾听学生的心声，为他们提供情感上的支持和安慰，让他们感受到被关心和被尊重，从而增强他们的心理健康和抗压能力。其次，向学生介绍学校或社区的心理咨询服务，帮助他们寻求专业心理健康支持。学校通常会提供心理健康教育和咨询服务，包括心理辅导、心理咨询和心理治疗等，向学生介绍这些服务的具体内容和使用方式，鼓励他们在遇到心理困扰或情绪问题时主动寻求帮助。此外，引导学生与家长或其他值得信赖的人沟通，寻求他们的支持和建议，共同解决学生面临的心理问题。

5. 建立支持网络。鼓励学生向家人、朋友或其他信任的成年人寻求支持和帮助，与他们分享自己的困扰和烦恼。学生在面对心理问题时，往往会感到孤独和无助，因此，班主任应通过与他们建立亲近的师生关系，鼓励他们勇敢地向周围人寻求帮助。家人、朋友或其他成年人可以给予学生情感上的支持和理解，帮助他们缓解心理压力，找到解决问题的途径。班主任可以定期与家长沟通，了解学生在家庭中的情况和表现，与家人一起制订解决问题的方案，并给予家长相应的指导和建议；还可以与其他教育工作者合作，如心理咨询师、辅导员等，共同开展心理健康教育和咨询活动，为学生提供专业的心理健康支持。

第四节 建立信任与沟通的桥梁

一、班主任与学生的信任关系

建立班主任与学生之间的信任关系是促进学生心理健康的关键一环。这种信任关系不仅可以帮助班主任更好地了解学生的内心世界，还能够让学生感受到被尊重和被理解，从而更愿意与班主任分享他们的困扰和问题。在这样的信任基础上，班主任才能够更有效地发现和应对学生的心理问题，为他们提供适当的支持和帮助。首先，班主任需要展现出真诚和关怀的态度，因为学生通常能够敏锐地感受到他人的态度和情感，班主任只有展现真诚的关怀和对学生的尊重，才能够赢得他们的信任。班主任可以通过关心学生的生活和学习，倾听他们的心声，并积极地参与到他们的成长和发展中，逐渐建立与学生之间的信任关系。其次，保持一致性和可靠性。学生需要一个稳定和可靠的人来依靠与信任，在他们面临困难和挑战时，能够及时找到班主任寻求支持和帮助。班主任应始终保持一致的态度和行为，在处理问题和决策时保持公正与透明，让学生感受到他们是值得信赖的人。再次，尊重和理解学生的个性与需求。每个学生都是独一无二的个体，他们的想法、感受和需求都是不同的。班主任需要尊重学生的个性差异，理解他们的情感和需求，不断调整自己的行为和态度，以满足学生的特殊需求，建立与每个学生之间的信任关系。第四，倾听和回应学生的声音。学生在面对困难和挑战时，常常需要有人倾听和理解他们的心声。班主任应该始终保持开放的耳朵，倾听学生的意见和建议，给予他们充分的表达空间，让他们感受到被重视和被关注。同时班主任还需要积极回应学生的需求和问题，及时提供适当的支持和指导，以增强学生对班主任的信任和依赖。

二、沟通技巧与倾听的艺术

（一）倾听是有效沟通的基础

倾听不仅是一种尊重学生的表现，更是一种关怀与理解学生的体现。班主任要通过倾听学生的意见和感受，给予他们充分的表达空间，让他们感受到被理解和被关心。通过倾听，班主任能够更深入地了解学生的内心世界，洞察他们的困惑、压力和需求，为他们提供有针对性的支持和指导。同时倾听也有助于建立学生对班主任的信任和依赖，使他们在面临困难和挑战时更愿意向班主任倾诉，并与之分享内心的感受，为进一步的沟通和解决问题奠定坚实的基础。在与学生沟通时，需要灵活运用积极的沟通技巧，以营造良好的沟通氛围。积极倾听是其中的关键，班主任可以通过眼神交流、肯定回应和提问等方式，表达对学生的关注和理解；通过积极的倾听，更好地了解学生的内心想法和感受，为他们提供更有针对性的支持和指导；同时以积极的态度表达自己的观点和建议，用鼓励和支持的语言激励学生克服困难与挑战。此外，还可以通过如肢体语言、面部表情等，保持开放、友好的姿态，给学生传递出积极的情绪和态度，进一步促进有效的沟通和理解。这些积极的沟通技巧可以增进师生之间的互信和亲近感，为学生的心理健康提供更加有力的支持。

（二）建立良好的情感连接

建立良好的情感连接对班主任与学生之间的沟通至关重要。班主任应表现出真诚的关怀和体贴，让学生感受到自己的关心和关注，通过细致的关怀询问、耐心的倾听，以及及时的支持和鼓励，让学生感受到班主任是一个可以信赖和依靠的人。班主任可以通过分享自己的经历和感受，与学生建立共鸣和情感上的连接；与学生分享类似的经历或挑战，更好地理解学生的处境和感受，进而与他们建立更加深厚的情感联系。班主任要坦诚地与学生沟通，不隐藏自己的情感和想法，与学生建立真实、透明的关系，增强师生之间的信任和理解，从而加深情感连接的深度和稳固性。班主任要通过这些方式建立与学生之间真挚而稳固的情感纽带，为有效的沟通和心理健康的促进奠定坚实的基础。

沟通技巧与倾听的艺术在班主任建立信任与沟通桥梁中扮演着至关重要的角色。班主任要通过这些技巧与学生建立相互尊重和理解的关系，从而更有效地倾听学生的心声，了解他们的需求和困惑。积极的倾听、运用积极的沟通技巧及建立良好的情感连接，有助于增进师生之间的信任和亲近感，促进心理问题的及早发现和解决。班主任与学生之间的有效沟通为解决学生的心理问题奠定了坚实的基础，也为学生心理健康的全面发展提供了重要的支持和保障。

三、对学生心声的敏感与回应

对学生心声的敏感与回应是班主任在促进学生心理健康中的重要角色之一。班主任应该倾听并敏感地回应学生的内心需求和情感表达，以便与学生建立互相信任和支持的关系，从而更好地关心和促进学生的心理健康。

（一）倾听学生的诉求和困扰

班主任在促进学生心理健康中扮演着至关重要的角色，其中倾听学生的诉求和困扰尤为重要。班主任要以细心聆听的态度倾听学生的心声，耐心地倾听他们在学业、情感和人际关系等方面所面临的困难和挑战。这种耐心和细致的倾听不仅能够让学生感受到被尊重和被理解，也为班主任提供了更深入地了解学生内心世界的机会。表现出对学生诉求的真诚关注和关心，通过表达真诚的关切，班主任能够让学生感受到自己的重视和支持，从而与之建立互信和亲近的关系。及时回应学生的诉求，为学生提供相应的帮助和支持，不仅能够解决学生的问题，还能够增强他们的自信心和自我调节能力。如果一个学生在课堂上表现出情绪低落和消沉，班主任可以主动关心和询问，并了解其情况。得知学生情绪低落的原因后，可以课后时间与学生私下交流，为其提供情感上的支持，并协调家庭和学校资源，帮助学生解决困扰。这种关心和支持不仅能够缓解学生的压力，还能够为其心理健康的全面发展奠定坚实的基础。

（二）敏感捕捉学生的情感变化

在促进学生心理健康方面，班主任的另一个关键角色是敏感捕捉学生的情感变化。班主任应以细心的态度观察学生的情感表达和行为变化，包括对学生面部表情、语言表达、身体姿态等细微信号的敏锐观察，从而了解学生的情感状态。这种细心观察能够帮助班主任及时发现学生存在的情感问题，为他们提供及时的支持和帮助。一旦发现学生的情感有所变化，班主任应该及时主动地关心和询问，并了解其背后的原因。主动的关心和询问，能与学生建立互信和亲近的关系，让学生感受到自己的关心和支持。对学生情感上的变化，可以提供情感支持帮助他们调整情绪和缓解压力，通过倾听、陪伴和鼓励等方式实现，让学生感受到班主任的关爱和理解，从而更好地应对情感上的挑战。当有学生突然变得沉默寡言，原本活泼的性格变得消极，班主任应该敏感地观察到这种变化，并主动寻找机会与学生交谈，询问他们是否遇到了困难或压力。可以通过耐心倾听和情感支持，帮助学生排解内心的困扰，重新找回自信和积极的态度。

（三）积极回应学生的反馈和建议

积极回应学生的反馈和建议是班主任在建立信任与沟通桥梁中的重要一环。班主任要鼓励学生敞开心扉，表达内心真实的感受和建议，让他们感受到自己的声音被尊重和被重视，从而与之建立良好的信任关系。对学生提出的建议和反馈，班主任要认真对待，不轻视、不忽略，及时做出回应，表示对学生意见的重视，采纳学生的建议。针对学生的反馈和建议，班主任应制订具体的行动计划，并积极跟进执行，通过落实行动计划，让学生感受到自己的声音可以产生实际的影响和改变，从而增强他们的参与感和归属感。假设学生提出对某个课程的内容不感兴趣，建议增加一些实践性的活动，班主任要认真听取学生的建议，并组织学生和科任教师共同商讨，最终在课程设计中增加相关的实践环节。这样的实际行动，能让学生感受到自己的参与和建议受到了重视，从而能增强学生对班主任和科任教师的信任和满意度。

四、促进班级内的正向交流

促进班级内的正向交流是班主任工作中的重要任务之一。正向交流不仅有助于建立良好的师生关系，还能够培养学生积极向上的心态，增强班级的凝聚力，为学生的心理健康发展提供有力支持。

（一）营造良好的班级氛围

创造宽松开放、包容互助的班级氛围，能让学生感受到轻松愉悦的学习环境。班主任需要设法降低班级中的紧张气氛，让学生感到放松和舒适，从而更愿意与他人交流和分享。组织一些轻松愉快的课堂活动，或者在课余时间提供一些放松的休闲方式，如音乐欣赏、游戏等，缓解学生的压力，营造积极向上的学习氛围。倡导班级成员之间相互尊重和理解。尊重和理解是建立良好人际关系的基础，也是促进正向交流的重要前提。班主任可以通过课堂教育、班会活动等形式，向学生灌输尊重他人、包容差异的理念，鼓励他们建立友好、和睦的相互关系。同时要及时干预和处理班级中出现的不和谐现象，促进学生之间的和谐相处，为正向交流创造良好的条件。班主任要鼓励学生之间进行积极向上的交流，分享正能量和成功经验，激励彼此进步和成长。这种积极的交流可以促进学生之间的情感沟通，增强班级的凝聚力，使班级成员更加团结和融洽。班主任要组织一些班级活动或者课堂讨论，为学生提供交流的机会，鼓励他们分享自己的见解、心得和体会，从而激发出更多的积极正能量，推动整个班级向更好的方向发展。

（二）组织丰富多彩的班级活动

组织丰富多彩的班级活动有助于调动学生的积极性和参与度，从而促进班级内的正向交流。可以组织主题班会，通过围绕学生关心的话题展开讨论，引导学生分享彼此的看法和经验，促进他们之间的交流和互动。可以组织一场关于学习方法的主题班会，让学生分享自己的学习经验和技巧，相互学习、借鉴，从而提高学习效率，增进班级内的团队合作精神。可以安排小组合作项目，让学生在合作中互相学习、交流，增强学生的团队合作精神让他们共同制订计划，分工合作，共同完成任务，从而培养他们的团队意识和协作能力。还可以举办各类文体活动，如班内运动比拼、文艺班会等，为学生提供展示自我的机会，增进班级成员之间的情感交流和认同感。这些活动不仅可以丰富学生的课余生活，还可以培养学生团队精神和自信心，促进班级内正向交流的形成和发展。

（三）倡导积极的言行举止

班主任应该以身作则，成为学生的榜样和引领者，通过自身积极乐观的言行举止，影响学生，激励他们向着积极向上的方向发展。在日常教学和生活中，班主任要展现出乐观向上的态度，鼓励学生积极面对挑战和困难，树立正确的人生观和价值观。班主任要提倡学生之间进行正向沟通，鼓励他们用积极的语言和态度与他人交流，促进班级内成员之间的理解和信任，增进彼此之间的情感联系。班主任要引导学生正确处理矛盾和冲突，倡导理性沟通、包容理解，化解矛盾，维护班级和谐稳定，帮助学生培养良好的人际关系和沟通能力，促进班级内部的和谐发展。当班级内出现矛盾或冲突时，班主任应主动介入，引导双方进行理性的沟通，寻找解决问题的有效途径，从而化解矛盾，维护班级的和谐稳定。

第二章 心理健康促进的策略与方法

第一节 促进正向心理品质

一、培养学生的自尊与自信

培养学生的自尊与自信是心理健康促进中至关重要的一环。自尊与自信是个体健康成长和成功发展的基石，对学生的学习、社交和情绪调节都具有重要影响。班主任作为学生心理健康促进的关键角色之一，应该通过多种策略与方法，积极促进学生自尊与自信的培养，为其全面发展奠定坚实的心理基础。

（一）树立积极的自我认知

在树立积极的自我认知方面，班主任扮演着关键的角色。班主任应该鼓励学生接纳自己，包容自己的优点和缺点。每个人都有自己独特的特点和价值，班主任应通过鼓励学生接纳自己的不完美处，让他们意识到追求完美并非必要，从而建立起积极的自我认知。当学生因为自己的某些特点感到困惑或沮丧时，班主任可以与他们进行深入的沟通，引导他们认识到这些特点也是构成自己独特个性的一部分，值得被尊重和被珍惜。班主任可以通过肯定学生的成就和努力，强调每个人在班级中的重要性和独特价值。每个学生都有自己的闪光点和优点，班主任应该及时发现并给予肯定，让学生意识到自己在班级中的独特贡献。这种肯定不仅能够增强学生对自己的认知和信心，还能够营造出积极向上的班级氛围，激励学生更加努力地奋斗和成长。当学生在某个项目或活动中取得了进步或成就时，班主任可以公开表扬并在班级中分享这样的成功故事，让学生感受到自己的价值和重要性，引导学生了解自己的兴趣、爱好和优势，培养他们的自我意识。通过了解自己的特点和潜力，学生可以更清晰地认识到自己的优势和劣势，从而更好地规划自己的学习和生活。班主任可以通过个别辅导或集体讨论的方式，帮助学生发现自己的潜能和兴趣所在，激发他们的学习热情和动力。班主任可以组织学生参加各种兴趣小组或活动，在实践中发现和培养学生的特长与兴趣，从而增强他们的自我意识和认知水平。

（二）提供支持与鼓励

班主任应该给予学生实质性的支持，帮助他们克服困难和挑战，增强自信心，包括学习上的帮助、情感上的支持等。当学生遇到学习上的困难时，班主任可以安排额外的辅导时间或提供更具针对性的学习资源，帮助他们解决问题，从而增强自信心。当学生面对情感上的困扰时，班主任可以倾听他们的心声，给予必要的安慰和支持，让他们感受到自己并不孤单，从而更加坚强与自信。班主任要鼓励学生积极参与班级和学校的各项活动，让他们有机会展示自己的才华和能力，从而增强自信心。通过参与各类活动，学生能不断锻炼自己的能力，积累成功的经验，从而提升自信心。例如，鼓励学生参加辩论赛、演讲比赛等活动，让他们展示自己的才华和见解，获得他人的认可和赞许，从而更加自信。班主任要肯定学生的努力和进步，无论是在学业上还是在个人成长上，都要给予及时的鼓励和肯定，激励他们持之以恒地前行。学生在成长过程中会遇到各种困难和挑战，而班主任的肯定和鼓励可以成为他们坚持不懈的动力。当学生在学业上取得进步时，班主任可以及时表扬他们的努力和成绩，激励他们继续努力前行。当学生在个人成长方面有所突破时，班主任可以给予肯定和鼓励，让他们感受到自己的成长和进步，从而增强自信心。

（三）培养适应能力和抗挫折能力

班主任可以设置适当的挑战和任务，引导学生挑战自我、超越自我，从而培养他们的适应能力和抗挫折能力。班主任可以在课堂教学中设计一些具有启发性的问题或者开放式的讨论，鼓励学生积极参与，让他们挑战自己的思维边界，从而培养他们的适应能力和创新意识。当学生面临挫折和困难时，班主任应该给予他们鼓励和支持，帮助他们从失败中学习，增强应对困难的信心和勇气。挫折是成长过程中不可避免的一部分，班主任在学生面对挑战时要给予适当的指导和帮助，鼓励他们勇敢面对，并相信自己能够克服困难。当学生因学业挑战而感到沮丧时，班主任要与他们一同分析问题的原因，制订有效的解决方案，同时给予他们情感上的支持和鼓励，让他们重拾信心，积极应对挑战。最后班主任要提供情绪管理指导，教导学生正确的情绪管理技巧，帮助他们更好地应对生活中的挑战和困难。情绪管理是应对挫折的关键，班主任要通过心理健康教育课程或者个别辅导的形式，教导学生如何积极应对压力、寻求支持、保持乐观等，让他们学会有效地调节情绪，增强心理韧性。组织学生参加情绪管理训练课程，教授他们放松技巧、情绪释放方法等，帮助他们更好地应对压力和挫折。

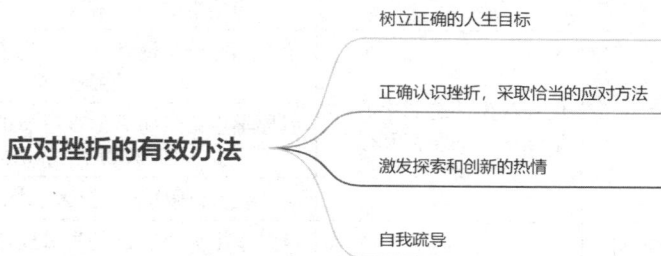

应对挫折的有效办法
- 树立正确的人生目标
- 正确认识挫折，采取恰当的应对方法
- 激发探索和创新的热情
- 自我疏导

图 2-1　应对挫折的方法

二、正向思维的培养

培养学生的正向心理品质是促进其心理健康发展的重要策略之一。在面对生活中的挑战和困难时，拥有积极的心态和乐观的态度能够帮助学生更好地适应环境，增强其心理韧性。

（一）树立积极的心态和态度

树立积极的心态和态度对学生的心理健康和成长至关重要，在这方面，班主任可以通过引导和激励，帮助学生建立积极的心态和态度，引导学生正面看待挑战。面对困难和挑战时，很多学生会感到沮丧和无助，班主任应该教育他们将挑战视为成长的机会，而不是消极的阻碍。班主任要鼓励学生保持积极的心态，相信自己能够克服困难，帮助他们更好地应对挑战，实现个人成长和发展；通过感恩教育培养学生的感恩之心，感恩是一种积极向上的情感，能够帮助学生更好地面对生活中的困难和挑战。班主任可以引导学生感恩身边的人和事，让他们学会珍惜拥有的一切，并从中汲取正能量，增强内心的坚韧和乐观。班主任还要教育学生正面解读失败，因为失败并不意味着终结，而是成功的一部分，可以从失败中吸取教训，找到改进的方向，不断成长和进步。帮助学生树立乐观的态度、坚韧的意志，让他们在面对挫折时不气馁，而是勇敢地迎接新的挑战。

表 2-1　班主任帮助学生树立积极的心态和态度

策略 / 活动	目标	实施方式
引导学生正面看待挑战	帮助学生将挑战视为成长的机会，增强自信心和应对能力	开展主题班会，分享成功人士的挑战经历
		鼓励学生在面对困难时，制订解决方案并寻求帮助
		培养学生的问题解决和批判性思维能力
感恩教育	培养学生的感恩之心，增强内心的坚韧和乐观	组织感恩分享活动，让学生表达对身边人的感激之情
		引导学生记录每天值得感恩的事情，培养积极的生活态度
		结合课程内容，融入感恩教育的元素
正面解读失败	教育学生从失败中学习，找到改进的方向，不断成长	鼓励学生分享自己的失败经历及学到的教训
		开展角色扮演活动，模拟失败场景，讨论应对策略
		引导学生制订个人成长计划，明确目标和行动计划
培养乐观的态度和坚韧的意志	帮助学生在面对挫折时保持积极的心态，勇敢迎接新挑战	教授学生情绪调节技巧，如深呼吸、积极思考等
		开展团队合作活动，培养学生的协作精神和集体荣誉感
		鼓励学生参与体育锻炼等有益身心的活动，提升抗压能力

（二）倡导积极的自我认知和评价

班主任要帮助学生建立积极的自我认知和评价，鼓励学生发现自己的优点和长处，树立积极的自我认知。每个人都有自己独特的优点和特长，赞扬和肯定能让学生意识到自己的优点，并鼓励他们用积极的眼光看待自己，增强自信心和自尊心。班主任要引导学生正面评价个人经历。人生中不可避免地会遇到挑战和困难，但每一次经历都是一次宝贵的学习机会。班主任可以与学生一起回顾过去的经历，从中找到成功的经验和收获，培养学生对自己的正面评价和认同感，让他们更加自信地面对未来的挑战。班主任应引导学生养成积极的思维习惯，因为积极的思维方式能够帮助学生更好地应对生活中的各种困难和挑战。班主任应通过教育和实践，让学生学会用积极的眼光看待事物，从中找到解决问题的方法和可能性，从而培养他们乐观向上的心态。

（三）培养应对压力的能力和心理韧性

培养应对压力的能力和心理韧性是促进学生心理健康的重要方面。班主任应教导学生掌握有效的应对压力的策略，包括积极应对压力、寻求支持、调整心态等。通过学习这些策略，学生可以更好地面对生活中的各种压力和挑战，从而减轻压力带来的负面影响。通过锻炼和挑战，学生可以逐步提升心理韧性。心理韧性是指个体在面对压力、挑战和逆境时保持稳定的心理状态与行为反应的能力。班主任要通过设立适当的挑战和锻炼，帮助学生逐渐提升他们的心理韧性，让他们在面对挫折和困难时能够坚持不懈，不轻言放弃。班主任要鼓励学生对自己的情绪和反应进行积极的反思，通过反思，找出导致压力的根源，并寻找有效的解决办法。这样的反思过程不仅有助于缓解压力，还可以提升学生的心理韧性和抗压能力。

通过培养学生的正向思维，班主任能实现对学生心理健康的全面促进。树立积极的心态和态度能让学生学会在挑战中获得成长，从失败中吸取教训，有助于保持乐观向上的心态，勇敢地面对生活中的各种困难。倡导积极的自我认知和评价能让学生更加了解自己的优势和潜力，树立自信心和自尊心，从而更好地应对挑战和压力。培养应对压力的能力和心理韧性能让学生在面对逆境时保持稳定，从容地解决问题，不断成长和进步。心理健康的促进不仅学生个体得以健康成长，也能为班级和整个学校的和谐稳定打下了坚实的基础。拥有积极心态、自信自尊的学生群体能够更好地合作、相互支持，营造出积极向上的学习氛围；同时也能够更好地适应学习和生活中的各种挑战，为学校的整体发展做出积极贡献。班主任在促进学生心理健康中的关键角色不仅在于对个体学生的关注和帮助，更在于对整个班级和学校氛围的塑造与引领。

三、应对挫折与韧性的培养

（一）培养应对挫折的态度和心理韧性

班主任应该教育学生，挫折是成长过程中不可避免的一部分，而不是失败的标志。挫折可以给予人们宝贵的经验和教训，帮助人们更好地认识自己、发现问题并找到解决方法。班主任要告诉学生遇到挫折是正常的，鼓励他们从失败中吸取教训，不断完善自我。当学生在考试或比赛中遭遇失败时，班主任可以与他们分享名人或成功人士经历中的挫折和失败，以此鼓励他们在挫折中学习和成长。鼓励、肯定和激励，能帮助学生树立积极的应对挫折的态度，在学生取得进步或克服困难时及时给予肯定和赞扬，让他们意识到自己的努力和付出是值得的。分享正能量的故事或名言警句，激励学生保持乐观、积极的态度，勇敢地面对挑战，邀请一些成功人士或学长学姐来班级做经验分享，让学生了解成功的背后都有过不同程度的挫折和困难。班主任要鼓励学生主动寻求支持和帮助。在面对挫折时，学生往往会感到孤独和无助，这时需要得到关心和支持。班主任应营造开放、包容的班级氛围，鼓励学生之间相互支持和帮助。班主任也应该主动关注学生的情绪变化，给他们提供情感上的支持和安慰。学生在学习或生活上遇到困难时，应及时与他们沟通，听取他们的倾诉，给予理解和鼓励，并帮助他们找到解决问题的途径。

（二）培养心理韧性的方法和策略

培养学生的心理韧性是班主任在心理健康促进中的关键任务之一。通过设定适度的挑战、鼓励积极的应对策略及提供情感支持和鼓励等方法和策略，班主任可以有效地培养学生的心理韧性，使他们能够更好从容应对生活中的挑战和困难。班主任要设定适度的挑战，根据学生的能力和水平设计具有一定挑战性但又不过于艰难的任务和活动，这些挑战可以是学习任务、社交活动或者体验性的项目。适度的挑战可以激发学生的兴趣和调动学生的动力，让他们在应对挑战时逐渐培养起面对困难的勇气和决心。鼓励积极的应对策略也是培养学生心理韧性的重要手段之一。班主任教导学生采取积极主动的方式面对挑战和困难，包括制订解决问题的计划、寻求帮助和支持、调整心态等。班主任要通过培养学生积极应对问题的能力，让他们更加自信地面对挑战，找到解决问题的有效途径，并从中获得成长和收获。提供情感支持和鼓励对培养学生心理韧性同样至关重要。在学生面对挫折和困难时，班主任应该给予他们情感上的支持和鼓励。这种支持不仅可以帮助学生缓解情绪压力，还可以增强他们的信心和勇气，使他们能够更加坚定地面对挑战。倾听学生的心声，理解他们的感受，给予他们鼓励和肯定，让他们感受到自己并不孤单，在困难面前不是孤立的个体。结合实际情况，培养心理韧性的实施方案可总结如下表：

表 2-2 培养心理韧性的方法和策略

方法 / 策略	实施方式	目标
设定适度的挑战	根据学生的能力和水平设计任务与活动，如学习任务、社交活动、体验性项目等	激发学生的兴趣，调动学生的动力，培养学生面对困难的勇气和决心
鼓励积极的应对策略	教导学生采取积极主动的方式，如制订解决问题的计划、寻求帮助和支持、调整心态等	培养学生积极应对问题的能力，增强自信心，找到解决问题的有效途径，并从中获得成长和收获
提供情感支持和鼓励	在学生面对挫折和困难时，给予情感上的支持和鼓励，倾听学生的心声，理解他们的感受，给予鼓励和肯定	帮助学生缓解情绪压力，增强信心和勇气，更加坚定地面对挑战，感受到集体的温暖和支持

四、激励与表扬的艺术

激励与表扬在促进学生正向心理品质方面具有至关重要的作用。班主任要巧妙地运用激励与表扬的艺术，有效地调动学生的积极性、自信心和学习动力，从而促进其心理健康的全面发展。

（一）激励与表扬的定义和重要性

激励与表扬在教育领域中扮演着不可或缺的角色，是激发学生潜能、促进学生发展的重要手段。激励和表扬既可以来自老师，也可以来自同学、家长甚至自己。正面的肯定与认可不仅对个体的心理健康和成长至关重要，也会对班级与整个学校的氛围和文化产生深远的影响。激励与表扬对增强学生的自尊心和自信心至关重要，当学生感受到来自老师与同学的赞赏和肯定时，他们会对自己的能力和价值有更加清晰的认识，从而培养出积极的自尊心和自信心。这种自尊心与自信心是学生建立健康人格和积极心态的基础，能够帮助他们更好地应对各种挑战和困难。激励与表扬有助于培养学生的积极心态和乐观情绪。通过及时的表扬和肯定，学生会感受到自己的努力和付出得到了认可，从而保持积极的心态和乐观的情绪。即使面对困难和挫折，他们也会更加勇敢，相信自己能够克服困难，取得成功。激励与表扬还可以增强学生的学习动力和积极性。当学生感受到来自老师和同学的关心支持时，他们会更加有动力去克服困难，努力学习和进步，会更加积极地参与到学校的各项活动中去提高学习的兴趣和动力，从而取得更好的学习成绩和个人发展。

（二）激励与表扬的实施方法

激励与表扬作为促进学生正向心理品质的重要手段，需要班主任巧妙地运用各种实施方法，以确保其有效性和积极性。及时、真诚的表扬是至关重要的，班主任应时刻留意学生的表现，及时发现他们的优点和长处，并以真诚的态度进行表扬和肯定。这种及时的表扬能够让学生感受到自己的努力得到了认可，增强他们的自信心和学习动力。表扬的内容要具体明确，让学生清晰地知道自己做得好的地方在哪里，从而进一步调动他们的积极性和进取心。差异化的表扬也是必不可少的，不同的学生有不同的优点和特长，班主任要根据学生的实际情况和个体差异，对他们进行差异化的表扬和激励。这种个性化的表扬方式能够让每个学生都感受到被重视和被关心，调动他们的积极性和发展潜力。激励与目标设定也是一种有效的方法，班主任可以与学生共同制定学习和生活的目标，然后给予适当的激励和奖励作为实现目标的动力，这种目标导向的激励方式可以帮助学生更好地规划自己的学习和生活，增强自我管理和执行力，从而更好地实现自己的梦想和目标。班主任要鼓励学生学会自我激励和自我奖励，当取得进步和成绩时，可以自我给予一些小的奖励和激励，增强自我的认可感和满足感，从而更加积极地面对学习和生活中的挑战。这种自我激励与自我奖励的能力是学生自我成长和发展的重要保障，也是促进其心理健康的重要因素。

第二节　管理班级氛围与文化

一、创建包容与支持的班级环境

在当今社会，学生的心理问题日益受到重视，而班主任作为学生心理健康促进的关键角色之一，承担着重要的责任。创建包容与支持的班级环境对于促进学生的心理健康具有重要意义，不仅有助于学生在学业上取得更好的成绩，还能够提升学生的情绪管理能力和人际关系技巧，为他们的未来发展奠定坚实的基础。因此，班主任应该采取一系列措施，积极营造包容与支持班级氛围，让每个学生都感受到温暖与支持。

（一）建立尊重与理解的互动机制

建立尊重与理解的互动机制在班级中是至关重要的，能为学生提供了安全、包容的环境，有助于促进他们的心理健康和全面发展。班主任要通过示范和引导，树立尊重与理解的典范。班主任应该展示对每个学生的尊重和关心，不论其学习能力、家庭背景或其他方面的差异。这种态度将激励学生之间相互尊重和理解的行为模式。组织班级活动与小组讨论是促进学生之间理解和尊重的有效途径，通过这些活动，学生有机会分享自己的观点、感受和经历，从而增进彼此之间的理解和认同。班主任可以设置一些具有启发性的话题，引导学生思考和交流，营造出开放、包容的氛围。除此之外，班主任还有时刻保持开放的心态，愿意倾听学生的意见和建议。学生有时会面临各种问题和困难，班主任应该给予足够的关注和支持，帮助他们解决问题、化解困难。这种倾听和支持的态度将增强学生的信任感，促进师生之间更紧密地联系。班主任还可以通过积极的沟通和反馈机制，加强与学生之间的互动，及时给予学生肯定和鼓励，表达对他们的支持和信任，让他们感受到自己的努力和付出得到了认可，从而激发他们更积极地参与班级活动和学习。建立尊重与理解的互动机制是促进班级和谐发展的关键。班主任的角色不仅是教书育人，还要引导学生树立正确的人生观和价值观，培养他们具有良好的品德素养和社会责任感。

（二）提供情感支持与共情体验

提供情感支持与共情体验是班主任在学生心理健康促进中扮演的关键角色之一。班主任要主动倾听学生的心声，并表现出真诚的关心和关怀。当学生面临困难或挑战时，班主任应该及时主动地与他们沟通，了解他们的内心感受和困扰。班主任要细致入微的倾听和理解，班主任能够给予学生更贴心、更有效的情感支持。通过与学生建立互相信任和亲近的关系，为他们提供安全、开放的环境，让他们敢于表达内心的真实想法和感受。定期组织班会或个别谈话，让学生有机会分享自己的心情和想法，从而缓解情感压力，获得情感上的支持和安慰。班主任要通过自身的示范作用，树立积极乐观的情绪态度。学生感受到班主任积极向上的能量时，会受到鼓舞和激励，更有动力去面对生活中的种种困难和挑战。班主任应具备良好的共情能力，即能够站在学生的角度理解他们的感受和情绪。通过共情体验，班主任能够更加深入地理解学生的内心世界，更好地把握他们的情绪状态，从而给予更贴心、更有效的情感支持和指导。

（三）树立积极向上的班级文化

班主任可以组织丰富多彩的班级活动营造积极向上的氛围，如体育比赛、文艺演出、志愿者活动等，旨在激发学生的热情和活力，增强他们的集体荣誉感和归属感，从而班级的凝聚力和向心力。开展主题班会，引导学生探讨和增强一些积极向上的话题，如成功的故事、感恩的心态、团队合作等。班主任要引导学生树立正确的人生观和价值观，培养他们积极向上的心态和乐观的情绪。设置奖励制度和激励措施促进积极向上的班级文化，及时表扬和奖励那些表现突出、积极向上的学生，鼓励他们树立榜样，带动整个班级的积极向上氛围。注重班级的管理和规范，及时纠正不良的行为和习惯，确保班级的秩序和稳定。只有在一个秩序井然、纪律严明的班级中，学生才能够更好地专注学习、健康成长。在学生心理健康促进中，创建包容与支持的班级环境，班主任要通过建立尊重与理解的互动机制、提供情感支持与共情体验、树立积极向上的班级文化等措施，让每个学生都能够感受到温暖与支持，实现个人的全面发展。这不仅有助于学生的心理健康，也有利于班级的和谐稳定，能为学校的发展注入新的活力和动力。

二、防止欺凌行为与促进和谐

（一）防止欺凌行为与促进和谐的重要性

欺凌行为在校园中不仅会对学生个体的身心健康造成直接伤害，更重要的是它会破坏整个班级的和谐氛围，进而影响学习环境和集体的凝聚力。对受欺凌的学生而言，他们会经历长期的心理困扰，甚至出现严重的抑郁、焦虑等心理问题，从而影响他们的学习、生活和人际关系。而对班级而言，欺凌行为会造成分裂和对立，影响整个班级的凝聚力和团队合作精神，进而影响整个学校的正常运行和教育质量。防止欺凌行为、促进和谐的班级氛围不仅是对个体学生心理健康的保障，也是维护整个班级和学校稳定的重要举措。

（二）防止欺凌行为与促进和谐的策略和方法

1. 建立零容忍的欺凌政策

班主任与学校管理层应合作制定明确的欺凌行为政策，确立学校对欺凌行为的态度和处理机制。政策详细要规定何为欺凌行为，包括言语欺凌、身体欺凌、心理欺凌等，并明确界定受害者和施暴者的角色。同时政策还要规定相关的惩罚措施，以及针对施暴者与受害者的支持和帮助措施，包括警告、纪律处分，甚至报警处理，以确保对欺凌行为的严肃处理和惩罚。除了制定政策，班主任还应该积极地向学生与家长进行宣传和教育，通过班会、家长会、校园广播等方式向学生和家长普及欺凌行为的危害性，并告知他们学校处理欺凌的政策和相关的惩罚措施；同时组织专题讲座、举办反欺凌活动等形式，引导学生树立正确的价值观和行为规范，增强他们的防范意识和应对能力。可以通过制定零容忍的欺凌政策，向全体师生传递一个明确的信号，即学校对欺凌行为持续采取严厉的态度和措施。这不仅能有效遏制欺凌行为的发生，还能提高学生对校园欺凌的认识和警惕，促进学校环境的和谐稳定。

2. 加强监督与管理

班主任要通过定期观察班级情况发现潜在的欺凌行为，留意学生之间的交流和互动，在课堂、操场、食堂等场所仔细观察学生的行为举止，以便及时发现异常情况。此外，还可以借助其他教师、辅导员和学生干部等人员，共同加强对班级的监督，形成合力。班主任要与学生保持密切的交流，建立良好的师生关系。班主任要通过开展心理健康教育课程、主题班会等形式，引导学生认识到欺凌行为的危害性，提高他们的防范意识和应对能力。班主任要定期与学生进行个别或小组交流，了解他们的心理状态和生活情况，及时发现并介入欺凌行为。班主任要充分利用家长的力量，加强与家长的沟通和合作，了解学生在家庭中的情况，收集家长的反馈和意见，共同关注学生的成长和发展。在发现欺凌行为时，及时与家长取得联系，共同商讨解决方案，形成家校合力，共同维护学生的权益和安全。通过加强对班级的监督与管理，班主任要及时发现并介入欺凌行为，有效防止校园欺凌的发生，保障学生的安全和权益，促进校园的和谐稳定。这不仅有助于学生的心理健康和学业发展，也有利于营造安全、和谐的学习环境。

3. 倡导尊重与包容

班主任要开展主题班会、课堂讨论和小组活动，向学生传达尊重与包容的重要性。引导学生思考不同观点的价值和意义，能培养学生欣赏多样性的意识，从而促进班级成员之间的相互尊重和理解。班主任要借助丰富的教育资源，组织相关教育活动，加深学生对尊重与包容的理解；还可以邀请心理专家或社会工作者来班级开展心理健康教育课程，引导学生认识到每个人都是独一无二的个体，应该尊重和欣赏彼此的差异。另外，班主任要通过身体力行的方式，树立尊重与包容的榜样，在日常教学和管理中注重对学生的尊重和理解，给予每个学生平等的机会和权利，不偏袒、不歧视，让学生在班级中感受到公平和公正的氛围。

4. 培养同理心与团队合作精神

班主任要积极促进学生的同理心和团队合作意识的培养，从而有效减少欺凌行为的发生，可以组织一些具有启发性的课堂活动，让学生深入了解他人的感受和情感。例如，设计一些角色扮演的游戏或案例分析的讨论，让学生模拟他人的角色，体会不同人的生活和情境，从而培养他们的同理心和包容心。推动学生参与小组合作项目，从而锻炼他们的团队合作能力。在小组合作中，学生会相互沟通、协作解决问题，这不仅能增强他们的社交能力，还能提高他们的团队意识和合作技能，从而建立相互尊重和信任的关系。班主任要鼓励学生在日常生活中多与其他同学互动，学会倾听和尊重他人的想法。通过与他人的交流和合作，更加深入地了解他人的情感和需求，培养出关爱他人、乐于助人的良好品质，从而减少欺凌行为的发生。

5. 提供心理支持与辅导

对班主任要受到欺凌行为影响的学生，班主任应该及时给予心理支持和辅导，这是防止欺凌行为进一步扩大和影响学生心理健康的关键步骤。个别沟通和情感关怀的方式，能为受害学生提供必要的心理支持和帮助。在这种沟通中，班主任应该倾听学生的心声，了解他们的感受和困扰，帮助他们释放内心的压力和负面情绪。在这种沟通过程中，班主任应与学生建立良好的信任关系，为接下来的心理辅导奠定基础。可以运用一些心理辅导的技巧和方法，帮助学生树立自信，建立正确的人际关系观念。例如，运用情景模拟或角色扮演等方式，让学生学会有效地应对欺凌行为，增强自我保护意识和应对能力。同时引导学生从积极的角度看待自己，树立自信心，增强心理韧性，从而更好地应对欺凌行为带来的负面影响。此外，班主任还应与学生家长进行沟通和合作，共同关注学生的心理问题，并提供必要的支持和帮助。家长与理解和支持对学生的心理恢复和成长至关重要，班主任可以与家长共同制订有效的心理支持方案，帮助学生渡过难关，重拾自信。

三、班级规则与契约的建立

管理班级氛围与文化是班主任在学生心理健康促进中的关键策略之一。建立明确的班级规则与契约有助于营造积极向上的班级氛围，促进学生健康发展。

（一）班级规则的制定与意义

班级规则的制定是教育管理中的一项重要工作，为班级行为、活动与互动提供了明确的准则和规范。这些规则不仅有助于维护班级秩序，还可以促进学生的健康成长和全面发展。班级规则明确了行为标准，在班级规则的指导下，学生会清楚地了解什么是可以接受的行为、什么是不被允许的行为。这有助于学生树立正确的行为观念，让他们明白自己在班级中应该如何行动，避免偏离规范。班级规则有助于规范班级秩序，通过规则的制定和执行，维护良好的学习和生活环境，提高教学效率。规范的班级秩序有利于教师教学管理和学生学习活动，能营造安静、有序的学习氛围。班级规则也是促进学生发展的重要手段。规范的行为准则与秩序有助于培养学生的自我管理和自律性，使他们养成良好的学习和生活习惯。通过遵守规则，学生能够提高自我约束能力，增强责任感，培养团队合作精神，促进个人全面发展。

（二）制定班级规则的原则和方法

制定班级规则时，班主任需要遵循一些原则和方法，以确保规则的有效性和可行性。一是要参与式制定。班主任可以与学生一起参与制定班级规则，让学生在规则制定的过程中发挥积极作用。这种参与式的制定方式可以增强学生对规则的认同感和遵守意愿，提高规则执行的效果。班主任可以组织班会、小组讨论或开展问卷调查等形式，让学生参与规则的制定过程，听取他们的意见和建议，共同商讨制定出适合班级的规则。二是明确具体。班级规则应具有明确性和具体性，避免模糊和歧义。规则清晰明了，能让学生清楚地知道如何行动和遵守规则。规则的具体性可以使学生更容易理解和接受，也有利于规则的执行和监督。三是合理、公正。制定班级规则时应考虑学生的年龄特点、文化背景和实际情况，保持公正和合理。规则应符合学生的成长发展需求，考虑学生的权利和利益，避免制定过于苛刻或不合理的规定。只有规则合理公正，才能得到学生的理解和支持，更容易被学生接受和遵守。四是定期评估与调整。班级规则不是一成不变的，随着学生的成长和班级的变化，规则也需要不断进行评估和调整。班主任应定期评估规则的执行情况，收集学生的反馈意见，根据实际情况进行适时的调整和完善。通过定期的评估和调整，保持规则的有效性和适应性，更好地满足班级管理的需要，促进班级的和谐发展。

表2-3 制定班级规则的原则和方法

序号	原则	方法	实例
1	合法性原则	参照国家教育法规和学校规章制度制定班级规则	规定学生必须按时到校，不迟到早退，符合国家教育法规和学校要求
2	民主性原则	广泛征求学生和家长的意见，共同参与规则制定	通过班会、家长会等形式，收集学生与家长对班级规则的建议和意见
3	平等性原则	规则应适用于所有学生，不偏袒特定个体或群体	规定每个学生都要参与课堂讨论，不论性别、成绩等因素
4	合理性原则	规则内容应合理、明确，符合学生身心发展规律	规定学生每天完成适量作业，保证充足的休息和娱乐时间
5	可行性原则	规则应具有可操作性，方便实施和执行	规定学生按照座位轮换制度进行座位调整，确保公平和可行性
6	教育性原则	规则应具有教育意义，有助于培养学生良好的品德和习惯	规定学生尊重师长、团结同学，积极参与集体活动

（三）契约精神的培养与实践

班主任在培养学生契约精神方面，除了制定班级规则外，还应该采取一系列措施，让学生认识到遵守规则的重要性，并将其内化为自己的行为准则。示范榜样；班主任以身作则，成为学生的榜样，通过自己的言行举止，展现遵守规则的态度和行为。班主任的示范行为会影响学生，让学生感受到规则的重要性和必要性，从而自觉遵守规则。教育引导；班主任通过课堂教育、班会活动等形式，向学生宣传并解释班级规则的重要性。例如，通过生动的故事、具体的案例等，引导学生理解规则的意义和作用，帮助他们树立正确的行为观念。班主任还可以与学生进行讨论和交流，引导他们自觉遵守规则，并认识到规则对班级秩序和学习环境的重要性。采取奖惩并重的策略；对遵守规则的学生，给予及时的表扬和奖励，以激励他们继续保持良好的行为表现，这些奖励包括口头表扬、奖状、奖品等形式；同时对违反规则的学生，班主任也应该给予适当的批评和惩罚，让他们意识到规则的严肃性和必要性。这种奖惩机制可以帮助学生建立正确的行为准则，培养他们的契约精神和责任意识，促进班级的和谐发展。

建立明确的班级规则和契约精神；班主任可以有效地管理班级氛围与文化，营造出积极向上、和谐有序的学习环境。这不仅有助于学生的心理健康促进，也能为他们的全面发展奠定坚实的基础。班主任在促进学生心理健康方面扮演着不可或缺的关键角色；制定明确的班级规则和培养学生契约精神，能引导学生树立正确的行为观念和价值观，培养他们的自我管理能力和责任意识。同时维护班级秩序和规范，能营造出安全、和谐、有序的学习环境，为学生的学习、成长和发展提供良好的条件。班主任要在实践中不断关注学生的需求和情况，及时调整和完善班级规则，并通过教育引导和示范榜样等方式，引导学生树立正确的行为观念和积极的生活态度。班主任还需要与学校管理层、家长及其他教育工作者密切合作，共同促进班级文化的建设和学生心理健康的促进。

四、班级活动与心理健康

班级活动不仅是学生课余生活的一部分，更是学生心理健康促进的重要途径之一。在班级活动中，学生不仅有机会放松身心，还能够培养社交能力、增强团队合作意识、发展个人兴趣爱好，从而全面促进心理健康的成长。班主任作为班级的引领者和管理者，承担着组织和引导这些活动的责任，通过精心设计和策划，能够创造出充满活力和正能量的班级氛围，为学生的心理健康发展提供良好的保障和支持。

（一）体验式活动与情感交流

体验式活动的重要性在于它们提供了学生参与实践和体验的机会，远远超出了传统教室学习所能达到的范围。这些活动往往涉及学生的身体、感觉和情感，能让他们在实践中感受到真实的情境和体验。通过参与这些活动，学生可以更加直观地了解自己的能力和局限性，学会面对挑战和困难，从而培养出坚韧的意志和应对压力的能力。在体验式活动中，团队合作是不可或缺的部分。学生需要在团队中协作完成任务，学会倾听、理解和尊重他人的意见，同时也需要学会表达自己的想法和看法。这种合作与交流的过程不仅有助于学生培养团队精神和沟通能力，而且能增强他们的自我认知和社交技巧。团队合作能够让学生更好地理解合作的重要性，并学会在团队中扮演不同的角色，从而更好地适应社会生活中的各种情境和挑战。班级活动也为学生提供了情感交流的机会，可以让他们自由表达自己的情感、分享自己的经历，也可以倾听与理解他人的情感和故事。这种情感交流不仅有助于学生建立良好的人际关系，而且能让他们感受到被关心和理解的温暖。班主任在这个过程中扮演着重要角色，是学生的倾听者和支持者，要引导他们正确处理情感问题，增强心理韧性和情感适应能力。

（二）促进学生社交与情感发展

班级活动的设计和实施对学生的社交能力与情感发展具有显著的促进作用，这些活动为学生提供了与同学建立更紧密友谊关系的机会。在参与各种团队合作和互助的活动时，学生们共同面对挑战、克服困难，有利于增进彼此之间的信任和理解，从而促进友谊的形成与巩固。这种友谊不仅在活动中体现，也会延伸到日常生活中，为学生提供情感上的支持和依靠。班级活动也为学生提供了丰富多彩的社交机会，能拓展他们的社交圈。通过参与文化、艺术、体育等类型的活动，学生能结识更多的同学，交流彼此的兴趣爱好，建立广泛而丰富的社交网络。这种社交经验不仅有助于学生增强社交技能和交际能力，还能够拓展他们的人际关系，为他们未来的发展打下良好的基础。班级活动还为学生提供了展示自我、表达情感的舞台，参与各种文化艺术类的活动，如话剧表演、音乐会、绘画比赛等，能展示自己的才华和特长，获得他人的认可和赞赏，从而增强自信心和自尊心；同时也为学生提供释放情感、表达情感的机会，让他们能够更好地理解自己的情感状态，学会情感管理与调适，促进情感健康的发展。

（三）引导自我认知与情绪管理

班级活动在引导学生自我认知与情绪管理方面具有重要作用，这些活动为学生提供了了解自己的机会。通过参与各种活动，发现自己的兴趣爱好、优点和特长，学生也能够意识到自己的不足和需要改进的地方。班主任应在活动中引导学生进行自我反思和自我评价，帮助他们建立积极的自我认知，从而增强自信心和自尊心。这种自我认知的培养有助于学生更好地理解自己的身心特点，更好地面对生活中的挑战和困难。班级活动也是学生情绪管理的实践场所，在参与各种活动的过程中，学生会面对各种情绪，如兴奋、紧张、挫败感等。班主任应引导学生认识并理解自己的情绪，教导他们如何有效地管理和调节情绪，保持内心的平静和积极。例如，在团队合作活动中，学生会遇到合作伙伴的不合作或意见分歧，这时班主任应引导他们学会沟通、妥协，以及如何处理不同意见带来的情绪波动。通过这样的实践，学生能够逐渐提高情绪管理能力，增强心理韧性，更好地适应复杂多变的社交环境。班级活动作为学生心理健康促进的重要途径，不仅可以促进学生的身心健康发展，还可以营造积极向上、和谐融洽的班级氛围。班主任在组织和管理班级活动时，应充分发挥自身的引导作用，设计多样化且有针对性的活动内容，创造良好的活动氛围，引导学生在活动中实现自我成长和发展。精心设计与组织班级活动，能更好地发挥班主任在学生心理健康促进中的关键作用，为学生的全面发展与成长提供更为丰富和有效的支持。

第三节　应对学生的心理危机

一、心理危机的类型与识别

学生心理健康的促进需要及时有效地应对各种心理危机。心理危机是指在学生心理发展过程中出现的突发性、严重性和紧迫性的心理问题，会对学生的生活、学习和发展产生严重影响。班主任作为学生心理健康促进的关键角色之一，需要具备识别和应对心理危机的能力，以保障学生的身心健康。

（一）心理危机的类型与识别

1. 情绪困扰。情绪困扰是学生心理健康中常见的问题之一，它由各种因素引起，如学业压力、人际关系问题、家庭矛盾等。学生在面对这些压力和挫折时，常常会出现情绪上的困扰和波动。班主任应细心观察学生的情绪变化，包括情绪低落、焦虑、紧张等。这些变化表现在学生在课堂上的表现、交流中的语言和肢体表达等方面。班主任应与学生建立良好的信任关系，让他们感觉到可以向自己倾诉内心的烦恼。这种信任关系的建立需要班主任的耐心和关怀，让学生感受到自己是被理解和被支持的。当学生表现出情绪困扰时，班主任应该倾听他们的诉说，给予他们足够的关怀和理解。通过倾听，班主任可以更好地了解学生的内心世界，帮助他们释放情绪、缓解压力。班主任可以教导学生一些情绪调适的技巧，如深呼吸、放松训练、积极思考等。这些技巧可以帮助学生更好地应对情绪困扰，提升他们的情绪管理能力。对于严重的情绪困扰，班主任应该及时引导学生寻求专业心理咨询和治疗。学校通常会有心理辅导教师或心理健康中心，可以为学生提供专业的心理支持和帮助。

2. 自伤行为。自伤行为是学生心理健康中极为严重的问题，常常反映了其内心深处的痛苦和困扰。班主任应该密切留意学生身上出现的自伤迹象，包括穿长袖衣物遮掩伤痕，或是在手臂或其他身体部位发现深浅不一的划痕等，及时了解情况，以便学生缓解学生的心理问题，阻止学生的自伤行为。班主任要与学生建立良好信任关系，让他们感受到可以与自己分享内心的痛苦和困扰。只有建立起信任关系，学生才会愿意向班主任倾诉自己的问题，并接受相关的帮助和支持。一旦发现学生存在自伤行为的迹象，班主任应立即进行干预和指导，包括与学生进行个别沟通，了解其内心的痛苦和困扰，给予他们情感上的支持和安慰，并引导他们寻求专业的心理咨询和治疗。班主任可以帮助学生寻找替代性的情绪释放方式，如运动、绘画、写作、听音乐等。这些活动可以帮助学生释放内心的痛苦和压力，减少自伤行为的发生。班主任还可以关注学生的社交支持网络，鼓励他们与家人、朋友和老师进行沟通和交流，寻求情感上的支持和安慰。

3. 人际关系问题。人际关系问题通常源自同学、老师或家庭成员之间的相处冲突，如孤立、欺凌、亲子冲突等。这些问题如果得不到妥善解决，会对学生的心理健康造成负面影响，甚至引发心理危机。

班主任在应对这些问题时，应密切关注学生之间的人际关系动态，及时介入，帮助他们解决矛盾，保障学生的人际交往朝向健康的方向发展。班主任可以建立开放、亲近的沟通渠道，鼓励学生与自己分享人际关系中的困扰和烦恼。让学生感受到被理解和被支持，有助于及时发现问题，减轻学生的心理压力。班主任可以组织一些人际交往技能的培训或活动，帮助学生学会与他人有效沟通、尊重他人、解决冲突等技能。通过这些活动，学生能够增强人际交往的能力，建立良好的人际关系。班主任要重视对学生人际关系问题的预防与干预工作，及时发现并解决学生之间潜在的人际冲突。对已经发生的问题，果断采取措施，制止欺凌行为、调解人际冲突，确保学生的安全和健康。对受到人际关系问题困扰的学生，班主任可以引导他们进行情感释放与调适，如通过绘画、写日记、参加体育运动等方式，缓解情绪压力，提升心理调适能力。

4.学业压力导致焦虑、抑郁等心理问题，影响学生的心理健康和学习效果，班主任可以与学校心理辅导教师、家长以及同学合作，建立完善的支持体系，通过定期的心理辅导、家长会及同学间的互助，为学生提供情感上的支持和学习上的帮助，减轻其学业压力。班主任还可以帮助学生制订合理的学习计划，根据学生的能力兴趣安排适当的学习任务和时间，避免过度压力和焦虑；同时鼓励学生合理安排时间，保持良好的学习与生活平衡。班主任还可以组织各学科教师向学生提供学习技巧指导，帮助他们提高学习效率，减少学习压力，包括时间管理、阅读技巧、笔记方法等方面的指导，让学生掌握更有效的学习方法，提升学习成绩和信心。班主任还要鼓励学生保持积极的心态，面对挑战与困难时要乐观和坚韧。鼓励、肯定和激励，能帮助学生树立正确的学习观念，增强学习动力，克服学习中的困难。班主任还要关注学生的个体差异，根据不同学生的特点和需求，提供个性化的学习支持和指导。通过了解学生的学习风格、兴趣爱好及学习能力，为他们量身定制学习方案，减少学业压力的影响。

5.家庭问题。家庭问题是学生心理健康中的重要因素之一，诸如父母离异、家庭暴力、亲人患病等情况都会对学生产生负面影响。在这种情况下，班主任需要与家长保持密切沟通，了解学生的家庭情况，及时提供支持和帮助。班主任要积极与学生建立信任关系，让他们感受到自己是可以信任和依靠的人；通过倾听、理解和尊重学生的感受，为学生提供情感上的支持，让他们感到被理解和关心；针对学生因家庭问题而产生的心理困扰，提供必要的心理辅导和支持；通过与学生的个别沟通或组织小组活动，引导他们表达内心的情感，缓解心理压力，找到应对问题的有效方式。班主任还要学生家长保持良好的沟通和合作，了解家庭问题的具体情况，并协调家校资源，共同为学生提供必要的支持和帮助。在必要时可建议家长寻求专业心理咨询或家庭治疗，帮助解决家庭问题，促进家庭和睦。

在家庭问题的影响下，学生会出现学习与生活上的困扰和问题。班主任要给予学生必要的学习和生活指导，帮助他们保持正常的学习进度和生活秩序，缓解家庭问题对学生的负面影响。家庭问题的解决需要时间和持续的关注，班主任应定期跟进学生的情况，及时调整支持策略，确保学生得到持续的关心和支持，帮助他们渡过难关，保持心理健康。

6.心理疾病。班主任需要了解各种心理疾病的常见症状和表现，如抑郁、焦虑、强迫等，以便及时识别学生存在的心理健康问题。密切观察学生的行为和情绪变化，如是否出现持续的消沉、情绪波动、社交回避等异常表现，及时与学生沟通，了解他们的困扰和需求。对患有心理疾病的学生，给予他们充分的理解、支持和鼓励，让他们感受到自己不是孤单的，可以获得帮助和改善。班主任需要主动引导患有心理疾病的学生及其家长寻求专业心理咨询和治疗，向学生和家长介绍学校心理咨询服务或外部的心理医生，帮助他们获得专业的诊断和治疗。在处理学生的心理问题时，要尊重学生的隐私，保持信息的机密性，避免将学生的个人问题公之于众，增加学生的压力和困扰。一旦学生寻求了专业帮助，班主任需要持续关注学生的情况，与学生和家长保持沟通，了解治疗进展和学生的心理状态，及时调整支持和帮助的方式。

二、紧急情况下的应对策略

紧急情况下的应对策略对学生心理健康的维护至关重要。紧急情况下，班主任首先要保持冷静和镇定，不能因为情绪激动而失去理智；要迅速应对，采取合适的行动，保护学生的安全和心理健康。紧急情况通常包括学生的自残、自杀行为，突发的情绪爆发，以及其他意外事件等。班主任应迅速评估和辨别情况的严重程度，采取相应的措施应对。例如，对学生的自残行为或自杀意图，应立即联系校医院或急救中心，寻求专业的医疗救助。对其他突发事件，如火灾、地震等，应按照学校的应急预案进行组织和处理。在紧急情况发生后，班主任应及时与受影响的学生进行沟通，安抚他们的情绪，提供情感支持和安慰。班主任应当倾听学生的诉求和需求，帮助他们缓解压力和焦虑。此外，发生紧急情况需要及时向学校领导、家长及相关部门通报，共同协调应对措施，确保学生的安全和心理健康；同时要与医院、心理咨询机构等专业机构合作，为学生提供必要的医疗和心理支持。紧急情况处理完毕后，要进行后续的跟进和持续关注，要与学生及家长保持沟通，了解学生的情况和进展，及时调整支持和帮助的方式，帮助学生尽快恢复正常的生活和学习状态。

三、与专业心理健康服务的协作

班主任要积极主动与学校的心理健康服务团队建立联系和合作关系，了解他们的工作范围、服务内容和提供的支持方式在学生出现心理危机时，能够迅速寻求专业帮助和支持。班主任在面对学生的心理危机时，如果自身无法有效处理或解决，也可以及时向学校的心理健康服务团队寻求专业咨询和建议。专业的心理健康服务人员能够为班主任提供有针对性的指导和建议，帮助他们更好地应对学生的心理问题。在面对学生的心理危机时，班主任可以与专业心理健康服务团队协作制订干预方案，包括学生的评估和分析、制定有针对性的干预措施及监督和跟进机制，以确保学生得到及时与有效的支持和帮助。班主任可以向专业心理健康服务团队提供学生的相关信息和案例资料，以便他们更全面地了解学生的情况和问题，并制订更有效的干预方案；也可以向学生与家长提供专业心理健康服务的信息和资源，鼓励他们主动寻求帮助。班主任与专业心理健康服务团队联合开展培训和工作坊，能共同提升学生的心理健康意识和应对能力。这种跨界的合作能够促进双方的交流与学习，提高对学生心理问题的应对水平和效果。

四、危机后的心理干预与支持

学生心理健康的促进不仅需要预防措施，还需要应对学生面临的心理危机。班主任作为学生心理健康促进中的关键角色之一，在学生出现心理危机后扮演着至关重要的角色。

（一）建立信任和安全感

建立信任和安全感是班主任在应对学生心理危机时的首要任务之一。在学生面对心理困境时，往往会感到孤立和无助，需要一个可以倾诉和依赖的支持系统。班主任作为学生最亲近的导师和指导者，承担着与学生建立密切关系的责任，以确保他们在困难时刻不会感到孤立和无助。班主任要营造开放和包容的环境，让学生感受到能自由表达自己的想法和感受，而不必担心被指责或受批评。这意味着班主任需要展现理解、接纳和尊重的态度，不论学生面对的问题是大是小，都能够得到认真倾听和积极回应。班主任应积极倡导心理健康，让学生明白寻求帮助并不是弱点，而是一种勇敢和聪明的选择。在困难时刻向他人寻求支持和建议是一种积极的行为，而不是一种羞耻或软弱的表现。定期的个别谈话和心理健康教育活动，可以加深与学生之间的沟通和了解，进一步强化学生对班主任的信任和依赖。在这个过程中，班主任要向学生传达理解和尊重的态度，让他们感受到自己在这个班级里是受到关注和尊重的。

（二）提供情感支持和安慰

班主任要表达对学生的理解和同情，通过倾听学生的诉说，了解他们的内心痛苦和困惑，向他们传达自己的理解和同情。这种理解和同情可以让学生感受到自己被人关心和在乎，有助于减轻他们的心理负担和孤独感。面对困境和挑战，学生往往会感到无助和沮丧，怀疑自己的能力和价值。班主任可以通过鼓励和支持，帮助学生重建信心和勇气，重新审视问题，积极面对挑战。例如，肯定学生的努力和进步，鼓励他们勇敢地面对困难，相信自己能够克服一切困难。

情感支持和安慰还包括陪伴和倾听。班主任是学生的倾诉对象，让他们有一个可以诉说内心烦恼的温暖港湾。通过倾听学生的内心声音，班主任能够更深入地了解学生的需求和困扰，为他们提供更为有针对性与有效的支持和建议。

（三）制订个性化的心理干预计划

制订个性化的心理干预计划是应对学生心理危机的关键措施之一。每个学生的心理状况和危机类型都存在差异，要针对个体情况设计具体的干预方案。班主任在这方面扮演着重要角色，需要与学校的心理健康专业人员合作，共同制订适合学生的个性化干预计划。个性化的心理干预计划需要建立在对学生心理状况的深入了解的基础上，班主任应通过与学生的沟通和对学生的观察，了解他们的心理困境、压力来源、情绪表现等，以便有针对性地制订干预计划。要根据学生的具体情况，选择适合的心理干预方法。心理干预方法包括心理咨询、行为疗法、认知重建等。对因学业压力导致的心理危机，可采用行为疗法帮助学生建立有效的学习习惯和管理技能；对情绪困扰较为严重的学生，可通过认知重建帮助他们改变消极的思维方式。个性化的心理干预计划还应该考虑学生的个人喜好、兴趣爱好等因素，可以将心理干预与学生感兴趣的活动或领域结合起来，增加学生对干预计划的接受度和积极性，提高干预效果。制订个性化的心理干预计划需要不断跟进和调整，随着学生心理状况的变化，干预计划也需要不断进行评估和调整，确保其与学生的实际需求和心理变化相匹配。

表 2-4　制订个性化的心理干预计划的实施方案

实施步骤	具体内容	负责人	时间安排
学生心理状况评估	通过观察、沟通、心理测试等方式全面了解学生的心理状态、压力来源和情绪表现	班主任、心理健康专业人员	开学初、期中、期末及需要时
制订个性化干预计划	根据评估结果，针对每个学生的具体情况制订个性化的心理干预计划，明确目标和干预方法	班主任、心理健康专业人员	评估后一周内
选择心理干预方法	根据学生的具体问题和需求，选择适合的心理干预方法，如心理咨询、行为疗法、认知重建等	心理健康专业人员	干预计划制订后
结合学生兴趣设计干预活动	将心理干预与学生感兴趣的活动或领域相结合，设计寓教于乐的干预活动，增加学生的参与度和积极性	班主任、心理健康专业人员	干预计划实施前
实施干预计划	按照制订的干预计划，有序地实施心理干预，确保计划的连贯性和有效性	班主任、心理健康专业人员	根据计划安排进行
跟进与调整干预计划	定期评估学生的心理状态和干预效果，根据实际情况及时调整干预计划，确保其与学生的需求和心理变化相匹配	班主任、心理健康专业人员	每月至少一次或根据需要进行
家校合作与沟通	与家长保持密切沟通，共同关注学生的心理状态，分享干预进展，征求家长意见和建议，形成家校共育的良好氛围	班主任	每月至少一次或根据需要进行

危机后的心理干预与支持是班主任在学生心理健康促进中的关键任务之一。通过建立信任和安全感、提供情感支持和安慰，以及制订个性化的心理干预计划，班主任可以有效地帮助学生度过心理危机，重建心理健康。心理干预与支持不仅有助于学生个体的成长和发展，也能为整个班级的心理健康创造良好的氛围和条件。

第四节　促进学生自我管理与成长

一、自我认知与情绪管理

自我认知与情绪管理是每个人成长和发展的重要组成部分。在学生阶段，面对诸多情绪和挑战，学会认识自己的情绪，理解自己的思维方式，以及有效地管理和调节情绪，对他们的心理健康和成长至关重要。班主任作为学生心理健康促进的关键角色之一，承担着引导学生建立良好自我认知和情绪管理能力的责任。

（一）促进自我认知

自我认知对学生的心理健康和成长至关重要。班主任可以通过一系列方法帮助学生更好地认识自己，包括反思与自省、情绪日志和心理测评等。反思与自省是促进学生自我认知的重要方式之一，能鼓励学生定期反思自己的行为和情感反应。这种反思过程可以让学生思考他们行为背后的动机和原因，以及他们在特定情境下的反应方式。通过反思能更深入地了解自己的优点和不足，从而有针对性地进行改进和成长。情绪日志也是帮助学生了解自己情绪模式的有效工具，班主任可以引导学生记录自己的情绪变化和触发因素，如在不同情境下的情绪体验，以及导致这些情绪的具体事件或想法。通过情绪日志，学生能更清晰地了解自己的情绪模式和情绪变化规律，有助于更好地管理自己的情绪。心理测评也是一种帮助学生了解自己的有效途径。班主任可以帮助学生进行一些简单的心理测评，例如性格测试或情绪问卷调查。这些测评能让学生更深入地了解自己的性格特点、情绪倾向及潜在的心理问题。通过了解测评结果，学生可以更全面地认识自己，从而更好地应对生活中的挑战和困难。

（二）培养情绪管理能力

情绪管理能力的培养可以帮助学生更好地理解和处理自己的情绪，从而提升他们的心理健康水平和生活质量。班主任可以通过一系列方法帮助学生培养情绪管理能力，包括情绪识别、情绪调节和情绪表达等。情绪识别是培养情绪管理能力的基础，班主任可以教导学生识别自己的情绪，包括愤怒、焦虑、悲伤等，引导学生通过观察自己的身体感受和情绪信号认知自己的情绪状态并帮助他们理解不同情绪背后的原因和影响，从而更好地应对各种情绪体验。情绪调节是培养情绪管理能力的重要方法之一。班主任可以教导学生采取有效的情绪调节策略，如深呼吸、放松训练、积极思维等，帮助学生在面对负面情绪时保持冷静和理智，避免情绪的过度激动或消极表达。通过训练和实践，学生能够逐渐掌握有效的情绪调节技巧，提升自己的情绪管理能力。情绪表达也是培养情绪管理能力的重要环节，班主任要鼓励学生学会适当地表达情绪，通过言语或行动与他人沟通。表达自己的情感和需求，避免情绪的积压和爆发，有利于建立健康的人际关系。班主任应为学生提供情感表达的机会和支持，帮助他们更好地理解和处理自己的情绪。

（三）提升自我管理能力

自我管理能力的提升可以帮助学生更好地控制自己的认知、情绪和行为，从而提高学习成绩和生活质量。目标设定与规划是提升自我管理能力的重要手段之一。班主任可以教导学生设立具体的目标，并制定可行的计划和策略实现这些目标。设定明确的学习和生活目标，能更好地明确自己的方向，增强自我执行力和计划能力，从而更好地控制自己的行为和情绪。时间管理是提升自我管理能力的关键技能之一。班主任可以教导学生合理利用时间，合理安排学习和休息时间，培养学生良好的时间管理习惯，更好地掌控自己的学习和生活，避免因时间管理不当而导致的压力和焦虑。班主任还可以建立奖励机制，及时给予学生一些小的奖励或激励，增强他们的动力和自律性，更好地激发他们的学习和进步动力，提高自我管理能力。自我认知与情绪管理是学生心理健康促进中至关重要的一环，帮助学生了解自己的情绪和思维方式，并学会有效管理和调节情绪，不仅有助于学生提升心理健康水平，还能够培养他们的自我控制和自我调节能力，为未来的发展打下坚实的基础。

二、时间管理与目标设定

时间管理与目标设定是学生自我管理与成长中至关重要的一环。在当今快节奏的社会中，学会有效地管理时间与设定合适的目标对学生的学习和生活至关重要。班主任作为学生心理健康促进的关键角色之一，要指导与培养学生良好的时间管理和目标设定能力，帮助他们更好地适应学习和生活的压力，实现自身的成长和发展。

（一）时间管理的重要性

时间管理对学生的重要性不言而喻。一个学生能否高效地安排自己的时间，直接影响着他们的学习效率高低、生活质量好坏及心理健康与否。班主任在学生心理健康促进中的关键角色之一就是帮助他们提升时间管理能力。制订学习计划是有效的时间管理的基础，通过引导学生制订每日、每周的学习计划，班主任可以帮助他们明确安排学习任务和时间分配。这样的计划可以使学生更有条不紊地完成学习任务，避免拖延和临时抱佛脚的情况。清晰的学习计划不仅可以提高学习效率，还可以让学生更好地掌控自己的学习进度，减轻学习压力。帮助学生设置优先级也是促进时间管理的重要一环。学生在日常学习和生活中会遇到各种各样的任务和活动，班主任应帮助学生学会识别与区分紧急任务和重要任务，指导学生如何合理安排任务的优先级，确保他们将时间和精力集中在最重要的事情上。这种方式能避免陷入琐事的泥淖，提高学习效率和质量。控制时间浪费也是有效时间管理的关键。在现代社会，诸如手机、社交媒体等诱惑充斥着学生的生活。班主任应引导学生认识到时间的宝贵，远离这些诱惑，避免时间的浪费。合理规划和自我控制，充分利用碎片时间，能增加学习和生活的有效时间，提高自己的生产力和效率。

（二）目标设定的意义与方法

目标设定在学生的自我管理与成长过程中扮演着至关重要的角色。明确的目标不仅可以指引学生的学习和行动，还能够激发他们的动力和积极性，提高学习的效果率和成果。班主任在促进学生的自我管理与成长中，应重视目标设定，并帮助学生制定有效的目标。鼓励学生设定具体的目标是非常关键的，因为具体的目标能够帮助学生更加清晰地了解自己的学习和生活方向，具备明确的衡量标准和实现路径。班主任要引导学生设立具体、可衡量、可实现的目标，避免模糊的目标设定。例如，可将"提高成绩"这一模糊的目标具体化为"在数学考试中获得 90 分以上"，这样的目标更具体、更明确，也更容易实现。分解步骤是实现目标的有效策略之一。有时候学生会设立较大的目标，但是却因为不知道从何处开始而感到无从下手。班主任可以帮助学生将大目标分解成小目标，制定切实可行的计划和步骤，逐步实现目标。这样的分解可以避免因目标过大无法实现而导致的挫折感和放弃情绪，让学生更有信心和动力去实现目标。设定时间期限是实现目标的重要保障，明确的时间期限可以有效地激励学生按时完成任务，增强他们的执行力和计划性。班主任要引导学生设立明确的时间期限，让他们有紧迫感和目标感，提高他们的时间管理能力和工作效率。

（三）班主任的角色与责任

班主任作为学生心理健康促进的关键角色之一，在引导和指导学生良好时间管理与目标设定方面具有重要的责任和作用。班主任应以身作则，成为学生的榜样，为学生提供指导和支持，帮助学生建立正确的学习和生活观念。班主任自身应具备良好的时间管理和目标设定能力，通过自己的行动和实践，向学生展示什么是有效的时间管理和明确的目标设定。当班主任展现出自信、有计划性和高效的特质时，学生会更加愿意模仿和学习。班主任可以向学生提供关于时间管理与目标设定的指导和建议，如通过课堂教育、班会活动等形式，向学生传授时间管理的技巧和目标设定的方法，帮助他们建立良好的学习和生活习惯。此外，还可以与学生进行个别谈话，了解他们的学习和生活情况，为他们提供量身定制的指导和建议。班主任还有关注学生的时间管理和目标设定情况，并及时提供帮助和支持。例如，密切观察学生的学习态度和表现，发现学生存在的问题和困难，并及时进行干预和指导。组织一些针对时间管理和目标设定的活动，为学生提供交流和分享的平台，让他们相互借鉴和学习，共同进步。时间管理与目标设定是学生自我管理与成长的重要组成部分。班主任作为学生心理健康促进的关键角色之一，应该通过引导与指导学生良好的时间管理和目标设定能力，帮助他们更好地适应学习和生活的压力，实现自身的成长和发展。只有通过良好的时间管理和明确的目标设定，学生才能更加有效地利用时间，实现个人的成长和发展目标。

三、社交技能与人际关系

社交技能与良好的人际关系对学生的心理健康和成长至关重要。学生在的日常生活中，需要与同学、老师、家人及社会各界人士进行交往和沟通。班主任作为学生心理健康促进中的关键角色之一，应致力于帮助学生发展社交技能和建立良好的人际关系。社交技能包括与人沟通、合作、解决冲突、表达情感等方面的能力。这些技能不仅有助于学生建立良好的人际关系，还能够提升他们的自信心和适应能力。班主任可以通过以下方式帮助学生培养社交技能：

1. 模拟情境。组织各种形式的角色扮演活动，让学生在模拟的情境中练习社交技能，如面试、演讲、团队合作等，提升他们的沟通和表达能力。

2. 社交技能培训。邀请专业的社交技能培训师或心理咨询师进行社交技能培训，教导学生如何与人交往、表达自己、解决问题等，提高他们的社交技能水平。

3. 鼓励参与社交活动。鼓励学生参加各种社交活动，如社团组织、志愿活动、团队比赛等，增加他们与他人互动的机会，扩大社交圈子。

良好的人际关系对学生的心理健康和成长具有重要影响。良好的人际关系可以带来情感支持、安全感和归属感，有利于学生建立自信心、发展个性、应对挑战。班主任可以组织各种团队合作的活动，让学生学会与他人合作、协调和共享，增强团队意识和合作精神；还要教导学生学会妥善处理人际关系中的冲突和矛盾，培养他们解决问题和调解纠纷的能力，建立和谐的人际关系；关注学生的情感需求，提供情感支持和倾听，让学生感受到被理解和被关爱，建立良好的师生关系和同学关系。

四、应对压力与放松技巧

面对竞争激烈和快节奏的现代社会，学生常常承受着来自学业、家庭、社交等方面的各种压力。因此，学会有效地应对压力并学会放松至关重要。作为学生心理健康促进的关键角色之一，班主任在帮助学生自我管理与成长过程中，应当重视压力管理与放松技巧的培养，以帮助学生更好地应对生活中的各种挑战和困难。

（一）认识压力的来源和影响

要了解不同类型的压力来自哪些方面，以便更好地应对和处理。学业方面的压力源自课业繁重、考试压力或学习目标的挑战性；家庭方面的压力涉及家庭期望、家庭冲突或家庭变化带来的不适应；而社交方面的压力包括人际关系问题、社交焦虑或适应不同社交环境的挑战。班主任可以组织各种形式的讨论或心理教育活动，让学生有机会分享彼此的压力体验，了解不同类型压力的共性和差异。这样有助于学生认识到，他们并不是孤单地面对压力，许多同龄人也在经历类似的挑战。此外，还可以邀请心理专家或经验丰富的教师分享他们的见解和经验，帮助学生更深入地理解不同类型压力的影响和应对方法。通过这样的活动，学生会逐渐意识到压力并非不可逾越的障碍，而是生活中常见的挑战，使学生更加理解自己的情况，并学会更加有效地应对压力，从而更好地保持心理健康。

（二）培养应对压力的技能和策略

培养学生应对压力的技能与策略是帮助他们有效应对生活中各种挑战和压力的重要途径。班主任应教导学生情绪调节技巧，让他们学会在面对压力时保持冷静和理智。例如，通过深呼吸、放松训练和积极思维等方式，更好地控制自己的情绪，缓解压力带来的焦虑和紧张感。这些技巧不仅可以帮助学生在应对考试、竞赛等压力事件时保持冷静，还可以提高他们的心理韧性，增强应对挑战的能力。班主任要引导学生学会合理管理时间。合理的时间管理是减轻学业压力、提高学习效率的关键。教导学生制订详细的学习计划、设定优先级和避免拖延等方法，使学生可以更好地掌控自己的学习进度、减轻时间压力、提高学习效果。鼓励学生寻找适合自己的压力释放方式，包括参加体育运动、听音乐、阅读书籍、与朋友交流等。这些释放压力的方式，能舒缓身心，放松心情，能使学生更好地适应对生活中的各种挑战和压力，增强心理韧性，保持积极的心态，从而更好地促进自我管理与成长。

（三）营造轻松氛围和环境

班主任可以组织一些轻松愉快的活动，让学生在轻松的氛围中释放压力，体验快乐和放松的感觉。例如，在户外郊游中，尽情地感受大自然的美好，放松身心，享受户外活动的乐趣。团队拓展活动也能促进学生之间的团队合作和互助精神，增强集体凝聚力，让他们在合作中感受到彼此的支持和鼓励。而艺术创作活动则是一个良好的情感表达和释放平台。学生可以通过绘画、音乐、手工等形式将内心的压力和情绪释放出来。班主任可以为学生提供安静的学习和休息空间；在学习压力大的时候，需要有一个安静舒适的环境集中注意力，提高学习效率；而在紧张的学习之余，也需要一个安静的地方放松心情、调整身心状态。因此，在学校内设立专门的休息室或阅读角，给学生提供一个安静的休息场所，让他们在需要时随时能够得到放松和休息。班主任可以通过组织这些活动和提供适宜的环境，为学生营造积极向上、放松愉悦的学习氛围，帮助他们更好地面对压力，保持心理健康。

认识压力的来源和影响、培养应对压力的技能和策略、营造放松的氛围和环境等方法，可以有效地帮助学生应对压力并学会放松，提升他们的自我管理能力和心理健康水平，有助于学生更好地面对现实生活中的各种挑战，促进他们的全面成长和发展。

第三章　特殊需求学生的支持

第一节　认识特殊需求学生

一、特殊教育需求的定义

（一）特殊教育需求的概念

特殊教育需求，通常指在学习、发展、行为或情感等方面明显异于同龄人的学生所需的教育支持。这些需求源于学生的身体、心理、情感或社会环境等方面的差异。特殊教育需求的学生并非单一群体，他们的需求各不相同，因此需要个性化的教育方案和关注。特殊教育需求的识别是教育公平和教育质量的重要保障，只有准确识别学生的特殊需求，才能提供恰当的教育支持，帮助他们充分发展潜力，实现自我价值。在这个过程中，班主任的作用举足轻重，他们不仅是学生日常学习和生活的管理者，更是学生心理健康的守护者。班主任需要具备敏锐的观察力和专业的教育知识，以便及时发现学生的特殊需求，协调各方资源，为学生提供必要的帮助。特殊教育需求的存在并不意味着学生有缺陷或不足，相反，它提醒每个学生都是独一无二的个体，有着自己的发展节奏和学习方式。特殊教育需求的教育应该致力于发掘学生的潜能，帮助他们建立自信，提升自我认知和社会适应能力。

对于班主任来说，理解和接纳特殊需求学生是第一步，他们需要摒弃传统的"一刀切"教育模式，转而采用个性化的教育方法，包括制订灵活的教学计划、提供多样化的学习资源，以及创造包容性的学习环境。班主任还需要与家长、学校心理辅导员、特殊教育专家等多方合作，共同为学生的发展提供支持。特殊教育需求学生的教育是一项长期而艰巨的任务，要求班主任不仅要有爱心和耐心，更要有专业知识和技能。只有这样才能真正成为学生成长道路上的引路人，帮助他们克服困难，实现自我超越。

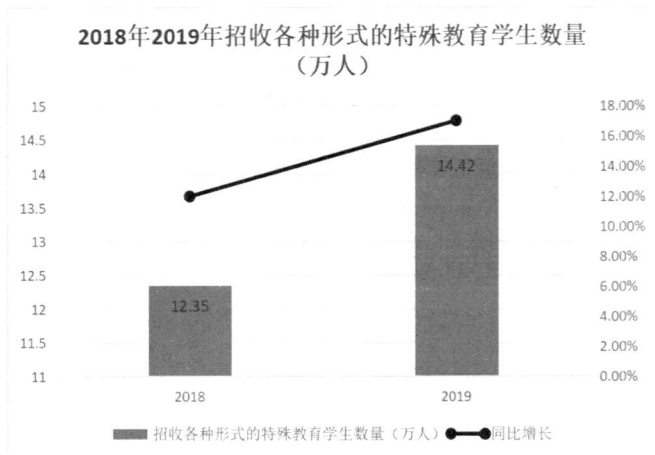

图 3-1　2018 年—2019 年特殊教育学生统计

在特殊教育需求学生的教育中，班主任还需要关注以下三个方面：

1. 学生的情感需求。特殊需求学生由于自身的障碍或困境，常常面临更大的情感压力。他们更容易感到孤独、被排斥，或是在面对学习和生活挑战时产生强烈的焦虑感和挫败感。对于这部分学生，班主任不仅仅是知识的传授者，更是情感的寄托和支撑。班主任需要经常与学生进行情感交流，通过关心他们的生活、倾听他们的心声、鼓励他们面对困难来帮助他们建立积极、健康的情感态度。这种情感上的支持和理解，对于特殊需求学生来说，往往比学习上的辅导更加重要。

2. 学生的社交技能。特殊需求学生在社交方面往往面临更多困难，他们可能会因为沟通障碍、情绪管理问题或是缺乏社交技巧而难以融入集体，与人建立良好的关系。针对这种情况，班主任需要主动为这些学生提供社交技能训练的机会，包括组织小组活动，鼓励他们与同伴合作，或是通过角色扮演、模拟情境等方式，帮助他们学习如何与人交往、处理人际关系。通过这样的训练，特殊需求学生可以逐渐提升自己的社交能力，更好地融入班级和社会。

3. 学生的自我管理能力。特殊需求学生在自我管理和自我控制方面往往存在较大的挑战，他们难以集中注意力、规划时间，或是在面对压力时缺乏有效的应对策略。为了帮助这些学生提升自我管理能力，班主任需要教会他们一些实用的技巧和方法。例如，教他们如何制定合理的学习和生活目标，如何分解任务、规划时间，以及如何通过深呼吸、放松训练等方式缓解压力。班主任还可以通过日常的观察和反馈，帮助学生认识到自己在自我管理方面的不足，并鼓励他们持续改进和提升。

二、常见的特殊需求类型

在学生的成长过程中，由于各种因素的影响，部分学生会表现出一些特殊的教育需求。这些需求涉及学习、行为、情感或身体发展等方面。作为班主任，了解和识别这些特殊需求是至关重要的，只有准确识别学生的需求，才能提供有针对性的支持和帮助。以下介绍一些常见的特殊需求类型。

1. 学习障碍

学习障碍是指学生在阅读、写作、数学或其他学科方面的学习明显落后于同龄人的情况。这类学生面临注意力不集中、记忆力差、理解能力有限等挑战。例如，有的学生患有阅读障碍，无法准确、流畅地阅读和理解文本信息；有的学生在数学方面存在困难，难以理解抽象的数学概念或解决复杂的数学问题。对于这类学生，班主任需要耐心指导，提供个性化的教学方案，帮助他们克服学习上的障碍。

2. 情绪与行为问题

部分学生表现出情绪不稳定、焦虑、抑郁或攻击性行为等问题，这些问题源于家庭环境、社交压力或自我认知的困扰。例如，有的学生因为家庭变故或人际关系紧张而情绪低落，影响学习和社交；有的学生因为缺乏自我控制能力而表现出攻击性行为，影响班级氛围和同学关系。班主任需要密切关注他们的情绪变化和行为表现，提供情感支持和行为指导，帮助他们建立健康的情绪管理和行为控制能力。

3. 身体与感官障碍

身体与感官障碍包括视力、听力、言语、运动等方面的障碍，这些障碍直接影响学生的学习和生活。例如，视力受损的学生无法清晰地看到黑板上的内容或阅读书籍，听力受损的学生无法听清老师的讲解或同学的交流，言语障碍的学生在口语表达或理解方面存在困难，运动障碍的学生在书写、操作等方面受到限制。对于这类学生，班主任需要了解他们的具体障碍情况，提供必要的辅助设备和适应性教学方案，确保他们能够平等地参与学习和活动。

4. 自闭症谱系障碍

自闭症谱系障碍是一组以社交沟通障碍和重复刻板行为为主要特征的神经发育障碍。这类学生面对语言和非语言沟通方面的困难，难以理解和表达情感，对社交互动和环境变化感到不安。对于这类学生，班主任需要特别关注他们的社交和情感需求，提供结构化的学习环境和预测性强的日程安排，帮助他们逐步适应社交环境并提升沟通能力。

5. 注意力缺陷多动障碍（ADHD）

注意力缺陷多动障碍是一种常见的神经发育障碍，表现为注意力不集中、活动过度和冲动行为。这类学生在学习、组织和完成任务方面存在困难，容易分心且难以保持专注。班主任需要提供清晰、明确的指令和反馈，使用奖励制度增强他们的积极行为，同时与家长密切合作制定一致的管理策略。

6. 智力障碍

智力障碍是指学生在智力发展方面明显落后于同龄人的情况，他们在学习、记忆、理解和推理等方面存在困难。对于这类学生，班主任需要采用简单明了的教学方法和直观的教学辅助工具，帮助他们理解并掌握知识，同时也要注重培养他们的生活自理能力和社会适应能力。

7. 其他特殊需求

除了上述常见的特殊需求类型外，还有一些学生面临其他特定的挑战或需求。例如，有的学生经历家庭暴力或虐待等创伤性事件后，需要心理支持和安全保护；有的学生来自多元文化背景或少数民族群体，需要额外的文化适应和语言支持；有的学生面临经济困难或家庭问题等社会性因素导致的压力。对于这类学生，班主任都需要保持敏感性和同理心，提供个性化的关怀和支持服务。

三、特殊需求学生的心理特点

特殊需求学生，由于生理、心理或社会环境的差异性，常常表现出与普通学生不同的心理特点。这些特点会对他们的学习、社交和日常生活产生深远影响。作为班主任，了解和掌握这些心理特点，对于为学生提供有效的支持和帮助至关重要。

（一）情绪波动性大

特殊需求学生往往更容易受到外界因素的影响，情绪波动较为频繁和剧烈。因为学习困难、社交障碍或自我认知问题而感到焦虑、沮丧或愤怒，不仅会影响他们的学习积极性和效果，还会对班级氛围和同学关系造成负面影响。班主任需要密切关注这类学生的情绪变化，提供情感支持和心理辅导，帮助他们学会管理情绪、建立积极心态。

（二）社交技能欠缺

由于特殊需求学生在社交方面存在障碍或缺乏经验，他们往往难以与同龄人建立亲密的关系，表现出退缩、攻击性或不合作的行为，导致被孤立或排斥。班主任需要通过组织小组活动、角色扮演等方式，帮助学生提高社交技能、增强合作意识，同时教育其他同学理解和接纳特殊需求学生的差异性。

（三）自我认知和评价偏低

特殊需求学生在学习和生活中经常遇到挫折和困难，导致他们对自我价值和能力产生怀疑，认为自己不如别人聪明、能干或有价值，从而缺乏自信和自尊心。班主任要通过肯定和鼓励的方式，帮助学生建立积极的自我认知和评价，提供适合他们的学习任务和活动，让他们体验成功和成就感，从而增强自信心和自尊心。

（四）注意力分散且易冲动

部分特殊需求学生面临注意力和自控力方面的挑战，他们难以集中注意力、容易分心或冲动行事。这些特点不仅会影响他们的学习效果，还会导致他们的行为问题。班主任需要采用多种教学策略和工具吸引学生的注意力、提高他们的自控力。例如，使用视觉辅助材料、设置明确的学习目标和奖励机制等。同时与家长合作制订一致的行为管理计划，共同帮助学生改善行为问题。

（五）依赖性强且缺乏自主性

由于特殊需求学生在某些方面存在局限性或依赖性，他们习惯于依赖他人完成任务或解决问题。这种依赖性不仅影响他们的自主性和独立性发展，还限制他们的潜力和创造力发挥。班主任要鼓励学生独立思考和解决问题，提供适当的支持和引导而非包办代替，通过逐步放手让学生尝试独立完成任务或参与决策过程，培养他们的自主性和独立性。

除了上述心理特点外，特殊需求学生还表现出其他个性化的心理特征，例如过度敏感、固执己见、追求完美等，这些特点需要班主任在日常工作中细心观察、深入了解并因材施教。在了解和掌握特殊需求学生的心理特点后，班主任可以采取一系列有针对性的措施提供支持。建立积极的师生关系是关键。通过关心、倾听与理解学生的需求和感受，建立信任和安全感。提供个性化的教学方案和学习资源是必要的，根据学生的特点与需求制定合适的教学目标和计划，提供多样化的学习资源和辅助工具。此外，与家长保持密切沟通也是至关重要的，班主任可以定期与家长交流学生的情况、分享教育方法和经验，共同为学生的发展提供支持。

四、班主任的支持与调整策略

在面对特殊需求学生时，班主任的支持与调整策略显得尤为重要，不仅关乎学生的学习和生活质量，更影响他们的心理健康和未来发展。班主任需要采取一系列有针对性的策略，以满足特殊需求学生的个性化需求。

（一）个性化关怀与支持

特殊需求学生由于心理、生理或社会环境的特殊性，往往在学习、情感表达和行为表现上呈现出与普通学生不同的独特性。这些独特性是微妙的情感变化、特定的学习障碍或是社交互动中的独特模式。对于这些学生，传统的教育方法和"一刀切"的支持策略无法满足他们的个性化需求。作为与学生接触最为密切的班主任，在提供个性化关怀与支持方面扮演着至关重要的角色。班主任应通过日常观察、定期交流和专业的评估工具，全方位、多角度地深入了解每个学生的特殊需求。这种了解不仅局限于学生的学习成绩和行为表现，更包括他们的情感状态、兴趣爱好、家庭背景及社交状况等。在深入了解的基础上，班主任需要为每个学生制订个性化的关怀与支持计划，充分考虑学生的特殊需求和发展目标旨在帮助他们克服学习、生活和情感上的困难，实现自我成长。班主任要定期与学生谈心，了解他们的内心世界和真实感受；在学习上为学生提供适合他们的学习资源和辅导方式；在生活上关注学生的日常需求和困难，及时给予帮助和指导。班主任的个性化关怀与支持还应体现在对学生的持续关注和动态调整上。学生的需求和发展是不断变化的，班主任需要时刻关注学生的进步和困难，及时调整支持策略，确保每个学生都能得到最适合他们的帮助。

（二）创建包容的学习环境

在教育的大家庭中，每一个学生都是独一无二的个体，而特殊需求学生则更需要额外的关注和支持。为了让这些学生能够在学校中感受到家的温暖和安全感，班主任应积极致力于创建包容、友善的学习环境。班主任可以通过倡导积极、正面的班级文化树立学生的正确价值观。这种文化应该强调尊重、理解和接纳每一个学生的独特性，无论他们是否有特殊需求。通过日常的言传身教和班级活动的引导，班主任可以帮助学生认识到每个人的差异都是宝贵的，应该被尊重和欣赏。组织丰富多样的班级活动也是创建包容学习环境的重要途径，这些活动不仅可以增强班级的凝聚力，还能为特殊需求学生提供展示自己才华和能力的平台。在活动中，班主任可以特意设计一些环节，让特殊需求学生发挥自己的特长，感受到成功的喜悦和同伴的认可。班主任还应注重引导同学间的互助合作，通过分组学习、角色扮演、小组讨论等方式，促进学生之间的交流与合作，让他们学会在差异中寻找共同点，建立深厚的友谊。在这个过程中，班主任可以适时地给予指导和支持，帮助学生克服合作中的困难，体验到团队合作的力量和乐趣。在日常管理和教育中，班主任应明确告知所有学生，无论个体间存在何种差异，每个人都应受到平等对待。班主任可以通过课堂讲解、主题班会等形式，教育学生尊重和理解特殊需求学生的差异性，如存在的学习困难、情感障碍或社交挑战等，让学生明白，这些差异并不是他们的错，也不应成为被排斥或歧视的理由，相反，这些差异是他们独特个性和成长经历的一部分，值得被接纳和被尊重。班主任还要密切关注班级内部的动态，及时发现和解决存在的歧视或排斥现象可以通过定期与学生谈心、了解他们的想法和感受，以及观察学生的行为和互动方式，及时发现潜在的问题，并采取有效的措施进行干预和引导。

（三）提供适应性教学

特殊需求学生面临着与众不同的学习困难和挑战，要求教育者在教学上做出相应的调整和适配。作为班级管理的核心，班主任要与任课教师紧密合作，共同为特殊需求学生设计并提供适应性的教学方案。适应性教学的核心在于"适应"二字，即教学应适应学生的特殊需求和发展水平。全面了解每个学生的实际情况，包括他们的学习能力、兴趣爱好、发展潜力和面临的挑战等。通过与家长沟通、观察学生的课堂表现，以及分析学生的作业和测验成绩，班主任可以对学生的学习状况有一个全面而深入的了解。在此基础上，班主任还要与任课教师共同制定适应性的教学目标和内容，这些目标和内容应既要符合学生的实际需求，又要具有一定的挑战性，以激发他们的学习动力。例如，对学习基础薄弱的学生，制定更为基础的教学目标，重点巩固他们的基础知识；对学习能力较强的学生，设置更高层次的目标，引导他们进行深入的探究和创新实践。教学方法和手段也需要进行适应性的调整，传统的"一刀切"的教学方法往往无法满足特殊需求学生的个性化需求。因此，班主任和任课教师要探索多样化的教学手段和辅助工具，如使用视觉辅助材料、实物展示、角色扮演、小组合作等，以激发学生的学习兴趣和积极性。随着科技的发展，许多新的教学技术和工具也为适应性教学提供了更多的可能性，如在线教育平台、智能教学系统等。适应性教学不仅仅是一种教学方法上的调整，更是一种教育理念的转变，要求教育者真正关注每个学生的个体差异和特殊需求，尊重他们的个性和发展潜力，为他们提供最适合的教育支持和帮助。班主任应通过适应性教学，帮助特殊需求学生更好地克服学习困难和挑战，提升他们的学习自信心和兴趣，促进他们的全面发展。

（四）建立家校合作机制

在特殊需求学生的教育过程中，家庭的作用不容忽视。家庭不仅是学生情感的依托，更是他们成长的重要环境。与家庭建立紧密的合作机制，对促进特殊需求学生的全面发展至关重要。作为学校与学生家庭之间的桥梁，班主任在建立家校合作机制中扮演着举足轻重的角色。积极与家长建立联系，构建家校沟通的渠道，通过定期的家访、电话沟通、家长会议等方式实现。在与家长的交流中，全面了解学生在家庭中的生活状况、成长环境及面临的困难，为制订个性化的教育计划提供有力依据。同时定期向家长反馈学生在校的学习情况、行为表现及情感状态，让家长及时了解孩子的进步和需要改进的地方。这种双向的信息交流有助于增进家校之间的理解和信任，为进一步的合作打下坚实的基础。除了日常的沟通交流，班主任还应与家长共同制订教育计划和支持策略，包括针对学生的特殊需求制订个性化的学习方案，以及在生活、情感等方面提供必要的支持和引导。在制订这些计划时，班主任应充分考虑家长的意见和建议，确保计划的可行性和有效性。此外，班主任还应积极为家长提供相关的教育资源和指导，包括专业的教育书籍、网站链接、讲座信息等，旨在帮助家长提升教育理念和方法，更好地支持和陪伴孩子的成长。班主任还可以定期组织家长沙龙、工作坊等活动，为家长提供一个相互学习、交流经验的平台。

（五）持续学习与专业提升

班主任应积极参加相关的培训和学习活动，这些活动由学校组织，也由教育机构或专业协会举办。通过培训，班主任可以了解最新的教育理念和方法，掌握针对特殊需求学生的有效教学策略和技巧；还可以接触到其他学校和地区的成功案例，从中汲取灵感和经验。班主任还应阅读专业书籍和文献。教育是一个不断发展的领域，新的理论和研究成果层出不穷。通过阅读，班主任可以及时了解最新的研究进展，拓宽自己的知识视野。专业书籍和文献中的案例分析和实践经验，也可以为班主任提供宝贵的参考和借鉴。班主任还应与同行交流和分享经验。在教育实践中，每位班主任都会遇到各种各样的问题和挑战。与其他班主任进行交流，可以分享自己的经验和心得，也可以从别人的做法中获得启发。这种互动不仅可以提升班主任的实践能力，还可以增强他们的职业认同感和归属感。除了以上途径，班主任还可以通过参与课题研究、撰写教育论文等方式进行专业提升。这些活动不仅可以锻炼班主任的研究能力和写作能力，还可以促使他们更深入地思考教育问题，形成自己的教育见解和风格。

第二节　个性化支持计划

一、评估学生的特殊需求

在教育的广阔天地中，每一位学生都是独一无二的个体，他们带着各自的梦想、才能和挑战走进学校的大门。对那些有特殊需求的学生来说，他们的学习旅程会更加崎岖。在这样的背景下，班主任的角色变得尤为关键。他们不仅是知识的传递者，更是学生心理健康的守护者和促进者。为了有效地支持这些学生，班主任要准确评估他们的特殊需求。

评估特殊需求是一个多维度、复杂的过程，要求班主任具备敏锐的观察力、丰富的教育知识和深厚的人文关怀。班主任要通过日常的观察和交流，收集关于学生学习、行为、情感和社交方面的信息，包括学生的学习成绩、课堂参与度、作业完成情况，以及他们与同伴和老师的互动方式等。通过观察，班主任能初步识别学生存在的学习困难、情感障碍或社交挑战。但观察只是评估的起点，为了更深入地了解学生的特殊需求，班主任还需要与学生、家长和其他教育者进行深入的交流；与学生谈心，了解他们的想法、感受和困惑是建立信任和支持关系的重要一步。与家长沟通，则可以从家庭背景、成长经历和发展目标等角度，更全面地理解学生的需求和挑战。同时与其他教育者的合作，如任课教师、心理辅导员等，为评估提供更专业、更全面的视角。在收集和分析信息的基础上，班主任要运用专业的教育知识和经验，对学生的特殊需求进行准确的判断，包括识别学生的学习风格、兴趣爱好、发展潜力及面临的挑战等。例如，有些学生在阅读或数学方面存在困难，需要特殊的教学策略和资源；有些学生面临情感或行为上的挑战，需要额外的情感支持和行为指导。评估特殊需求的目的，是为了制订个性化的支持计划。班主任在评估过程中，还需要考虑学生的个人意愿和目标。评估不仅是一个发现问题的过程，更是一个发掘学生潜力和帮助他们实现自我价值的过程。通过与学生共同制定目标、选择适合他们的学习策略和资源，班主任可以帮助学生建立自信、激发学习兴趣，并培养他们的自主学习和解决问题的能力。同时评估特殊需求也是一个持续的过程。学生的需求和发展是不断变化的，班主任需要定期回顾和调整支持计划，以确保它们始终与学生的需求和发展目标保持一致。班主任要与学生、家长和其他教育者保持密切的沟通和合作，共同关注学生的进步和困难，及时调整支持策略和方法。

二、制订个性化学习与支持计划

随着教育理念的不断进步，"一刀切"的教学模式已经无法满足所有学生的需求。特别是对有特殊需求的学生来说，在学习方式、学习速度或情感需求等方面与普通学生存在显著差异。制订个性化学习与支持计划变得至关重要，不仅有助于提升学生的学习效果，更是对他们个体差异的尊重和关怀。

（一）深入了解学生的特殊需求

每一位学生都是独一无二的个体，他们有着不同的学习风格、兴趣爱好、能力水平及面临的挑战。班主任要深入了解这些特殊需求，确保教育策略如同量身定制的衣裳，完美贴合每位学生的身形。学生的学习风格是他们吸收知识的独特方式，有些学生是视觉学习者，通过看图、阅读更好地理解信息；而有些学生则是听觉学习者，更善于通过听讲、讨论吸收知识。了解学生的学习风格，能帮助班主任选择最适合他们的教学方法和资源，从而提升学习效果。兴趣爱好则是激发学生学习动力的关键因素，当学生对某个话题或活动感兴趣时，会更愿意投入时间和精力去学习。能力水平决定了学生当前的学习起点，学习基础薄弱的学生需要更多的基础知识和技能的训练；而学习能力较强的学生，则需要更高层次的挑战和拓展。了解学生的能力水平，有利于班主任制订符合他们实际需求的个性化学习计划。学生面临的挑战也是制订个性化学习与支持计划时需要考虑的重要因素，这些挑战来自学习方面，如学习困难、注意力不集中等；也来自情感或社交方面，如焦虑、抑郁或人际关系问题等。例如，对于学习基础薄弱的学生，可以制订专门的补习计划，利用课后时间或额外的辅导资源，帮助他们逐步巩固基础知识，提升学习能力。而对于情感需求强烈的学生，则可以提供更多的情感支持和心理辅导，帮助他们建立自信、应对压力，以更健康的心态面对学习和生活。

（二）明确目标与策略

目标是行动的指南，必须具体而明确，以便学生能够清楚地知道自己应该努力的方向。目标也应该是可衡量的，这样班主任与学生才能准确评估学习的进展和成效。目标必须与学生的需求和兴趣紧密相连，只有当学生感受到目标是真正为他们量身定制的，他们才会全身心地投入其中。

对于学习成绩不佳的学生，要设定明确的目标，如提高某个科目的成绩到特定水平。对于缺乏自信的学生，目标可以是帮助他们建立积极的自我认知，提升自信心；而对于对某个领域特别感兴趣的学生，要设定培养他们在该领域的专长和技能的目标。仅有目标是不够的，还需要制定一系列策略实现这些目标。这些策略应该既符合学生的实际需求，又能有效激发他们的学习动力。教学方法的选择是其中的关键一环。对于不同类型的学生，应采用不同的教学方法，以确保教学内容能够真正被他们吸收和理解，例如，对于视觉型学习者，可采用图表、图片等视觉辅助工具教授新知识；而对于听觉型学习者，讲述和讨论是更有效的方法。

学习资源的提供也是实现目标的重要策略之一。班主任要确保学生能够获得丰富、多样的学习资源，以支持他们的个性化学习，这些资源可以包括图书、网络资料、教育软件等，为学生提供更多的学习机会和平台。学习环境的营造也不容忽视，积极、健康的学习环境能够激发学生的学习兴趣，提升他们的学习效果。班主任可以通过调整教室布置、营造轻松的学习氛围、鼓励学生之间的合作与交流等方式创设这样的学习环境。

（三）持续监测与调整计划

班主任需要与学生保持密切的沟通，包括定期的面对面交流，了解他们的学习感受、遇到的困难及需要的帮助，还包括通过各种渠道收集学生的学习数据，如作业完成情况、课堂表现、测验成绩等。这些数据能为班主任提供宝贵的信息，帮助他们全面了解学生的学习状态，及时发现潜在的问题，并制订相应的解决方案。定期评估学生的学习效果也是必不可少的环节。通过对比学生在不同阶段的学习成果，班主任可以清晰地看到他们的进步和成长，也可以发现哪些教学策略是有效的、哪些教学方法需要改进。这些评估结果可以为班主任调整计划提供有力的依据，确保他们的决策是基于实际的教学情况和学生的真实需求而制定的。与家长和其他教育者的合作也是确保计划顺利实施的关键因素。家长是学生的第一任老师，他们对学生的了解往往更加深入和全面。班主任要定期与家长沟通，了解学生在家庭环境中的学习情况和心理状态，以便更好地为他们提供支持。与其他教育者的合作也可以为班主任提供更多的资源和视角，帮助他们更全面地了解学生的发展需求。

通过持续的监测、评估和调整，确保个性化学习与支持计划始终走在正确的发展轨道上，不仅有助于提升学生的学习效果，更能促进他们的全面发展和自我价值实现。制订个性化学习与支持计划是班主任在学生心理健康促进中的关键职责之一。通过深入了解学生的特殊需求、明确目标与策略，以及持续监测与调整计划，为有特殊需求的学生提供精准、有效的支持，不仅有助于提升学习成绩和心理健康水平，更能促进他们的全面发展和自我价值实现。在这个过程中，班主任不仅是学生的教育者和引导者，更是他们的朋友和伙伴，陪伴他们走过学习的旅程，见证他们的成长和变化。同时班主任也需要不断学习和提升自己的专业素养，以更好地服务于每一位学生，让教育的阳光普照每一个角落。

三、家校合作的重要性

在学生的成长过程中，家庭和学校是两个最重要的教育环境。对有特殊需求的学生来说，家校合作显得尤为重要，班主任作为学校与学生家庭之间的桥梁，承担着促进家校沟通与合作的重要任务。

（一）增强教育合力

家庭和学校的教育目标是一致的，都是为了孩子的健康成长和全面发展。然而由于教育理念和方法的差异，家庭和学校在教育过程中会产生分歧。通过家校合作，班主任可以与家长共同探讨学生的教育问题，协调教育方法和策略，形成教育合力，为学生提供更加全面、一致的支持。特殊需求学生来说的成长需要更多的关注和支持。家校合作可以确保家庭和学校在教育过程中相互补充，避免教育空白或重复劳动，从而提高教育效率，促进学生的健康发展。

（二）全面了解学生

学生是教育活动的主体，了解学生是进行有效教育的前提。班主任与家长沟通与合作，可以更加全面地了解学生的家庭背景、成长经历、性格特点、兴趣爱好及面临的挑战等。这些信息对于制订个性化支持计划至关重要，有助于班主任更准确地把握学生的需求，提供有针对性的帮助。同时家长也可以通过与班主任的交流，了解孩子在学校的学习情况、社交状况及心理状态等。这有助于家长及时发现孩子的问题，与班主任共同商讨解决方案，为孩子的成长提供有力的支持。

（三）共同应对挑战

特殊需求学生在学习和生活中会面临诸多挑战，如学习困难、社交障碍、情绪问题等。这些挑战需要家庭和学校共同应对，形成教育合力。通过家校合作，班主任可以与家长共同探讨解决问题的方法，制订切实可行的支持计划，帮助学生克服困难，实现自我发展。家校合作还有助于提升家长的教育能力。班主任可以向家长传授科学的教育理念和方法，指导家长在家庭中为孩子创造良好的成长环境，提供有效的教育支持。这对于提升家庭教育质量，促进孩子的健康成长具有重要意义。

（四）建立信任与尊重的关系

在家校合作的过程中，班主任和家长需要建立互相信任与尊重的关系。这种关系不仅有助于提升教育的效果，还能为学生的健康成长营造和谐、温馨的氛围。家长感受到班主任的关心和专业性时，会更愿意与班主任分享孩子的真实情况，寻求帮助和支持。同样班主任了解到家长在孩子教育中的付出和努力时，也会更加尊重家长的教育选择，积极与家长合作，共同为学生的发展贡献力量。

（五）促进学生心理健康发展

对于特殊需求学生来说，心理健康是他们成长过程中的重要方面。家校合作可以为学生提供更加全面、连续的心理健康支持。班主任可以与家长共同关注学生的心理状态，及时发现学生的心理问题，提供必要的心理干预和帮助。同时通过家校合作，班主任还可以向家长传授心理健康教育的知识和技巧，提升家长在心理健康教育方面的能力，从而为学生创造更加健康、和谐的成长环境。

表 3-1　家校合作促进特殊需求学生发展的实施方案

实施内容	目标	实施方式	负责人	时间安排
增强教育合力	协调家庭与学校的教育方法和策略，形成教育合力	定期召开家长会，讨论学生的教育问题，共同制订教育计划	班主任、家长	每学期至少一次
全面了解学生	全面了解学生的家庭背景、成长经历、性格特点等，为个性化支持提供依据	通过家访、家长问卷等方式收集学生信息，建立学生档案	班主任、家长	每学年进行一次
共同应对挑战	针对学生的特殊需求，共同探讨解决问题的方法、制订支持计划	设立家校合作小组，定期讨论学生的进展和挑战，制定应对策略	班主任、家长、相关教师	根据需要灵活安排
建立互相信任与尊重的关系	建立班主任与家长之间互相信任与尊重的关系，提升教育效果	通过真诚沟通、互相倾听等方式增进彼此理解与信任	班主任、家长	持续关注，贯穿于教育过程的始终
促进学生心理健康发展	关注学生的心理状态，提供必要的心理干预和帮助	设立心理咨询热线，定期开展心理健康教育活动，家校共同参与	班主任、心理健康教师、家长	根据需要灵活安排，至少每学期一次

四、监测进展与调整策略

在特殊需求学生的个性化支持计划中，持续的监测进展与灵活调整策略是确保计划有效实施并取得预期成果的关键环节。班主任应密切关注学生的发展变化，及时评估支持计划的实施效果，并根据实际情况进行相应的策略调整。

（一）定期评估与反馈

为了确保个性化支持计划的有效性，班主任需要定期对学生的发展进行评估，包括学生的学习成绩、社交技能、情绪管理能力及自我认知等方面的发展情况。通过收集学生的学习成果、观察记录、家长反馈，以及与其他教育者的交流信息，班主任可以全面了解学生在各个方面的表现，从而判断支持计划是否取得了预期的效果。评估的结果需要及时反馈给学生、家长和其他相关教育者。对于学生而言，反馈可以帮助他们了解自己的进步和不足，激发他们的学习动力和自我效能感；对于家长而言，反馈可以让他们更加了解孩子在学校的情况，为家庭教育提供有力的支持；对于其他教育者而言，反馈可以促进他们与班主任之间的合作，共同为学生的发展贡献力量。

（二）灵活调整策略

根据评估结果和反馈信息，班主任需要灵活调整个性化支持计划的策略。如果学生在某些方面取得了显著进步，班主任可以适当减少在该方面的支持力度，转而关注学生的其他发展需求；如果学生在某些方面遇到了困难或挑战，班主任则需要增加在该方面的关注和支持，帮助学生克服困难、提升能力。随着学生年龄的增长和认知水平的提升，他们的需求和发展目标也会发生变化。班主任需要密切关注学生的发展动态，及时调整支持计划的目标和策略，确保计划始终与学生的实际需求相匹配。例如：对初中阶段的学生，班主任应更加注重培养他们的自主学习能力和社交技能；而对高中阶段的学生，班主任则应更加注重指导他们的职业规划和心理素质培养。

（三）强化家校合作

在监测进展与调整策略的过程中，家校合作的重要性不言而喻。班主任需要与家长保持密切的沟通联系，共同关注学生的发展状况。通过定期的家长会、家访、电话沟通等方式，班主任可以向家长反馈学生在学校的表现和支持计划的实施情况，征求家长的意见和建议，共同商讨解决学生在成长过程中遇到的问题。班主任还需要向家长提供必要的指导和帮助，提升他们在家庭教育中的能力和水平。例如，班主任可以向家长推荐适合学生的阅读材料、学习方法或心理辅导资源等，帮助家长更好地支持孩子的学习和成长。通过强化家校合作，班主任可以确保个性化支持计划在家庭和学校两个环境中得到有效的实施和延伸。

（四）关注学生心理健康

在特殊需求学生的个性化支持计划中，关注学生心理健康是至关重要的。班主任需要密切关注学生的情绪状态、心理变化及存在的心理问题。通过与学生的日常交流、对学生行为的观察记录，以及与其他教育者的合作，班主任可以及时发现学生的心理问题并采取相应的干预措施。对存在问题的学生，班主任需要提供必要的心理辅导和支持，可以通过开展心理健康教育活动、提供心理咨询服务、引导学生参与有益的社交活动等方式来帮助学生缓解心理压力、增强心理韧性。同时班主任还需要与家长和其他教育者密切合作，共同为学生的心理健康发展创建和谐、温馨的环境。

第三节 社会技能与情绪调节

一、教授社会技能的策略

社会技能是个体在社会环境中有效互动、建立与维护关系所必需的一系列行为和能力。对于特殊需求学生来说，社会技能的习得尤为重要，因为这关系到他们能否顺利融入社会、实现自我价值。班主任作为学生成长过程中的重要引路人，在教授社会技能方面扮演着关键角色。

（一）明确技能目标，制定个性化计划

班主任需要明确教授社会技能的目标，包括基本的沟通技巧、情绪管理能力、合作与分享精神等。针对特殊需求学生的不同特点和需求，班主任应制定个性化的教授计划。例如，对于有社交焦虑的学生，可以简单的社交场景模拟开始，逐步增加难度和复杂性；对于情绪调节困难的学生，则应重点教授情绪识别和表达技巧。

（二）创设情境，实践体验

社会技能的学习需要在实际的社会互动中进行，通过创设各种情境，如角色扮演、小组讨论、团队合作等，让学生在实践中体验和学习社会技能。例如，在角色扮演活动中，学生可以模拟真实生活中的社交场景，学习如何与他人建立联系、保持对话、解决问题等。这样的活动不仅能激发学生的学习兴趣，还能帮助他们在轻松愉快的氛围中掌握实用的社会技能。

（三）榜样示范，积极引导

班主任自身就是学生学习社会技能的重要榜样。在日常教学和管理工作中，班主任应时刻注意自己的言行举止，展示积极、健康、和谐的社交行为模式。同时班主任还可以邀请其他优秀学生或成人作为榜样，分享他们的社交经验和技巧。通过榜样的示范和引导，学生可以更加直观地理解社会技能的应用场景和方法，从而更快地掌握这些技能。

（四）及时反馈，强化巩固

在教授社会技能的过程中，班主任需要给予学生及时的反馈和指导。当学生表现出积极的社会行为时，班主任应及时给予肯定和鼓励；当学生出现不当行为时，班主任则应耐心指出并引导其改正。通过持续的反馈和指导，学生可以更加清晰地了解自己的社交表现和改进方向，从而不断调整自己的行为模式。同时班主任还可以定期组织回顾和总结活动，帮助学生巩固所学技能并将其应用于日常生活。

（五）家校合作，共同支持

家庭是学生社会技能习得的重要场所之一，班主任需要与家长保持密切沟通合作，共同支持学生的社会技能发展。通过向家长传授相关的教育理念和技巧、分享学生在校的表现和进步、征求家长的意见和建议等方式，班主任可以引导家长积极参与孩子的社交教育过程。同时家长也可以在家庭中为孩子创设更多的社交机会和情境，帮助他们将在学校学到的社会技能应用于实际生活。

（六）关注特殊需求，提供个性化支持

对于特殊需求学生来说，他们在社会技能习得方面面临着更多的挑战和困难。因此，班主任需要特别关注这些学生的需求和发展状况，提供个性化的支持和帮助。对于自闭症谱系障碍的学生来说，他们在理解和表达情感方面存在困难；对于注意力缺陷多动障碍的学生来说，他们在维持注意力和控制冲动方面面临挑战。针对这些不同的问题和需求，班主任需要制定相应的干预策略和支持措施，如提供情绪管理的辅导材料、安排专门的社交技能训练课程等。

二、情绪调节技巧的培养

情绪调节是指个体对自身情绪状态的有意识管理和调整，以达到适应环境、保持心理平衡的目的。对于特殊需求学生来说，情绪调节技巧的培养尤为重要，因为他们更容易受到情绪的困扰，且情绪反应更为强烈和频繁。班主任作为学生心理健康的守护者，在培养特殊需求学生的情绪调节技巧方面肩负着重要使命。

（一）认知重构，引导学生积极看待问题

认知重构是情绪调节的基础。班主任可以通过日常教学和个别辅导，引导学生改变消极、片面的思维方式，学会以积极、全面的视角看待问题。当学生遇到挫折时，班主任可以鼓励他们从失败中吸取教训，看到挫折背后的成长机会；当学生感到焦虑时，班主任可以引导他们关注当下的具体任务，将注意力从对未来的担忧中转移到实际行动上。通过认知重构，学生可以逐渐学会以更加积极、乐观的心态面对生活中的挑战和困难。

（二）情绪识别与表达，增强学生的情绪觉察能力

情绪识别与表达是情绪调节的关键环节。班主任可以通过开展情绪教育课程、组织情绪主题活动等方式，帮助学生了解各种情绪的表现形式、产生原因和应对策略。同时班主任还可以鼓励学生通过绘画、写作、表演等多种形式来表达自己的情绪感受，从而增强他们的情绪觉察能力和表达能力。当学生能够准确地识别和表达自己的情绪时，他们就能更好地理解和管理自己的情绪状态。

（三）深呼吸与放松训练，缓解学生的紧张情绪

深呼吸与放松训练是快速有效的情绪调节方法。当学生感到紧张、焦虑或愤怒时，班主任可以引导他们进行深呼吸和放松训练，如闭上眼睛、深呼吸数次、想象自己身处一个宁静的地方等。这些简单的练习可以帮助学生放松身心、缓解紧张情绪，并恢复内心的平静。班主任可以在日常教学中定期安排放松训练的时间，让学生逐渐养成自我调节情绪的习惯。

（四）情境模拟与角色扮演，提升学生的情绪应对能力

情境模拟与角色扮演是培养学生情绪应对能力的有效手段。班主任可以设计一些与现实生活紧密相关的情境，如面对同伴的挑衅、遭受老师的批评等，让学生在模拟的情境中体验和学习如何调节自己的情绪。通过角色扮演，学生可以更

加深入地理解他人的感受和需求，学会换位思考和理解包容。这种方法不仅能提升学生的情绪应对能力，还能促进他们的社会交往能力的发展。

（五）积极情绪的培养与强化

除了帮助学生调节消极情绪外，班主任还应注重学生积极情绪的培养与强化。在日常教学和生活中，班主任可以关注学生的兴趣爱好和特长，为他们提供展示自我、体验成功的平台。当学生在某些方面取得进步或成就时，班主任应及时给予肯定和鼓励，让他们感受到成功的喜悦和自信的力量。同时班主任还可以引导学生学会感恩和分享，培养他们积极向上的生活态度和社会责任感。

表 3-2　情绪调节技巧培养的实施方案

实施策略	具体活动	实施时机	负责人
认知重构	1. 挫折教育：从失败中吸取经验 2. 焦点转移：关注当下具体任务	日常教学、心理辅导课	班主任
情绪识别与表达	1. 情绪日记：记录每日情绪变化 2. 情感分享会：鼓励学生表达内心感受 3. 情绪标签：识别并命名不同情绪	心理健康课程、班会	班主任、心理健康教师
深呼吸与放松训练	1. 定期放松训练：闭眼、深呼吸、冥想等 2. 紧张时快速恢复法：简单深呼吸数次、积极自我暗示等	日常课间休息、紧张情绪出现时	
情境模拟与角色扮演	1. 设定生活情境进行角色扮演，如冲突解决、同理心培养等 2. 情绪管理游戏：模拟现实生活中的情绪挑战，学会合理应对	心理健康课程、主题活动	班主任、心理健康教师、其他相关教师
积极情绪的培养与强化	1. 成功体验：为学生提供展示自我的平台与机会 2. 正向反馈：及时给予学生肯定与鼓励 3. 感恩与分享：引导学生学会珍惜与付出	日常教学、课外活动、家长会	班主任、各科教师、家长

三、通过游戏与活动学习

在特殊需求学生的教育过程中，游戏与活动不仅是娱乐方式，更是有效的教育工具，能够提供安全、有趣的环境，让学生在互动中学习社会技能和情绪调节技巧。班主任作为教育活动的设计者和引导者，在通过游戏与活动促进学生心理健康方面具有重要作用。

（一）游戏与活动的教育价值

游戏与活动能够模拟真实的社会情境，让学生在参与过程中学习合作、分享、沟通等社会技能；还能帮助学生识别、表达和管理自己的情绪，提升情绪调节能力。对于特殊需求学生来说，游戏与活动的趣味性和互动性能够激发他们的学习兴趣，降低学习难度，提高学习效果。

（二）适合特殊需求学生的游戏与活动案例

1. 角色扮演游戏。班主任可以设计一些具有社交情境的角色扮演游戏，如"小超市""医院"等。在游戏中学生需要扮演不同的角色，与同伴进行互动。在"小超市"游戏中，学生可以扮演顾客和售货员，学习询问价格、结账等购物技能。这样的游戏能够帮助学生更好地理解社会角色和行为规范，提升他们的社交能力。

2. 情绪识别游戏。班主任可以利用卡片或图片展示不同的情绪表情，让学生猜测并模仿，例如出示一张"生气"的卡片，让学生模仿生气的表情和动作。通过这类游戏，学生可以更加直观地了解情绪的表达方式，提高他们的情绪识别能力。

3. 团队合作活动。班主任可以组织一些需要团队合作才能完成的活动，如拼图比赛、接力赛等。在这些活动中，学生需要学会与他人协商、分工合作，共同完成任务。这样的活动能够帮助学生培养团队合作精神和沟通能力。

（三）游戏与活动的实施策略

1. 个性化设计。班主任应根据特殊需求学生的具体情况和兴趣爱好，设计适合他们的游戏与活动。例如，针对于注意力不集中的学生，设计一些需要集中注意力的游戏；针对社交能力较弱的学生，设计一些强调团队合作的活动。

2. 积极引导与反馈。在游戏与活动过程中，班主任应给予学生积极的引导和及时的反馈。当学生表现出积极的社会行为或情绪调节行为时，班主任应及时给予肯定和鼓励；当学生出现不当行为时，班主任应耐心指出并引导其改正。

3. 创设安全环境。在游戏与活动过程中，班主任需要确保学生的身体安全和心理安全。一方面，要提供足够的安全设施和保护措施；另一方面，要营造轻松、和谐、无压力的氛围，让学生在游戏中自由表达、敢于尝试。

（四）案例分析

以"情绪转盘"游戏为例，该游戏旨在帮助学生识别、表达和管理情绪。在游戏中，班主任准备一个转盘，上面标有不同的情绪词汇（如开心、生气、伤心等）。学生轮流转动转盘并根据指针指向的情绪词汇进行表演。其他学生则需要猜测表演者的情绪并给出建议性的应对方式。通过这个游戏，学生不仅可以更加直观地了解各种情绪的表现形式，还能学会如何理解和应对他人的情绪。同时游戏过程中的互动和表演环节也能有效地提升学生的社交能力和自我表达能力。

四、促进同伴接纳与支持

在特殊需求学生的成长过程中，同伴接纳与支持对他们的社会技能发展和情绪调节至关重要。班主任作为学生心理健康的促进者，有责任营造包容、互助的班级氛围，帮助特殊需求学生更好地融入集体，获得同伴的理解和支持。

（一）同伴接纳与支持的重要性

同伴接纳是指特殊需求学生被同龄伙伴接受和认可的程度，而同伴支持则是指他们在遇到困难时能够从同伴那里获得帮助和鼓励。对于特殊需求学生来说，同伴接纳与支持是他们建立自我认同、形成积极社交态度的基础。特殊需求学生在感受到被同伴接纳和支持时，会更加开放自己，乐意分享情感和经验，从而提升社会技能和情绪调节能力。

（二）班主任在促进同伴接纳与支持中的角色

1.倡导者。班主任应积极倡导包容、互助的班级文化，让学生明白每个人都是独一无二的，都应该受到尊重和理解。班主任要通过主题班会、德育活动等形式，引导学生讨论和思考如何对待特殊需求同学，培养他们的同理心和责任感。

2.组织者。班主任应组织多样化的班级活动，如团队合作项目、集体游戏等，为特殊需求学生提供与同伴互动的机会。在这些活动中，特殊需求学生可以展示自己的才能和贡献，增强自信心和归属感。

3.协调者。当特殊需求学生与同伴发生冲突或误解时，班主任要及时介入，了解情况，公正调解。同时班主任还应定期与特殊需求学生及其家长沟通，了解他们在同伴交往方面的需求和困难，提供必要的支持和建议。

（三）具体策略与实践

1. 建立互助小组。班主任应根据学生的性格、兴趣等因素，将特殊需求学生与其他学生组成互助小组，让小组内成员们共同学习、分享经验、解决问题，形成紧密的互助关系。

2. 开展同伴辅导活动。选拔一些具有领导力和同理心的学生作为同伴辅导员，对特殊需求学生进行一对一或小组辅导。这些辅导员可以在学习、生活等方面给予特殊需求学生帮助和支持，同时也能从中学到很多宝贵的经验和技能。

3. 利用课堂教学渗透同伴教育理念。在课堂教学中，通过故事、案例等形式向学生传递同伴接纳与支持的重要性。同时设计一些小组合作、角色扮演等活动，让学生在实践中体验和学习如何与特殊需求同学相处与合作。

（四）案例分析

某班有一位自闭症谱系障碍的学生小明，他在社交和情绪调节方面存在困难。为帮助小明更好地融入集体，班主任采取了以下措施：通过主题班会引导学生讨论如何对待小明这样的特殊需求同学，培养学生的同理心和责任感；组织多样化的班级活动，为小明提供与同伴互动的机会；建立互助小组并选拔同伴辅导员对小明进行辅导。经过一段时间的努力，小明逐渐融入了集体生活，与同伴建立了良好的关系，他的社交技能和情绪调节能力也得到了明显的提升。

促进同伴接纳与支持是班主任在特殊需求学生支持工作中的重要任务之一。通过倡导包容、互助的班级文化、组织多样化的班级活动及建立互助小组等策略与实践相结合的方式，班主任可以有效地帮助特殊需求学生获得同伴的理解和支持。在未来的工作中，班主任还需要不断探索和创新促进同伴接纳与支持的方法和途径，为特殊需求学生的全面发展创造更加有利的环境和条件。

第四节　过渡期与未来规划

一、面对学习阶段的过渡

在学生的成长历程中，学习阶段的过渡是一个关键时期，尤其是对那些有特殊需求的学生来说，这一时期的挑战更为显著。班主任作为学生心理健康的守护者，在帮助学生顺利度过学习阶段过渡中扮演着举足轻重的角色。

（一）过渡期的挑战与机遇

学习阶段的过渡，是学生成长历程中的一个重要节点，标志着学生从一个学习阶段迈向另一个更高层次的学习阶段。从小学升入初中，再从初中升入高中，这些看似自然而然的升学过程，实则蕴含着诸多挑战与机遇。课程内容的加深是过渡期最为明显的挑战之一。随着学习阶段的提升，学生需要掌握的知识点和难度逐渐增加。对于特殊需求学生来说，他们需要在更短的时间内适应更高难度的学习内容，这无疑增加了他们的学习压力。学习方法的转变也是一大挑战。不同阶段的学习需要不同的学习策略和方法，学生需要调整自己的学习方式以适应新的学习要求。对于特殊需求学生来说，他们需要额外的支持和指导才能顺利完成这一转变。

过渡期并非只有挑战，同样是一个充满机遇的时期。新环境、新老师、新同学，都为学生提供了接触新知识、新技能的机会。在这个过程中，学生会拓展自己的视野，增强自己的综合素质。对于特殊需求学生来说，过渡期也是一个展示自己才华和潜力的舞台。在新的环境中，他们有机会获得更多的关注和支持，从而更好地发挥自己的优势。社交环境的重构也是过渡期的一个重要方面，随着学生年龄的增长和认知的发展，他们的社交需求也在不断变化。在新的学习阶段，学生需要重新建立自己的社交圈子，这既是一个挑战，也是一个机遇。通过积极的社交互动，学生可以提升社交能力，培养团队合作精神和领导力等宝贵品质。

（二）班主任在过渡期中的角色

1. 心理支持者。面对过渡期的种种挑战，学生会感到焦虑、迷茫或失落。班主任作为学生的重要他人，有责任提供情感支持，帮助学生建立积极的心理状态，迎接新的学习阶段。

2. 信息提供者。班主任应向学生和家长提供关于新阶段学习的详细信息，包括课程设置、教学方法、学校文化等，以便学生和家长做好充分的准备。

3. 策略指导者。班主任可以根据学生的个人特点和需求，提供学习方法和社交技巧的指导，帮助学生顺利适应新环境。

4. 资源整合者，班主任应积极协调学校内外的资源，如心理辅导、学业辅导等，为学生提供必要的支持和帮助。

（三）具体策略与实践

1. 开展过渡期适应教育。在过渡期到来之前，班主任可以通过主题班会、讲座等形式，向学生介绍新阶段的学习特点、挑战和应对策略，帮助学生做好心理准备。

2. 建立家校合作机制。班主任要定期与家长沟通，了解学生的心理状态和适应情况，共同制订个性化的支持计划。同时班主任可以组织家校互动活动，增强彼此之间的信任和合作。

3. 提供个性化辅导。针对特殊需求学生的具体情况，班主任可以提供一对一或小组辅导，帮助他们解决学习、社交等方面的难题。此外，班主任还要鼓励学生参与课外活动或兴趣小组，扩大他们的社交圈子，培养他们的兴趣爱好。

4. 持续关注与反馈。在过渡期内，班主任应持续关注学生的适应情况，及时发现问题并提供帮助。同时班主任还要定期收集学生和家长的反馈意见，以便调整支持策略和改进工作。

二、高中生到大学生的过渡支持

高中生步入大学，不仅是学习环境的转换，更是人生阶段的一个重要跨越。对于特殊需求的学生而言，这一过渡期意味着更多的不确定性和挑战。班主任作为学生成长道路上的重要引路人，在高中生到大学生的过渡中扮演着关键角色，应该为他们提供必要的支持和引导。

（一）过渡期的心理变化与需求

高中生步入大学，面临着从依赖到独立、从已知到未知的巨大转变。他们会感到兴奋、焦虑、迷茫或孤独。特殊需求学生由于自身条件的限制，更加担心适应新环境、结交新朋友及应对更高难度的学业挑战。在这一时期学生急需情感支持、信息指导和策略建议，以帮助自己顺利过渡。

（二）班主任的支持策略

1. 提供情感支持。班主任可以通过一对一谈话、小组座谈等方式，了解学生的情感需求和担忧，给予他们鼓励和支持；同时分享自己的大学经历或邀请学长、学姐进行经验分享，让学生感受到大学的魅力和可能性。

2. 提供信息指导。班主任应向学生详细地介绍大学的学习环境、课程设置、教学方法以及社交文化等方面的信息，帮助他们做好心理准备。此外，还提供选课建议、职业规划指导等具体信息，帮助学生更好地规划自己的未来。

3. 培养自主能力。大学学习更加注重自主性和创新性，班主任在高中阶段就可以有意识地培养学生的自主学习能力、时间管理能力和问题解决能力，为他们在大学中的独立生活和学习打下坚实的基础。

4. 建立家校合作机制。虽然学生在大学中更加独立，但家庭的支持仍然不可忽视。班主任应与家长保持密切联系，共同关注学生的过渡情况，提供必要的支持和帮助。

（三）实践案例

某高中班主任张老师，在得知班上一名特殊需求学生小李即将升入大学后，与小李进行了深入的谈话，了解他对大学的期望和担忧，并给予他鼓励和支持；还联系了小李即将就读的大学的相关部门，了解了大学的学习环境、课程设置和社交文化等信息，并详细向小李进行了介绍。张老师还邀请了已经升入大学的学长、学姐来班上分享他们的经验，让小李对大学有了更加直观和生动的认识。在张老师的帮助下，小李顺利度过了过渡期，并在大学学习中取得了优异的成绩。

（四）面临的挑战与未来展望

在高中生到大学生的过渡支持中，班主任面临着时间有限、资源不足等挑战。为了更好地发挥作用，班主任要不断提升自己的专业素养和资源整合能力。同时学校与社会也应给予班主任更多的支持和帮助，如提供专业培训、建立资源共享平台等。随着教育理念的更新和技术的进步，班主任在过渡期支持中的角色将更加重要。他们不仅需要关注学生的学业和社交发展，还需要关注学生的心理健康和职业规划。通过个性化指导、心理辅导、家校合作等方式，班主任将为学生创造更加全面、包容和个性化的过渡支持环境。

三、职业规划与生涯指导

在学生的成长过程中，职业规划与生涯指导是至关重要的一环。特别是对于有特殊需求的学生来说，面临更多的挑战和不确定性，班主任在这一过程中的角色尤为关键。班主任不仅是学生学业的引导者，更是他们未来规划的指导者和支持者。

（一）职业规划的重要性

职业规划是指学生在了解自我、探索职业世界的基础上，设定职业目标，制订实现这些目标的计划并采取行动。对于特殊需求学生来说，职业规划的重要性更加凸显。它不仅可以帮助学生认清自己的优势和弱点，明确职业方向，还可以有效地规划学习时间和资源，提升他们的自信心和满足感。

（二）班主任在学生职业规划中的角色

1. 自我认知的引导者。班主任可以通过心理测评、日常观察等方式，帮助学生全面、深入地了解自己的兴趣、特长、价值观等，为职业规划打下坚实的基础。

2. 职业信息的提供者。班主任可以利用自身资源和网络，为学生提供丰富的职业信息，包括行业发展趋势、职业岗位要求、就业前景等，帮助学生拓宽视野，了解职业世界的多样性。

3. 目标设定的指导者。班主任可以根据学生的自我认知和职业信息，引导学生设定具体、可行、有挑战性的职业目标，并制订实现这些目标的详细计划。

4.行动实施的监督者。班主任要定期与学生回顾职业规划的进展，监督学生按计划实施行动，及时发现问题并提供解决方案；鼓励学生面对困难时保持积极的态度，坚持不懈地努力。

（三）职业规划指导的实践策略

针对特殊需求学生的不同情况，班主任应提供个性化的职业规划和生涯指导服务。例如，通过一对一的咨询、小组讨论等形式，深入了解学生的需求和困惑，提供有针对性的建议和帮助。将职业规划教育融入日常课程和活动中，通过主题班会、讲座、实践体验等方式，增强学生的职业规划意识和能力。同时还可以与学校相关部门合作，开展职业体验、实习实践等活动，让学生亲身体验职业环境和工作内容。积极与家长沟通合作，共同关注和支持学生的职业规划与生涯发展。同时，班主任要充分利用社区资源，与企业、机构等建立合作关系，为学生提供更多的实践机会和职业发展资源。

（四）案例分析

某班有一位听力受损的学生小张，他在学习上遇到了很多困难，对未来感到迷茫和焦虑。班主任了解情况后，通过心理测评和日常观察，帮助小张了解自己的兴趣、特长和优势；利用网络资源和社会关系，为小张提供了丰富的职业信息和就业前景分析；最后根据小张的实际情况和需求，引导他设定了明确的职业目标，并制订了详细的行动计划。在班主任的持续指导和鼓励下，小张逐渐找到了自己的职业方向和发展路径，并顺利地找到了满意的工作。

职业规划与生涯指导是学生全面发展的重要组成部分，对于特殊需求学生来说，班主任在这一过程中的角色更加重要和关键。通过引导学生自我认知、提供职业信息、指导目标设定和行动实施等策略和实践方式，班主任可以有效地促进学生的职业规划与生涯发展。随着教育理念的更新和技术的进步，期待班主任在职业规划与生涯指导中发挥更大的作用，为特殊需求学生提供更加全面、个性化和有效的支持。

四、培养独立与自我倡导能力

在学生的成长过程中，特别是在过渡期，如从小学升入初中、从初中升入高中，乃至从高中步入大学或社会，培养独立与自我倡导能力显得尤为重要。对于特殊需求学生而言，这两项能力不仅是他们应对日常挑战的关键，更是他们实现自我价值、融入社会的重要保障。班主任作为学生成长道路上的重要引路人，在培养这些能力方面扮演着举足轻重的角色。

（一）独立能力的培养

独立能力是指学生在日常生活中能够自主决策、独立解决问题和承担责任的能力。对于特殊需求学生而言，培养独立能力有助于他们更好地适应环境、克服困难，减少对外部支持的依赖。班主任要鼓励学生参与班级管理和决策，如组织班级活动、制定班级规则等，让学生在实践中学会承担责任和自主决策。班主任可以为学生提供适当的自主学习机会，如设置自主学习任务、推荐学习资源等，引导学生独立思考和解决问题；还可以通过家校合作，与家长共同培养学生的独立生活能力，如鼓励学生在家中承担家务劳动、独立安排作息时间等。

（二）自我倡导能力的培养

自我倡导能力是指学生能够明确表达自己的需求和意愿，并为自己争取权益的能力。对于特殊需求学生而言，具备自我倡导能力有助于他们更好地争取到适合自己的教育资源和支持服务，提升自我价值和自信心。班主任可以通过课堂教学和班级活动，引导学生认识到自己的独特性和价值，鼓励学生大胆表达自己的想法和观点。班主任可以为学生提供模拟倡导的机会，如组织模拟联合国、角色扮演等活动，让学生在实践中学习如何为自己争取权益；还可以邀请具有自我倡导经验的嘉宾来班级分享经验，为学生提供榜样和启示。

（三）实践案例

某高中班主任李老师班上有一位视力受损的学生小明，小明在学习和生活上都面临着诸多挑战，但他性格内向，不善于表达自己的需求和意愿。为了帮助小明建立独立与自我倡导能力，李老师鼓励小明参与班级管理和决策，让他担任班级纪律委员一职。通过这一角色，小明不仅学会了承担责任和自主决策，还在与同学们的互动中逐渐变得自信开朗。针对小明的视力问题，李老师为他提供了个性化的学习资源和方法指导，如使用大字体的教材和辅助阅读器等。在这一过程中，李老师还鼓励小明主动提出自己的需求和困难，并为他争取到了学校相关部门的支持和服务。此外，李老师还邀请了一位视力受损的成功人士来班级分享经验，为小明提供了榜样和激励。

在李老师的持续关注和引导下，小明逐渐建立了独立与自我倡导能力。他不仅能够自主解决学习和生活中的问题，还敢于为自己的权益发声。

建立独立与自我倡导能力是特殊需求学生成长过程中不可或缺的一部分，班主任作为学生心理健康的促进者和支持者，在培养学生这些能力方面发挥着关键作用。通过鼓励学生参与班级管理、提供自主学习机会及培养自我倡导技巧等方式，班主任可以帮助学生建立自信心、提升自我价值感，为他们未来的独立生活和社会融入奠定坚实的基础。随着教育理念的不断更新和技术的持续进步，期待班主任在特殊需求学生的独立与自我倡导能力培养方面发挥更大的作用。通过创新教育方式方法、整合多方资源及加强家校合作等途径，班主任将为学生创造更加包容、平等和个性化的成长环境，助力他们实现自我梦想和价值。

第四章　心理教育课程与活动

第一节　设计心理教育课程

一、心理健康教育的重要性

心理健康教育在学校教育中占有举足轻重的地位，是学生全面发展教育的重要组成部分。心理健康教育不仅关乎学生的心理健康，更与他们的学习成绩、人际关系、社会适应乃至未来的职业发展都紧密相连。特别是在当前社会快速发展、竞争日益激烈的背景下，学生面临着来自学业、家庭、社会等多方面的压力，心理健康教育显得尤为重要。班主任作为学生心理健康的促进者和守护者，在心理健康教育中扮演着不可替代的关键角色。

（一）心理健康教育的内涵与意义

心理健康教育旨在通过系统的教育活动，帮助学生了解心理健康知识，掌握心理调适方法，增强心理承受能力，预防心理问题的发生。它关注学生的内心世界，致力于提升学生的自我认知、情绪管理、人际交往、挫折应对等方面的能力。这些能力的培养不仅有助于学生应对当前的学习和生活挑战，更对他们未来的社会适应和终身发展具有深远的影响。

心理健康的标准

◆ 积极进取的人生态度

◆ 对自我有恰当的认识

◆ 良好的人际关系

◆ 乐观的情绪状态

◆ 健全的人格

◆ 健康的道德心态

◆ 良好的社会适应能力

◆ 智力活动正常

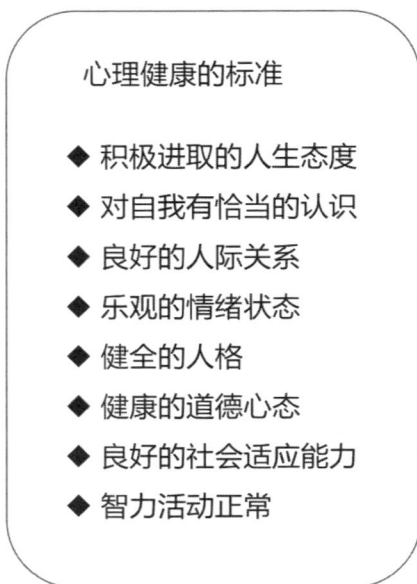

图 4-1 心理健康的标准

（二）心理健康教育在学生全面发展中的作用

良好的心理状态是参与学习活动的基础，通过心理健康教育，学生能够学会如何调整学习心态，提高学习效率，从而取得更好的学习成绩。心理健康教育能帮助学生理解自己和他人的情绪和行为，学会有效沟通，建立健康的人际关系。通过模拟社会情境、角色扮演等活动，心理健康教育可以帮助学生提前适应社会规范，为未来融入社会做好准备。心理健康教育注重心理问题的预防和早期干预，可以有效减少学生心理问题的发生率。

（三）班主任在心理健康教育中的角色与责任

作为学校中最了解学生的人之一，班主任在心理健康教育中扮演着多重角色。他们是心理健康知识的传播者，是学生心理状态的观察者，是学生心理问题的发现者和干预者，更是学生心理健康成长的引导者和支持者。班主任有责任通过日常观察、沟通交流、组织活动等方式，深入了解学生的心理状态，及时发现并解决学生的心理问题，为他们的健康成长保驾护航。

（四）心理健康教育的实施途径与方法

心理健康教育的实施途径多种多样，可以通过专门的心理健康课程、主题班会、讲座、团体辅导、个别咨询等方式进行。在教育方法上，班主任应注重理论与实践相结合，采用案例分析、角色扮演、情境模拟等互动性强、参与度高的方法，激发学生的学习兴趣，调动学生的积极性。同时还应根据不同年龄阶段学生的心理特点和发展需求，设计有针对性的教育内容和活动。

心理健康教育在学生全面发展中具有不可替代的作用。班主任作为学生心理健康的促进者和守护者，应充分认识到心理健康教育的重要性，不断提升自己的专业素养和教育能力，为学生创造健康、和谐、有利于成长的心理环境。随着教育理念的不断更新和技术的持续进步，期待心理健康教育能够更加深入人心，成为学校教育中不可或缺的一部分，为每一个学生的健康成长和全面发展提供有力保障。

二、课程设计的原则与目标

在探讨班主任如何设计心理教育课程时，必须首先明确课程设计的原则与目标。这些原则与目标不仅指导着课程内容的选择和安排，还确保课程能够有效地促进学生的心理健康发展。

（一）课程设计原则

1. 科学性原则。心理教育课程的设计必须基于心理学、教育学等学科的科学理论和研究成果。课程内容应确保准确无误，避免误导学生。

2. 针对性原则。课程设计应针对学生的年龄、性别、个性特征和心理发展需求，提供适合他们的心理教育内容和活动。

3. 实践性原则。心理教育课程应注重实践操作和体验，让学生通过亲身参与活动深化对心理健康知识的理解和应用。

4. 系统性原则。课程设计应全面、系统地涵盖心理健康的各个方面，包括自我认知、情绪管理、人际交往、压力应对等。

5. 灵活性原则。课程内容和形式应具有一定的灵活性，以适应不同学生的需求和变化，根据实际情况调整课程内容和活动方式。

（二）课程设计目标

1. 知识目标。课程学习，能使学生掌握基本的心理健康知识，了解心理问题的成因和应对方法。

2. 技能目标。要培养学生运用心理健康知识解决实际问题的能力，如情绪调节、压力管理、人际沟通等。

3. 态度目标。要引导学生形成积极、健康的心理态度，增强自信心和自尊心，提高心理韧性。

4. 自我发展目标。要通过课程学习，激发学生的自我探索和自我成长动力，促进他们在心理、学业和社交等各个领域的全面发展。

（三）实现课程目标的策略

将心理健康知识、技能培养和态度引导有机地融入课程中，确保课程内容的连贯性和完整性。可以运用讲座、讨论、角色扮演、案例分析等多种教学方法，激发学生的学习兴趣调动学生学习的积极性。可以定期进行课程评价，了解学生的学习情况和需求，及时调整教学策略和内容。要提高班主任与其他教师的心理健康素养和教育能力，确保他们能够有效地实施心理教育课程。

心理教育课程的设计是班主任在学生心理健康促进中的一项重要工作。通过遵循科学性、针对性、实践性、系统性和灵活性等原则，以及设定明确的知识、技能、态度和自我发展目标，班主任可以设计出符合学生需求的心理教育课程。展望未来，随着心理健康教育的不断深入和发展，期待心理教育课程能够更加完善、有效，为学生的心理健康和全面发展提供有力支持。班主任也需要不断学习和更新心理健康知识，提高自己的专业素养和教育能力，以更好地担负起学生心理健康促进的关键角色。

三、把心理健康教育融入日常课程

在学生的成长过程中，心理健康教育的重要性日益凸显。班主任作为学生心理健康的促进者和守护者，有责任将心理健康教育整合到日常课程中，使之成为学生学习生活的一部分。

（一）融入学科教学，实现知识与心理的双重提升

学科教学是学校教育的基础与核心，同时也是心理健康教育的宝贵资源。在学科教学中融入心理健康教育，不仅可以加深学生对学科知识的理解与掌握，还能在无形中培养他们的心理素质，实现知识能力与心理能力的双重提升。班主任作为班级的管理者和协调者，应当积极与学科教师沟通与合作，共同探索将心理健康教育融入学科教学的有效途径。在语文教学中，教师可以通过分析文学作品中的人物形象、情节发展等元素，引导学生深入探究人物的心理活动及其背后的情感状态。通过对人物心理的剖析，学生可以更加深刻地理解文学作品的主题思想，同时也能在感受不同情绪状态的过程中，增强自己的情绪认知和管理能力。在数学教学中，教师可以通过设置具有挑战性的数学问题，引导学生运用逻辑思维和推理能力去解决。在解决问题的过程中，学生不仅可以锻炼自己的思维能力，还能在面对困难和挫折时，学会保持冷静、积极应对的心态。数学教师还可以通过讲解数学家的成长经历、数学发展史等内容，激发学生的学习兴趣和探究欲望，培养他们的创新意识和坚韧不拔的精神品质。除了语文和数学等主科外，其他学科如英语、历史、地理等也蕴含着丰富的心理健康教育资源。班主任可以鼓励学科教师结合各自的教学内容和特点，灵活地将心理健康教育融入其中。在英语教学中，可以通过角色扮演、情景对话等活动，培养学生的跨文化交际能力和团队协作能力；在历史教学中，可以通过讲述历史人物的奋斗历程和民族精神，激发学生的爱国情感和民族自豪感；在地理教学中，可以通过探究地理环境与人类活动的相互关系，培养学生的环保意识和可持续发展观念。

（二）利用班会活动，打造心理健康教育的特色平台

班会是学校教育中的一项重要制度安排，也是班主任对学生进行集体教育和思想引导的关键时刻。在心理健康教育的背景下，班会活动成为打造特色平台、促进学生心理健康发展的重要途径。班主任应当充分利用班会时间，精心设计和组织以心理健康教育为主题的活动。活动包括心理健康知识竞赛、心理健康小故事分享、心理剧表演等多种形式。通过这些活动的开展，班主任可以将心理健康教育的理念和知识以生动有趣的方式传递给学生，让他们在参与中感受到心理健康的重要性。在心理健康知识竞赛中，可以设计一系列与心理健康相关的问题，

让学生在竞赛中学习和掌握心理健康知识。这样的竞赛不仅可以激发学生的学习兴趣调动学生参与的积极性，还能在紧张刺激的倒计时中，增强他们的记忆力和快速反应能力。通过竞赛的形式，班主任还可以引导学生树立正确的心理健康观念，提高他们的心理健康素养。在心理健康小故事分享环节中，班主任可以鼓励学生讲述自己或身边人的心理健康故事。这些故事可以是真实的经历，也可以是虚构的情节，但关键是要能够反映心理健康的主题和内涵。通过故事的分享，学生可以更加深入地了解心理问题的多样性和复杂性，同时也能在情感共鸣中，增强对心理健康的认同感和关注度。心理剧表演则是一种更加生动直观的心理健康教育方式。班主任可以组织学生编写和表演以心理健康为主题的小剧本，让学生在角色扮演中体验不同的情感状态和心理变化。在表演过程中，学生能更加深入地心理问题的成因和影响，同时也能释放压力、宣泄情感，达到心理调适和疏导的效果。除了上述活动外，班主任还可以根据班级的实际情况和学生需求，灵活设计其他形式的心理健康教育活动。例如：邀请心理健康专家举办讲座或咨询活动，为学生提供更加专业和个性化的心理健康指导；还可以利用多媒体资源播放心理健康相关的视频或音频资料，让学生在视听享受中接受心理健康教育的熏陶和启迪。

（三）关注特殊学生，提供个性化的心理辅导

在教育的广阔天地中，每个学生都是一颗独特的星辰，他们各自拥有不同的光芒和轨迹。特别是那些在学习、生活、人际交往等方面遇到困难的特殊学生，他们如同迷途的小船，更需要班主任的灯塔指引和温暖关怀。作为班级的管理者和心灵的守护者，班主任应当通过日常观察、沟通交流等多种方式，敏锐地捕捉这些特殊学生的心理问题。这些问题表现为学习上的困惑、生活上的无助、人际交往中的隔阂等，它们如同阴霾一般笼罩在学生的心头，影响着他们的成长和发展。一旦发现这些心理问题，班主任就应当迅速行动，为这些特殊学生提供个性化的心理辅导。这种辅导不同于一般的教育教学，更加注重因材施教、因人而异，旨在帮助学生找到适合自己的成长道路。对那些学习困难的学生，班主任可以耐心地引导他们掌握有效的学习方法，包括制订合理的学习计划、运用科学的学习策略、培养良好的学习习惯等。在引导的过程中，班主任还要不断地给予鼓励和支持，让学生感受到进步的喜悦和成功的可能，从而增强他们的学习自信心。对

那些存在人际交往障碍的学生，班主任则可以通过角色扮演、情景模拟等方式，帮助他们理解并改善人际关系。在这个过程中，班主任要引导学生学会换位思考、理解他人的感受和需求，同时也要教会他们一些基本的社交技巧和方法，如何与人建立联系，如何保持适当的距离，如何解决冲突等。通过这样的辅导，学生可以逐渐提升自己的人际交往能力，更好地融入集体和社会。班级中还存在其他各种心理问题的学生，对于这些学生，班主任同样需要保持高度的关注和敏感性，及时发现并提供相应的心理辅导，包括情绪管理、压力应对、自我认知等多个方面，旨在帮助学生建立积极健康的心态和生活方式。

将心理健康教育整合到日常课程中是一项长期而艰巨的任务，需要班主任的精心设计和持续努力。通过上述三个方面的整合实践，可以看到心理健康教育在学科教学中的渗透、在班会活动中的体现以及对特殊学生的关注与帮助。这些实践不仅有助于提升学生的心理素质和全面发展水平，还能为学校的教育教学工作注入新的活力和动力。

四、评估与反馈机制的建立

在学生心理健康促进工作中，评估与反馈机制的建立是确保心理教育课程与活动有效性的关键环节。班主任作为这一机制的主要实施者，需要通过科学、系统的方法，对心理教育的效果进行评估，并根据反馈结果及时调整和优化课程与活动设计。

（一）设立明确的评估标准与指标

要确保心理教育课程与活动的有效性，需要设立明确的评估标准与指标。这些标准与指标应该围绕学生的心理健康状况、心理素质提升、心理问题预防与处理等方面进行设置，既要具有针对性，又要具有可操作性。例如设立学生心理健康知识掌握情况、心理适应能力提升程度、心理问题发生率等指标，以便对心理教育的效果进行量化评估。同时评估标准与指标的设立还需要考虑学生的年龄、性别、家庭背景等因素，以确保评估结果的客观性和公正性。

（二）采用多元化的评估方法

在评估心理教育课程与活动的效果时，采用多元化的评估方法，以获取更全面、更准确的信息。结合定量评估与定性评估两种方法，定量评估可以通过问卷调查、心理测试等方式收集数据，对学生的心理健康状况进行量化分析；而定性评估则可以通过观察、访谈等方式深入了解学生的心理感受与体验，以及心理教育课程与活动对他们产生的具体影响。此外还可以引入第三方评估机构或专家进行独立评估，以提高评估结果的可信度和权威性。

（三）建立及时有效的反馈机制

评估结果出来后，班主任需要建立及时有效的反馈机制，将评估结果及时反馈给相关人员，以便对心理教育课程与活动进行有针对性的调整和优化。首先，将评估结果反馈给学生本人及其家长，让他们了解学生的心理健康状况及存在的问题，并共同商讨解决方案；其次，将评估结果反馈给学校领导和其他教师，以便他们了解心理教育的整体效果及存在的问题，并在学校层面进行相应调整；最后，将评估结果反馈给心理教育课程与活动的设计者，以便他们根据反馈结果进行有针对性的改进和创新。建立这样的反馈机制，可以确保心理教育课程与活动的持续优化和提升，更好地满足学生的心理健康需求。

评估与反馈机制的建立是学生心理健康促进工作中的重要环节。班主任需要通过设立明确的评估标准与指标、采用多元化的评估方法及建立及时有效的反馈机制等措施，确保心理教育课程与活动的有效性。随着教育理念的不断更新和技术的持续进步，期待评估与反馈机制能够更加科学、系统地融入学生心理健康促进工作中，为学生的健康成长和全面发展提供更加坚实有力的保障。同时班主任也需要不断提升自己的专业素养和教育能力，以更好地促进学生心理健康发展。

第二节　开展班级活动与工作坊

一、增进团队合作的活动

在学生心理健康促进的工作中，班主任通过设计和开展各种班级活动，特别是那些能够增进团队合作的活动，不仅有助于培养学生的团队协作精神和集体荣誉感，还能在无形中提升他们的心理素质和人际交往能力。

（一）明确活动目标与意义

在设计增进团队合作的活动时，班主任需要明确活动的目标与意义。这些活动应该旨在培养学生的团队协作能力、沟通能力、解决问题能力及创新精神等。设定明确的目标，确保活动的设计与实施都围绕这些核心目标展开，从而取得预期的教育效果。

（二）选择恰当的活动形式与内容

为了实现上述目标，需要选择恰当的活动形式与内容。例如，组织一些需要团队协作才能完成的挑战任务，如户外拓展训练、团队竞技游戏等。在这些活动中，学生需要相互协作、共同努力才能完成任务，从而深刻认知到团队合作的重要性。此外，班主任还可以结合学生的兴趣爱好和年龄特点，设计一些富有创意和趣味性的团队活动，如角色扮演游戏、团队辩论赛等，以激发学生的学习兴趣和参与热情。

（三）注重活动的引导与总结

在活动进行过程中，班主任应密切关注学生的表现与反应，及时给予引导和支持。当学生在团队协作中遇到困难或冲突时，班主任要引导他们学会换位思考，理解并尊重他人的观点和需求，同时教会他们基本的冲突解决技巧。在活动结束后，班主任还要组织学生进行总结与反思，引导他们分享自己在活动中的感受与收获，以及需要改进的地方。通过这样的总结与反思，学生可以更加深入地理解团队合作的意义和价值，从而在未来的学习和生活中更加注重团队协作。

（四）把活动效果延伸至日常学习与生活中

除了专门的团队合作活动外，班主任还可以将团队合作的理念和精神延伸到学生的日常学习与生活中。例如，鼓励学生在课堂上进行小组讨论和合作学习，共同探究和解决问题；在课间休息或课余时间，组织学生参加一些集体性的文体活动或志愿服务等，以增强他们的集体归属感和荣誉感。通过这些日常化的实践与应用，学生可以逐渐将团队合作内化为自己的行为习惯和价值观。

（五）关注特殊学生群体

在增进团队合作的活动中，班主任还需要特别关注那些性格内向、不善于表达或人际交往能力较弱的学生。对于这些学生，班主任可以设计一些适合他们的角色或任务，让他们在活动中逐渐融入团队并发挥自己的价值。同时在活动过程中和结束后，班主任也要给予他们更多的鼓励和支持，帮助他们建立自信并提升人际交往能力。

通过设计和开展有利于增进团队合作的班级活动，班主任不仅可以培养学生的团队协作精神和集体荣誉感，还能在无形中提升他们的心理素质和人际交往能力。这些活动不仅有助于营造积极向上的班级氛围和增强班级凝聚力，还能为学生的全面发展和健康成长奠定坚实的基础。在未来的教育工作中，班主任应该进一步探索和创新团队合作活动的形式与内容，以更好地满足学生的心理健康需求和促进他们的全面发展。

二、情绪管理与压力释放工作坊

在快速发展的现代社会中，学生面临着来自学业、家庭、社交等多方面的压力，这些压力往往伴随复杂的情绪体验。作为班主任，如何帮助学生有效管理情绪、释放压力，成为一项重要而紧迫的任务。情绪管理与压力释放工作坊正是针对这一问题而设计的一种有效干预方式。

（一）工作坊的目标与意义

情绪管理与压力释放工作坊的主要目标是帮助学生识别和理解自己的情绪，掌握有效的情绪调节和压力应对技巧，从而增强心理韧性和适应能力。这一工作坊的开展不仅有助于提升学生的心理健康水平，还能为他们的学习和发展创造更加良好的心理状态。通过工作坊的实践活动，学生可以学会在面对压力与挑战时保持冷静和乐观，这对他们的全面发展和未来生活都具有重要意义。

（二）工作坊的内容设计

在内容设计上，情绪管理与压力释放工作坊应涵盖以下四个方面：情绪识别与认知、情绪调节技巧、压力应对策略及放松与自我关爱的方法。通过这些内容的系统学习和实践，学生可以全面提升自己的情绪管理和压力应对能力。

1. 情绪识别与认知。即帮助学生识别和命名自己的情绪，了解情绪的产生原因和影响。班主任可以通过情绪日记、角色扮演等活动，引导学生深入探索自己的情绪世界，增强情绪觉察能力。

2. 情绪调节技巧。即教授学生有效的情绪调节方法，如深呼吸、冥想、积极思维等。班主任可以通过情境模拟、小组讨论等方式，让学生在实践中掌握并运用这些技巧。

3. 压力应对策略。引导学生分析压力的来源和性质，教授他们针对不同类型压力的应对策略。对于学业压力，班主任可以帮助学生制订合理的学习计划和时间管理策略；对于社交压力，班主任可以引导学生学习有效的人际沟通技巧和冲突解决方法。

4. 放松与自我关爱的方法。即教授学生放松身心的方法，如瑜伽、冥想、艺术创作等，同时强调自我关爱的重要性，鼓励学生通过健康饮食、充足睡眠、适度运动等方式照顾好自己的身心健康。

（三）工作坊的实施方式

在实施方式上，情绪管理与压力释放工作坊可以采用多种形式，如讲座、小组讨论、角色扮演、情境模拟、艺术创作等。这些活动既可以单独进行，也可以相互结合，形成丰富多样的工作坊活动。通过这些活动，学生可以在轻松愉快的氛围中学习与实践情绪管理和压力应对的技巧。

（四）工作坊的效果评估

为了确保工作坊的效果，班主任需要对工作坊进行定期评估。评估可以通过问卷调查、学生反馈、观察记录等方式进行。评估的内容应包括学生对工作坊活动的满意度、他们在情绪管理和压力应对方面的进步程度及他们在日常生活中应用所学技巧的情况等。根据评估结果，班主任可以及时调整工作坊的活动内容和实施方式，以更好地满足学生的心理发展需求。

（五）工作坊的持续性与拓展

情绪管理与压力释放工作坊不应仅仅是一次性的活动，而应成为学校心理健康教育的重要组成部分。班主任可以定期举办这样的工作坊活动，以持续关注学生的心理健康状况并提供必要的支持。此外，班主任还可以将工作坊的理念与技巧融入日常的班级管理和教学活动中，让学生在潜移默化中提升情绪管理和压力应对能力。同时班主任还可以与其他教师、学校心理咨询师等合作，共同开展更加全面和深入的心理健康教育活动。

情绪管理与压力释放工作坊是班主任在学生心理健康促进中发挥关键角色的一种重要途径，通过精心设计和有效实施工作坊活动，班主任可以帮助学生更好地管理情绪、释放压力，从而为他们的健康成长和全面发展奠定坚实的基础。

三、正向思维与目标设定训练

在学生心理健康促进的过程中，培养正向思维和设定明确的目标是非常重要的。正向思维能够帮助学生积极面对挑战和困难，而明确的目标设定则能为学生提供清晰的方向和动力。班主任作为班级的管理者和引导者，有责任通过开展班级活动与工作坊活动，训练学生的正向思维和目标设定能力。

（一）正向思维的培养

正向思维是指一种积极、乐观的思维方式，能够帮助学生在面对困难时保持信心，积极寻求解决问题的方法。为了培养学生的正向思维，班主任可以采取以下措施：

1. 开展积极的心理教育。即通过主题班会、心理健康讲座等形式，向学生传授积极心理学的理念和方法，引导他们认识到积极心态的重要性。

2. 组织正向思维训练活动。即设计一些具有挑战性的任务或情境，让学生在完成任务的过程中体验成功和失败，并引导他们从失败中吸取教训，以积极的心态面对挑战。

3. 建立积极的班级文化。即在班级倡导尊重、理解、支持和鼓励的氛围，让学生感受到班级的温暖和力量，从而更加自信地面对学习和生活。

（二）目标设定的训练

明确的目标是学生学习的动力和方向。班主任可以通过以下方式帮助学生设定并实现目标：

1. 指导学生设定具体、可衡量的目标，引导学生将抽象的学习目标具体化，例如，将"提高数学成绩"转化为"在下次数学考试中达到 90 分"。

2. 教授目标分解与计划制订的方法，帮助学生将长期目标分解为短期目标，并制订详细的行动计划，有助于学生更有条理地推进学习进程。

3. 监督与鼓励学生执行目标计划，定期检查学生的目标执行情况，给予及时的反馈和指导。同时也要鼓励学生坚持执行目标计划，克服执行过程中的困难和挑战。

（三）结合正向思维与目标设定的综合训练

为了更有效地提升学生的心理健康水平和学习动力，班主任可以将正向思维与目标设定训练结合起来，设计一些综合性的班级活动与工作坊活动。例如，组织"我的梦想与行动"主题班会，让学生分享自己的梦想和目标，并引导他们思考如何通过积极的心态和行动计划实现梦想。此外，还可以开展"挑战自我，实现目标"的团队拓展活动，让学生在团队协作中体验挑战和成功的喜悦，从而增强他们的自信心和目标执行力。

通过正向思维与目标设定训练，班主任可以帮助学生建立积极的心态和明确的学习目标，从而提升他们的心理健康水平和学习动力。在未来的教育工作中，班主任应继续关注学生的心理健康需求，不断创新和优化心理教育课程与活动的设计与实施方式。同时也要加强与其他教育工作者、家长和社会的合作和交流，共同为学生的全面发展和健康成长贡献力量。正向思维与目标设定训练是班主任在学生心理健康促进中发挥关键角色的重要途径之一。班主任要精心设计和有效实施相关活动与工作坊活动，帮助学生培养积极的心态和明确的学习目标，为他们的未来发展和幸福生活奠定坚实的基础。

四、亲子活动与家庭参与

在学生的成长过程中，家庭是至关重要的影响因素。家庭氛围、亲子关系及家庭教育方式等都会对学生的心理健康产生深远影响。班主任在促进学生心理健康的工作中，不仅要在学校内开展各种活动，还需要积极引入家庭参与，特别是要通过亲子活动加强家校合作，学生的心理健康保驾护航。

（一）亲子活动的意义与价值

亲子活动是指父母与子女共同参与的活动，其目的是增进亲子之间的感情，促进家庭和谐，助利孩子的全面发展。在学校教育中，亲子活动具有十分重要的意义和价值。

1.增强家校联系。通过亲子活动，学校与家庭之间可以建立更加紧密的联系，促进双方在学生教育问题上的沟通与合作。

2.提升家庭教育水平。亲子活动可以为家长提供一个学习和交流的平台，帮助他们了解更多的教育理念和方法，从而提升家庭教育的质量。

3.促进学生心理健康。在亲子活动中，学生可以感受到来自家庭的关爱和支持，这对他们的心理健康具有积极的促进作用。同时通过与家长共同完成任务或解决问题，学生还可以提升自信心和解决问题的能力。

（二）设计亲子活动的原则

1.趣味性原则。活动应该具有趣味性和吸引力，能够激发学生和家长的参与热情。

2.教育性原则。活动应该具有一定的教育意义，能够促进学生在知识、技能或情感方面的成长。

3.可行性原则。活动的设计应该考虑实际条件和资源限制，确保活动的可行性和可操作性。

4.安全性原则。在活动过程中，要确保学生和家长的人身安全，避免发生意外事故。

（三）亲子活动的形式与内容

亲子活动的形式和内容可以多样化，以满足不同家庭和学生的需求。

1.家庭作业共做。即设计一些需要家长和学生共同完成的家庭作业任务，如共同完成一幅画、一起制作手工等。这种活动不仅可以增进亲子之间的感情，还可以培养学生的合作意识和实践能力。

2.亲子阅读时光。班主任可以鼓励家长和学生一起阅读书籍或绘本，并分享阅读心得。这不仅有助于培养学生的阅读兴趣和阅读习惯，同时也可以促进家长和学生之间的思想交流。

3. 户外亲子运动。组织一些户外亲子运动活动，如家庭运动会、徒步旅行等。运动不仅能增强学生的身体素质，还可以培养他们的团队协作精神和竞争意识。

4. 亲子烹饪活动。即邀请家长和学生一起参与烹饪活动，如制作简单的点心或家常菜。这不仅可以锻炼学生的动手能力，还可以让他们学到更多生活技能。

5. 家庭教育讲座。班主任可以定期邀请专家或教师为家长开设家庭教育讲座，提供家庭教育方面的指导和建议，帮助家长更好地理解和支持学生的成长需求。

（四）亲子活动的实施与评估

在实施亲子活动时，班主任需要做好充分的准备工作，包括活动方案的制订、活动材料的准备、活动场地的布置等。在活动过程中，班主任要密切关注学生和家长的参与情况，及时给予指导和帮助。活动结束后，班主任还需要对活动效果进行评估和总结，以便不断改进和优化未来的亲子活动设计。评估亲子活动的效果可以从以下几个方面进行：学生和家长的参与程度、活动目标的实现情况、学生和家长的反馈意见等。通过评估，班主任能了解活动的优点和不足，从而为下一次的亲子活动提供更加有针对性的建议和指导。

亲子活动与家庭参与是班主任在学生心理健康促进中发挥关键角色的重要途径之一。通过精心设计和有效实施亲子活动，班主任可以增进家校联系、提升家庭教育水平并促进学生的心理健康发展。在未来的教育工作中，班主任应该进一步探索和创新亲子活动的形式与内容，以满足不断变化的教育需求和促进学生的全面发展。

第三节 利用艺术与体育促进心理健康

一、艺术治疗的基本原理

艺术治疗是一种借助艺术创作的手段，帮助个体表达情感、解决问题、增强自我认知和促进心理健康的方法。在学生的心理健康促进中，艺术治疗作为一种非言语的沟通方式，具有独特的价值和意义。班主任作为学生心理健康的守护者，了解并掌握艺术治疗的基本原理，有助于更好地运用这一手段，促进学生的心理健康发展。

（一）艺术治疗的定义与发展

艺术治疗，又称为艺术心理治疗，是一种将艺术创作过程与心理治疗理论相结合的方法，通过绘画、雕塑、音乐、舞蹈等艺术形式，帮助个体表达内心的情感、想法和体验，从而达到治疗的效果。艺术治疗起源于 20 世纪初，随着心理学和艺术学的交叉发展而逐渐成熟。如今它已经成为一种广泛应用于临床心理治疗、教育、康复等领域的有效方法。

（二）艺术治疗的基本原理

1. 情感表达与释放。艺术创作是一种情感表达的方式。在艺术治疗过程中，学生可以通过绘画、雕塑等艺术形式，将内心的情感、想法和体验转化为具体的作品。这种情感的表达和释放有助于减轻心理压力，缓解焦虑和抑郁等情绪问题。

2. 自我认知与探索。艺术创作过程是一个自我认知和探索的过程。通过艺术创作，学生可以更加深入地了解自己的内心世界，发现自己的优点和不足，从而增强自我认知。同时艺术创作还可以帮助学生探索自己的潜能和兴趣，为未来的发展提供方向。

3. 问题解决与创造力培养。艺术创作需要学生发挥想象力和创造力。在艺术治疗过程中，学生可以通过创作作品思考和解决问题，培养创造力和解决问题的能力。这种能力的培养不仅有助于学生在艺术领域的发展，还可以迁移到其他学科和日常生活中。

4. 社交互动与情感沟通。艺术创作还可以作为一种社交互动和情感沟通的方式。在艺术治疗过程中，学生可以与其他同学合作创作作品，分享彼此的想法和感受，从而建立更加紧密的人际关系。艺术创作还可以帮助学生更好地与他人沟通情感，提升情感表达和理解能力。

（三）艺术治疗在心理健康促进中的应用

1. 个体心理辅导。针对学生的个体心理问题，班主任可以运用艺术治疗的方法进行辅导，通过引导学生进行艺术创作，帮助他们表达内心的情感、想法和体验，从而找到问题的症结所在，并寻求有效的解决方案。

2.团体心理辅导。艺术治疗还可以应用于团体心理辅导中。班主任可以组织学生进行团体艺术创作活动，让学生在合作中互相学习、互相支持，共同解决问题。这种团体辅导的方式有助于增强学生的团队协作能力和社交技能。

3.预防性心理健康教育。艺术治疗也可以作为一种预防性心理健康教育的手段。班主任可以通过定期开展艺术创作活动，帮助学生缓解学习压力、增强自我认知、培养积极心态，从而预防心理问题的发生。

艺术治疗作为一种独特的心理健康促进方法，在学生的心理健康教育中发挥着越来越重要的作用。班主任作为学生心理健康的守护者，应该积极学习与掌握艺术治疗的基本原理和方法，将其灵活运用于实际工作中，为学生的心理健康发展保驾护航。随着艺术治疗理论的不断完善和实践经验的积累，相信它在学生心理健康教育中的应用将会更加广泛和深入。

二、体育活动在情绪调节中的作用

体育活动作为一种身心健康的促进方式，在学生心理健康教育中扮演着举足轻重的角色。它不仅能够增强学生的体质，更能在情绪调节、压力释放及积极心态培养等方面发挥重要作用。班主任作为学生心理健康的守护者，应当充分认识到体育活动的这些益处，并将其融入日常教育中，以促进学生的全面发展。

（一）体育活动的情绪调节功能

情绪调节是指个体对自身情绪状态进行有意识的管理和调整，以达到情绪平衡和适应环境的目的。体育活动在情绪调节方面具有显著效果。

1.释放负面情绪，学生在学习与生活中常常会遇到各种压力和挑战，可能产生焦虑、抑郁等负面情绪。而体育活动通过身体运动的方式，能够帮助学生释放这些负面情绪，缓解心理压力。

2.提升积极情绪，体育活动往往伴随着愉悦感和成就感，当学生在体育活动中取得进步或成功时，会感受到积极的情绪体验。这种积极情绪的提升有助于增强学生的自信心和幸福感。

3.调节情绪稳定性，体育活动需要学生具备一定的自我控制能力和情绪管理能力。通过长期的体育锻炼，学生可以逐渐学会如何在运动中调节自己的情绪状态，保持情绪的稳定性和平衡性。

（二）体育活动在心理健康教育中的应用

基于体育活动的情绪调节功能，班主任可以在心理健康教育中灵活运用各种体育活动形式，以达到更好的教育效果。

1.定期组织体育活动。班主任可以利用课余时间或班会时间定期组织学生进行体育活动，如篮球比赛、足球赛、趣味运动会等。这些活动不仅能够增强学生的身体素质，还能在轻松愉快的氛围中缓解学生的学习压力。

2.将体育活动融入课堂教学中。在一些课程中，班主任可以尝试将体育活动与课程内容结合起来，让学生在学习的同时感受到运动的乐趣。例如在历史课上讲述古代战争时，组织学生进行模拟战斗的游戏；在地理课上讲述地形地貌时，带领学生进行户外徒步探险等。

3.关注个体差异与需求。每个学生的身体状况和兴趣爱好都不同，班主任在组织体育活动时应关注个体差异与需求。对身体素质较差的学生，可以安排一些轻度的运动项目；对对某项运动特别感兴趣的学生，可以提供更多的机会与资源让他们深入学习和参与。

体育活动在学生心理健康促进中发挥着重要作用，尤其是在情绪调节方面。随着教育理念的不断更新和发展，相信体育活动在学生心理健康教育中的应用将会更加广泛和深入。班主任需要不断探索创新体育活动形式和内容，以满足学生多样化的需求和发展。

三、组织多样化的艺术与体育活动

在学生的心理健康促进中，组织多样化的艺术与体育活动是一项至关重要的工作。这些活动不仅能够丰富学生的课余生活，还能够为他们提供表达情感、释放压力、增强自信和提升团队协作能力的平台。班主任作为学生成长道路上的引路人，应当积极策划和组织多样化的艺术与体育活动，以促进学生的全面发展。

（一）艺术活动的多样化组织

艺术活动是学生表达内心情感、培养审美情趣和创造力的重要途径，班主任可以组织多样化的艺术活动。

1. 绘画与手工制作。鼓励学生参与绘画和手工制作，通过色彩和形状的表达抒发情感，培养想象力和动手能力。

2. 音乐与舞蹈表演。组织音乐会和舞蹈表演，让学生感受音乐的韵律和舞蹈的动感，提升艺术修养和表演能力。

3. 戏剧与小品创作。引导学生参与戏剧和小品的创作与表演，通过角色扮演增强自我认知和同理心。

（二）体育活动的多元化安排

体育活动是学生释放压力、锻炼身体和培养团队协作精神的重要方式。

1. 球类运动比赛。组织篮球、足球、乒乓球等球类运动比赛，让学生在竞技中体验成功与失败，培养坚韧不拔的意志和团队合作精神。

2. 户外拓展活动。开展徒步、定向越野等户外拓展活动，让学生在自然环境中挑战自我，提升自信心和解决问题的能力。

3. 健身与瑜伽课程。引入健身操、瑜伽等课程，帮助学生缓解学习压力，保持身心健康。

（三）活动组织的注意事项

1. 确保安全。在活动过程中要始终关注学生的安全，确保所有活动都在安全的环境中进行。

2. 尊重个体差异。每个学生的兴趣和能力都有所不同，班主任在组织活动时应充分尊重个体差异，提供多样化的选择以满足不同学生的需求。

3. 注重引导与反馈。在活动过程中，班主任要给予学生积极的引导和及时的反馈，帮助他们更好地参与活动并从中受益。

组织多样化的艺术与体育活动是班主任在学生心理健康促进中的一项重要工作。通过这些活动，学生可以表达情感、释放压力、增强自信和提升团队协作能力。在教育工作中，班主任应继续探索与创新活动形式和内容，以满足学生不断变化的需求和发展；同时要注重活动的安全性和教育性，确保学生在参与活动的过程中能够真正受益并健康成长。

四、艺术与体育对社交技能的促进

在学生的成长过程中，社交技能的培养与发展至关重要。良好的社交技能不仅有助于学生建立健康的人际关系，还能够提升他们的团队协作能力和社会适应能力。艺术与体育活动作为学生心理健康促进的重要途径，对学生社交技能的培养具有显著的影响。班主任作为学生心理健康的守护者，应当充分认识到艺术与体育活动在社交技能培养中的作用，并将其融入日常教育中。

（一）艺术活动对社交技能的促进

艺术活动是一种富有创造性和情感表达性的活动，它能够为学生提供与他人交流和合作的机会，培养他们的社交技能。在艺术活动中，学生可以通过共同创作、互相观摩和讨论等方式，增进彼此之间的了解和信任。

1.提升沟通能力。在艺术活动中，学生需要与他人共同讨论创作主题、分工合作及作品展示等事宜。这一过程要求学生必须清晰地表达自己的想法和观点，同时倾听他人的意见和建议。通过这样的互动，学生的沟通能力会得到锻炼和提升。

2.培养同理心。艺术活动往往涉及情感表达和体验。在创作过程中，学生需要尝试站在他人的角度思考问题，理解他人的情感和感受。这种同理心的培养有助于学生更好地与他人产生共鸣，增进彼此之间的理解和支持。

3.增强团队协作能力。艺术活动往往需要多人协作完成。在团队协作过程中，学生需要学会分工合作、互相支持及解决冲突等技能。这些技能的培养对学生未来在社会和工作中的团队协作具有重要意义。

（二）体育活动对社交技能的促进

体育活动是一种充满竞技性和团队协作性的活动，对培养学生的社交技能同样具有显著的作用。在体育活动中，学生需要与他人共同参与比赛、训练及团队合作等环节，从而锻炼他们的社交技能。体育活动往往需要团队成员之间紧密配合才能取得胜利。在团队合作过程中，学生需要学会互相信任、互相支持及有效沟通等技能。这些技能的培养有助于学生更好地融入团队，提升团队协作能力。

体育活动中的竞技性要求学生必须具备一定的竞争意识，然而竞争并不意味着敌对和冲突。在体育活动中，学生需要学会在竞争中保持公平、公正和尊重对手的态度，同时也需要学会在失败时坦然面对并寻求改进的机会。这种竞争意识与合作精神的培养有助于学生更好地应对社会中的竞争与挑战。体育活动中的规则、裁判及比赛环境等因素都要求学生必须具备一定的社会适应能力。通过参与体育活动，学生可以学会遵守规则、尊重裁判及适应不同的比赛环境等技能。这些技能的培养有助于学生更好地适应社会中的各种规范和挑战。

（三）艺术与体育活动中的社交技能培养策略

班主任应该鼓励学生积极参与艺术和体育活动，为他们提供展示自己才华和与他人交流的机会，同时还可以通过设置奖励机制等方式激发学生的参与热情。在艺术与体育活动中，班主任应该创造合作与竞争的机会，让学生在与他人合作和竞争中锻炼社交技能。例如，组织小组创作比赛、团队运动对抗赛等活动。在活动过程中，班主任应该给予学生积极的引导和及时的反馈，可以通过观察学生的表现、与学生交流等方式了解学生的需求和困惑，并给予有针对性的指导和建议。同时还应该注重培养学生的自我反思和评价能力，让他们在活动结束后能够总结自己的经验和教训。

艺术与体育活动作为学生心理健康促进的重要途径，对社交技能的培养具有显著的影响。班主任应该充分认识到艺术与体育活动在社交技能培养中的作用，并将其融入日常教育中。随着教育理念的不断更新和发展，相信艺术与体育活动在学生社交技能培养中的应用将会更加广泛和深入。同时，班主任也需要不断探索与创新活动形式和内容，以满足学生多样化的需求和发展。

第四节　应用数字工具与资源

一、网络心理健康资源的评估

随着互联网的快速发展和普及，网络已成为学生获取信息、交流思想、娱乐放松的重要平台。然而，网络信息的纷繁复杂、良莠不齐，也给学生的心理健康带来了一定的挑战。在这一背景下，班主任作为学生心理健康的守护者和引导者，需要积极应用数字工具和资源，以促进学生的心理健康。而网络心理健康资源的评估，是班主任在应用这些工具和资源时必须掌握的重要技能。

（一）网络心理健康资源的定义与分类

网络心理健康资源是指在网络上可供利用的，有助于维护和促进学生心理健康的信息、工具和服务。这些资源包括但不限于心理健康知识、心理测试与评估工具、心理咨询与辅导服务、心理自助与调节方法等。根据资源的性质和功能，网络心理健康资源大致可以分为以下四类：

1. 信息资讯类，主要提供心理健康相关的新闻、研究、知识等资讯，帮助学生了解心理健康的重要性和相关知识。

2. 测试评估类，提供心理测试与评估工具，帮助学生了解自己的心理状态、性格特点、情绪状态等。

3. 辅导服务类，提供在线心理咨询、心理辅导、心理危机干预等服务，为学生提供个性化的心理支持和帮助。

4. 自助调节类，提供心理自助书籍、音频、视频等资源，教授学生心理调节的技巧和方法，帮助他们自我缓解心理压力和负面情绪。

（二）网络心理健康资源的评估原则与方法

面对众多网络心理健康资源，班主任需要掌握一定的评估原则和方法，以确保所选资源的科学性、有效性和安全性。

1. 科学性原则。评估资源是否基于科学的心理学理论和方法，是否有专业的心理学背景和研究支持，可以通过查看资源的来源、作者资质、研究依据等方面进行判断。

2. 有效性原则。评估资源是否能够有效解决学生的心理问题或满足他们的心理需求，可以通过查看用户评价、使用反馈、实证研究结果等方面进行判断。

3. 安全性原则。评估资源是否对学生的心理健康安全无虞，是否遵循伦理规范保护学生的隐私和权益，需要特别注意资源中是否存在误导性信息、过度渲染负面情绪、诱导不良行为等风险。

在评估方法上，班主任可以采用定量评估和定性评估相结合的方式。定量评估可以通过问卷调查、数据分析等方法收集客观数据；定性评估可以通过专家评审、同行推荐、用户访谈等方式收集主观意见和反馈。

（三）网络心理健康资源的应用策略

在评估并筛选出合适的网络心理健康资源后，班主任需要制定有效的应用策略，以确保这些资源能够在学生心理健康促进中发挥最大作用。可以整合评估后的优质资源，形成内容丰富、分类清晰的心理健康资源库，方便学生与家长随时查阅和使用。可以结合学生的心理需求和实际问题，定期开展主题教育活动。如针对考试焦虑、人际关系困扰等常见问题，利用网络资源设计相关课程和活动。还可以针对学生的个体差异和需求，提供个性化的心理支持和帮助。如利用在线心理测试工具帮助学生了解自己的心理状态，通过在线咨询为学生提供即时的心理支持和建议。要加强与家长的沟通和合作，共同关注学生的心理健康，利用网络资源为家长提供心理健康教育指导，帮助他们更好地理解和支持孩子。

网络心理健康资源的评估与应用是班主任在学生心理健康促进中的重要工作之一。通过掌握科学的评估原则和方法，班主任可以筛选出优质的网络资源，并结合实际制定有效的应用策略。随着技术的不断发展和教育理念的更新，网络心理健康资源将在学生心理健康促进中发挥越来越重要的作用。班主任需要不断学习与提升自己的专业素养和技能水平，以更好地适应这一挑战和机遇并存的新时代。

二、数字工具在心理教育中的应用

随着科技的不断发展，数字工具已广泛应用于各行各业，也包括教育领域。在心理教育中，数字工具的应用为班主任提供了新的方法和手段，以便更有效地促进学生的心理健康。

（一）数字工具的种类与功能

数字工具种类繁多，包括但不限于在线教育平台、心理健康应用、社交媒体等，这些工具在心理教育中各有不同的应用和功能。

1. 在线教育平台。班主任可以利用在线教育平台创建和发布心理健康课程，包括视频讲座、互动式学习材料等，使学生能够在任何时间、任何地点接受心理教育。

2. 心理健康应用。这类应用通常提供心理测试、情绪日记、冥想练习等功能，能帮助学生自我监测和调节心理状态。班主任可以推荐适合学生的应用，并引导他们正确使用。

3. 社交媒体。社交媒体不仅是学生社交的重要场所，也是心理教育的一个潜在平台。班主任可以通过社交媒体发布心理健康知识、组织线上活动，与学生进行互动交流。

（二）数字工具在心理教育中的具体应用

1. 个性化学习。通过数字工具，班主任可以根据学生的个体差异和需求提供个性化的心理教育内容。例如，利用大数据分析，在线教育平台可以为学生推荐适合他们的学习资源和课程。

2. 实时监测与反馈。心理健康应用可以实时监测学生的心理状态，并在需要时提供及时的反馈和建议。这有助于班主任更准确地把握学生的心理状态，及时发现问题并进行干预。

3. 互动与参与。数字工具可以增加心理教育的互动性和参与性，通过在线教育平台的讨论区或社交媒体的群聊功能，学生可以与他人分享自己的经验和感受，班主任也可以参与其中，提供指导和支持。

（三）数字工具应用的挑战与对策

数字工具应用的挑战有以下三方面：

1. 技术依赖与隐私问题。过度依赖数字工具可能导致学生对技术的过度依赖，同时也可能引发隐私泄露等安全问题。班主任应引导学生合理使用数字工具，并加强对学生隐私的保护。

2. 信息过载与筛选。互联网上充斥着大量心理健康相关的信息，但并非所有信息都是准确和有益的。班主任应帮助学生筛选和辨别信息，确保他们获取的是高质量、科学可靠的内容。

3. 数字鸿沟与公平性。并非所有学生都能平等地访问和使用数字工具。班主任应关注数字鸿沟问题，努力为所有学生提供均等的心理教育机会。

数字工具应用的对策有以下三方面：

1. 整合与优化资源。整合各种数字工具和资源，形成一个统一、便捷的心理教育平台，可以降低学生的使用难度和成本。

2. 培训与指导。定期为学生提供数字工具使用培训和指导，可以提高他们的信息素养和网络安全意识。

3. 合作与共享，与其他教育机构、专家等合作，共同开发和分享优质的心理教育资源，能促进资源的公平分配和利用。

数字工具在心理教育中的应用为班主任提供了新的方法和手段，有助于更有效地促进学生的心理健康。在实际应用中，班主任也需要关注并解决技术依赖、信息过载、数字鸿沟等挑战。随着技术的不断发展和教育理念的更新，数字工具在心理教育中的应用将更加广泛和深入。班主任需要不断学习与提升自己的专业素养和技能水平，以适应这一新的教育环境。

三、虚拟现实与游戏化学习

随着科技的飞速发展，虚拟现实（VR）和游戏化学习等先进技术逐渐融入教育领域，为心理教育带来了革命性的变革。这些技术以独特的互动性和沉浸感，为班主任开展心理教育课程与活动提供了全新的视角和手段。

（一）虚拟现实在心理教育中的应用

虚拟现实技术通过模拟三维环境，能为用户提供一个可交互的虚拟世界。在心理教育中，班主任可以利用虚拟现实技术创建各种场景，让学生在虚拟环境中体验和学习。虚拟现实技术能够让学生身临其境地感受各种情境，从而更深刻地理解心理知识。例如，通过模拟社交场景，帮助学生克服社交焦虑；或者模拟压力情境，训练学生的应对压力能力。虚拟现实技术的趣味性与新颖性能够激发学生的学习兴趣和好奇心，使他们更加主动地参与心理教育活动。虚拟现实技术可以根据学生的个体差异和需求提供订制化的学习体验。班主任可以根据学生的心理特点与学习进度调整虚拟场景的难度和内容，实现个性化教学。

（二）游戏化学习在心理教育中的应用

游戏化学习是将游戏元素和机制融入教育过程中的一种教学方法。在心理教育中，班主任可以运用游戏化学习策略，设计富有趣味性和挑战性的心理活动，让学生在轻松愉快的氛围中学习和成长。游戏化学习通过有趣的规则和奖励机制激发学生的积极情绪，使他们在学习过程中保持愉悦的心情。这种积极情绪有助于提高学生的心理健康水平和学习效果。游戏化学习通常涉及团队合作和竞争元素，这有助于促进学生之间的社交互动和沟通。通过与他人合作完成任务或参与竞赛，学生可以培养团队协作能力、沟通技巧和竞争意识。游戏化学习中的评分和奖励系统可以为学生提供即时的反馈，让他们了解自己的表现和进步。这有助于增强学生的自信心和学习动力。

（三）虚拟现实与游戏化学习的结合

将虚拟现实技术与游戏化学习策略结合起来，能为心理教育带来更加丰富的体验和效果。例如，班主任可以设计一个虚拟现实游戏，让学生在虚拟世界探索心理知识、完成挑战任务并与其他学生互动。这种结合方式既保留了虚拟现实技术的沉浸式体验优势，又融入了游戏化学习的趣味性和互动性特点。

表 4-1　虚拟现实与游戏化学习在心理教育中应用的实施方案

实施策略	目标	具体活动	技术支持	实施时机	负责人
虚拟现实应用	提供身临其境的心理教育体验	a. 模拟社交场景以克服社交焦虑	虚拟现实设备、软件	心理课程期间	班主任、心理教师
		b. 模拟压力情境以训练应对压力能力			
		c. 根据学生需求订制虚拟场景			
游戏化学习应用	增加心理教育的趣味性和互动性	a. 设计心理知识问答游戏	游戏化学习平台、App	心理课程或课间活动	班主任、心理教师
		b. 团队合作完成心理挑战任务			
		c. 设立奖励机制激励学生参与			
虚拟现实与游戏化结合	融合两种策略的优势	a. 创建虚拟现实心理教育游戏	虚拟现实设备、游戏化学习软件	心理课程特色活动	班主任、心理教师、技术人员
		b. 学生在虚拟世界中探索、互动和学习			
		c. 结合评分和奖励系统提供即时反馈			

（四）面临的挑战与对策

虽然虚拟现实与游戏化学习在心理教育中具有巨大潜力，但也面临着一些挑战，如技术成本、教师技能和学生适应性等。为了应对这些挑战，在选择和使用虚拟现实与游戏化学习工具时，要充分考虑学校的实际条件和学生的需求，合理利用现有资源，避免盲目追求高端技术。要加强对班主任的虚拟现实与游戏化学习技能培训，提高他们的技术应用能力和创新意识。在设计虚拟现实与游戏化学习活动时，要关注学生的体验和感受，确保活动内容符合学生的心理特点和兴趣爱好。

虚拟现实与游戏化学习为心理教育带来了新的机遇和挑战，作为班主任，应积极探索这些先进技术在教育领域的应用方式，发挥其在学生心理健康促进中的关键作用。未来随着技术的不断发展和教育理念的创新，虚拟现实与游戏化学习将在心理教育中发挥更加重要的作用。

四、网络安全与心理健康

在数字时代，网络已成为学生学习、交流和生活的重要组成部分。网络安全问题日益凸显，不仅影响学生的信息安全，还对其心理健康构成了潜在威胁。作为心理健康的守护者，班主任在网络安全教育中扮演着关键角色。

（一）网络安全对心理健康的影响

网络安全问题，如网络欺凌、隐私泄露、不良信息传播等，都会对学生的心理健康产生负面影响。网络欺凌会导致受害者产生自卑、抑郁等情绪问题，隐私泄露会让学生感到不安和焦虑，不良信息的传播则会误导学生的价值观和行为。这些网络安全问题不仅会影响学生的在线体验，还会波及其日常生活和人际交往。

（二）班主任在网络安全教育中的角色

作为学生在校期间的重要引导者，班主任在网络安全教育中扮演着重要角色。

1.知识传授者。班主任应向学生传授网络安全知识，包括如何设置复杂密码、识别网络欺诈、保护个人隐私等。班主任可以通过课堂教学、主题班会等形式，让学生充分了解网络安全的重要性和应对措施。

2. 行为引导者。班主任应引导学生养成良好的网络使用习惯，如文明上网、不传播不良信息、不参与网络欺凌等。班主任可以通过制定班级网络使用规则、开展网络素养教育等活动，帮助学生树立正确的网络道德观和价值观。

3. 心理支持者。面对网络安全问题，学生会产生恐惧、焦虑等情绪。班主任应提供心理支持，帮助学生缓解压力、增强自信。可以通过个别辅导、团体心理辅导等方式，关注学生的心理健康需求，提供及时的帮助和支持。

（三）网络安全教育中的实践策略

班主任可以结合心理健康课程，将网络安全教育融入其中。可以通过案例分析、角色扮演等形式，让学生在生动的情境中学习网络安全知识，提高自我保护意识。要与家长保持密切沟通，共同关注学生的网络安全问题。可以通过家长会、家长学校等途径，向家长传授网络安全知识和教育方法，形成家校共育的合力。定期举办以网络安全为主题的活动，如网络安全知识竞赛、网络安全宣传周等。通过活动激发学生的学习兴趣，提高他们的网络安全意识和技能。

（四）面临的挑战与对策

在网络安全教育中，班主任面临着以下挑战：一是学生对网络安全问题的认知不足；二是网络资源纷繁复杂，难以完全屏蔽不良信息；三是部分家长对网络安全教育重视不够。针对这些挑战，班主任可以通过生动有趣的案例和实践活动，让学生深刻认识到网络安全的重要性；同时加强网络安全教育的连续性，确保学生在不同阶段都能接受到相应的教育。班主任会与学校信息技术部门合作，加强校园网络的监管和过滤功能；同时引导学生使用安全可靠的搜索引擎和网站，降低接触不良信息的风险。班主任还要定期与家长沟通学生的网络安全情况，提醒家长加强对孩子的监督和引导。如通过家长会等途径向家长普及网络安全知识，提高他们的重视程度。

网络安全与心理健康紧密相连，班主任在学生网络安全教育中发挥着关键作用。通过传授知识、引导行为、提供心理支持等实践策略，班主任可以有效地提升学生的网络安全意识和技能，保护他们的心理健康。

第五章　家庭合作与社区资源

第一节　强化家校合作

一、家庭在学生心理健康中的作用

家庭，作为学生成长的第一个课堂和终身的港湾，对学生的心理健康起着至关重要的作用。家庭环境、家庭教育方式、家庭关系等因素都会对学生的心理发展产生深远的影响。班主任在促进学生心理健康的工作中，必须充分认识到家庭的重要作用，并与家庭建立紧密的合作关系。

（一）家庭环境对学生心理健康的影响

家庭环境是学生心理健康发展的基础，温馨、和谐、支持性的家庭环境有助于培养学生的积极心态和健全人格。相反，冷漠、冲突、缺乏关爱的家庭环境则会导致学生出现自卑、焦虑、抑郁等心理问题。班主任需要关注学生的家庭环境，通过家访、家长会等方式，深入了解学生的家庭状况，为后续的心理健康教育工作提供依据。

（二）家庭教育方式对学生心理健康的影响

家庭教育方式是学生心理健康发展的重要因素，民主、开放、尊重的教育方式有助于培养学生的自主性和创造性，提升他们的自尊和自信；而专制、溺爱或忽视的教育方式则会阻碍学生的心理健康发展。因此，班主任需要向家长传授科学的家庭教育理念和方法，引导家长以更加合理的方式教育子女，促进学生的心理健康成长。

（三）家庭关系对学生心理健康的影响

家庭关系是学生心理健康的晴雨表。良好的家庭关系可以为学生提供情感支持和安全感，有助于他们形成积极的人际交往模式和应对压力的能力。而紧张、冲突的家庭关系则会给学生带来心理压力和创伤。班主任需要关注学生的家庭关系，及时发现和解决学生的家庭矛盾，为学生的心理健康保驾护航。

（四）家校合作在学生心理健康促进中的重要性

认识到家庭在学生心理健康中的重要作用后，班主任应更加积极地与家长建立合作关系。通过定期沟通、共同制订教育计划、参与学校活动等方式，班主任可以与家长共同促进学生的心理健康发展。班主任还可以向家长提供心理健康知识和技巧，帮助他们更好地理解和支持子女，形成家校共育的良好局面。

二、建立有效的家校沟通渠道

家校沟通是促进学生心理健康、实现家校共育的关键环节。为了建立有效的家校沟通渠道，班主任需要采取多种策略，确保信息的顺畅传递和双方的深度参与。

（一）定期举办家长会

家长会是传统的家校沟通方式，但其效果关键在于如何组织和实施。班主任可以定期（如每学期、每月）举办家长会，明确会议主题，如学生的心理健康状况、学习进展、行为表现等。在家长会上，班主任不仅要向家长传达学生的在校表现，还要邀请家长分享孩子在家的情况，以便双方更全面地了解学生。

（二）利用现代通信工具

随着科技的发展，现代通信工具为家校沟通提供了更多的可能性。班主任可以利用微信、QQ、电子邮件等工具，与家长保持即时联系。这些工具不仅可以用于传递日常信息，如作业通知、学校活动安排等，还可以用于紧急情况下的快速沟通。此外，班主任还可以建立班级家长群，方便家长之间的交流和互助。

（三）开展家访活动

家访是一种深入了解学生家庭状况的有效方式。通过家访，班主任可以亲眼看到学生的生活环境，与家长进行面对面的深入交流，从而更准确地把握学生的心理健康需求。家访还可以增进班主任与家长之间的信任和感情，为后续的合作打下坚实的基础。

（四）设立家长信箱或热线

为了鼓励家长提出意见和建议，班主任可以设立家长信箱或热线。这些渠道可以让家长随时向班主任反馈孩子在家的表现、遇到的问题，以及对学校教育的期望和建议。班主任应定期查看信箱和热线留言，对家长的问题和建议给予及时回应。

（五）组织亲子活动

亲子活动是促进家校合作、增进亲子关系的重要途径。班主任可以与家长共同策划和组织各种形式的亲子活动，如户外拓展、文艺演出、手工制作等。这些活动不仅可以让学生和家长在轻松愉快的氛围中增进感情，还可以让班主任更好地观察学生和家长的互动方式，为后续的心理健康教育工作提供参考。

通过建立这些有效的家校沟通渠道，班主任可以更好地了解学生的家庭背景和心理健康需求，与家长共同制定有针对性的教育策略。这些渠道也可以让家长更加了解和支持学校的教育工作，形成家校共育的合力，共同促进学生的心理健康成长。

三、家长教育与培训

随着教育的全面发展，越来越多的人意识到，教育不仅仅是学校的责任，家庭也扮演着至关重要的角色。特别是在学生的心理健康方面，家庭的影响不容忽视。班主任作为学校与家庭之间的桥梁，有责任对家长进行教育和培训，以共同促进学生的心理健康。

（一）家长教育的重要性

家长是孩子的第一任教育者，他们的言行举止、教育方式和家庭环境都会对孩子的心理发展产生深远的影响。并不是所有家长都具备科学的教育理念和方法。有些家长过于溺爱或严厉，有些家长忽视孩子的情感需求，这些都会对孩子的心理健康造成负面影响。家长教育可以帮助家长树立正确的教育观念，掌握科学的教育方法，从而更好地促进孩子的心理健康。同时家长教育还可以增强家长与学校之间的合作，形成教育合力，共同为孩子的成长创造良好的环境。

（二）家长培训的内容与方式

1. 心理健康知识普及。班主任可以向家长介绍心理健康的基本概念、重要性及影响因素。班主任可以通过案例分析、讲座等形式，让家长认识到心理健康对孩子成长的重要性，以及自己在其中所承担的责任。

2. 教育方法与技巧培训。班主任可以向家长传授科学的教育方法和技巧，如何与孩子沟通、如何设置合理的期望、如何处理孩子的情绪问题等。班主任可以通过角色扮演、模拟情境等方式，让家长亲身体验并掌握这些方法和技巧。

3. 家庭环境优化指导。班主任可以指导家长如何创造一个有利于孩子心理健康成长的家庭环境，包括家庭氛围的营造、亲子关系的建立与维护、家庭规则的制定与执行等方面。

4. 家校合作与沟通。班主任要强调家校合作的重要性，向家长介绍学校的教育理念、工作方式和沟通渠道。班主任可以鼓励家长积极参与学校的教育活动，与学校共同关注孩子的成长；同时，也要向家长反馈孩子在校的表现和进步，让家长更加了解孩子的学习和生活情况。

（三）实施策略与建议

班主任可以利用周末或晚上的时间，定期举办家长学校或讲座，邀请专家或学校教师为家长授课。这种方式可以向家长系统地传授心理健康知识和教育方法。班主任可以借助学校官网、微信公众号等网络平台，发布心理健康知识和教育方法的文章、视频等资源。家长可以随时随地进行学习，更加便捷和灵活。班主任可以组织亲子运动会、亲子游园会等活动，让家长和孩子共同参与。通过这些活动，家长可以实践所学的教育方法和技巧，增进亲子关系，促进孩子的心理健康成长。班主任要鼓励家长自发组织互助小组，分享育儿经验和心得。班主任可以提供必要的指导和支持，帮助家长更好地交流和互助。

家长教育与培训是促进学生心理健康的重要途径之一。通过向家长传授科学的教育观念和方法，帮助他们优化家庭环境，增强家校合作与沟通，可以共同为孩子的心理健康成长创造更加有利的条件。随着教育理念的不断更新和技术的进步，家长教育与培训的形式和内容将更加多样化和个性化。班主任需要不断学习与探索新的方法和策略，以适应时代的发展和家长的需求；同时也需要加强与其他教育工作者、专家及社区资源的合作和共享，形成更加完善的教育支持体系。

第二节　利用社区心理健康资源

一、识别与连接社区资源

随着社会的快速发展和变革，学生的心理问题日益受到广泛关注。作为学校教育的重要组成部分，班主任在学生心理健康促进中扮演着关键角色。除了在学校内部开展心理健康教育活动外，班主任还应积极利用社区心理健康资源，以更全面地促进学生的心理健康发展。

（一）社区心理健康资源的重要性

社区是学生生活的重要环境之一，其中蕴含着丰富的心理健康资源。这些资源包括专业的心理咨询机构、心理健康教育活动、心理健康志愿者等。通过利用这些资源，班主任可以为学生提供更加多元化、个性化的心理健康教育服务，满足他们不同层次、不同方面的心理需求。

（二）识别社区心理健康资源

利用社区心理健康资源，首先需要对这些资源进行识别和了解。班主任可以通过多种途径获取相关信息，如查阅当地社区服务中心、心理咨询机构的网站或宣传资料，与社区工作人员或心理健康专家进行交流等。在识别资源的过程中，班主任需要关注以下三个方面：

1.资源的专业性。班主任要确保所识别的心理健康资源具有专业性和可靠性，能够提供科学、有效的心理健康教育服务。

2.资源的多样性。班主任应关注学生的不同需求，寻找多种类型的心理健康资源，如针对特定年龄段或特定问题的咨询服务、心理健康讲座或工作坊等。

3.资源的可及性。班主任要考虑学生的实际情况，选择地理位置便利、时间灵活、费用合理的心理健康资源。

（三）连接与整合社区资源

识别到社区心理健康资源后，班主任需要将这些资源与学校的教育活动进行有效连接和整合。班主任可以与社区心理咨询机构、志愿者组织等建立长期稳定的合作关系，共同开展心理健康教育活动。班主任要通过签订合作协议、明确双方职责和权益等方式，确保合作的顺利进行。可以根据学校的教育目标和学生的实际需求，制订详细的社区心理健康资源整合计划，包括确定合作内容、形式、时间等方面的安排，以及预期达到的效果和评估方式等。在整合计划的基础上，班主任要组织多样化的心理健康教育活动，如邀请心理健康专家进校园举办讲座或工作坊，组织学生参加社区心理咨询活动或志愿服务等。这些活动可以让学生更加深入地了解心理健康知识，提高自我认知和自我调适能力。在活动结束后，班主任要对利用社区心理健康资源的效果进行跟进和评估，可以通过收集学生的反馈意见、观察他们的行为变化等方式，了解活动的实际效果和存在的问题。同时与社区合作伙伴保持密切联系，及时总结经验教训并进行改进。

通过识别与连接社区心理健康资源，班主任可以为学生提供更加全面、个性化的心理健康教育服务，不仅有助于提升学生的心理健康水平，还能促进他们的全面发展和成长。随着社会对心理问题的重视程度不断提高和社区资源的日益丰富，班主任在利用社区心理健康资源方面将发挥更加重要的作用，也需要不断探索与创新合作模式和方法，以更好地满足学生的心理健康需求。

二、与社区机构合作的策略

随着社会的发展和教育理念的进步，学生的心理问题日益受到广泛关注。作为学校教育的重要组成部分，班主任在学生心理健康促进中扮演着关键角色。为了更好地满足学生的心理需求，班主任需要积极寻求与社区机构的合作，共同为学生的心理健康保驾护航。

（一）明确合作目标与定位

在与社区机构合作之前，班主任要明确合作的目标和定位，包括确定合作的具体内容、形式、期限及预期达到的效果等。明确合作目标，可以确保双方的合作更加有针对性和实效性。同时班主任还要根据学校的教育理念和学生的实际需求，选择合适的社区机构进行合作，确保资源的有效对接和利用。

（二）建立有效的沟通机制

沟通是合作的基础。班主任在与社区机构合作时，需要建立有效的沟通机制，确保信息的顺畅传递和双方的深度参与，包括定期召开座谈会、交流会等活动，分享彼此的工作经验和心得，共同探讨学生心理健康教育的问题和解决方案。班主任还可以通过电话、邮件等方式与社区机构保持日常联系，及时了解对方的工作动态和需求变化，以便及时调整合作策略。

（三）制订具体的合作计划

为了确保合作的顺利进行，班主任需要与社区机构共同制订具体的合作计划，包括确定合作的时间表、任务分工、资源配置等方面的安排。在制订合作计划时，要充分考虑学生的实际情况和需求，确保计划的科学性和可行性。双方还要就计划的实施细节进行充分的讨论和协商，确保计划的顺利实施。

（四）实施合作项目并持续跟进

在合作计划制订完毕后，要积极组织实施合作项目，包括邀请社区机构的专家进校园开展讲座、培训等活动，组织学生参与社区机构的心理健康教育项目等。在实施合作项目的过程中，班主任要密切关注学生的反应和变化，及时调整合作策略和方法；还要与社区机构保持密切联系，及时沟通合作进展情况和遇到的问题，共同寻求解决方案。

（五）评估合作效果并总结经验

合作项目结束后，班主任要对合作的效果进行评估和总结，包括收集学生的反馈意见、观察他们的行为变化等方式了解合作的实际效果，以及与社区机构共同总结合作的经验和教训。通过评估和总结，班主任可以了解合作的优势和不足，为今后的合作提供有益的参考和借鉴。同时班主任还可以将成功的合作经验进行推广和分享，促进更多学校和社区机构的合作与交流。

（六）拓展合作领域与深化合作层次

在初次合作取得成功后，班主任可以考虑与社区机构拓展合作领域和深化合作层次。例如，共同研发心理健康教育课程、开展心理健康课题研究等。通过不断拓展和深化合作，进一步提升学生的心理健康水平，促进他们的全面发展和成长。也可以增强学校与社区机构的凝聚力和影响力，共同为区域教育事业的发展贡献力量。

与社区机构合作是促进学生心理健康的有效途径之一。班主任作为学生心理健康促进的关键角色，需要积极寻求与社区机构的合作机会，共同为学生的心理健康保驾护航。可以通过明确合作目标与定位、建立有效的沟通机制、制定具体的合作计划、实施合作项目并持续跟进、评估合作效果并总结经验，以及拓展合作领域与深化合作层次等策略的实施，确保合作的顺利进行并取得实效。

三、组织社区支持活动

在学生的心理健康促进工作中，班主任不仅要在学校内部发挥作用，还应积极利用社区资源，组织各种社区支持活动，以增强学生的心理健康意识，提供必要的心理支持，并营造一个有利于学生心理健康成长的社区环境。

（一）活动策划与设计

班主任在组织社区支持活动时，要进行活动的策划与设计，包括确定活动的主题、目标人群、活动时间、地点以及具体形式等。活动的主题应围绕学生心理健康，如"青春心理健康月""压力管理工作坊"等。目标人群可以包括学生、家长及社区居民等。活动时间和地点的选择应方便参与者，并确保活动的顺利进行。

（二）资源整合与协调

在组织社区支持活动时，班主任需要充分利用和整合社区资源包括与社区心理咨询机构、心理健康志愿者组织、社区文化中心等建立合作关系，共同为活动提供人力、物力支持。同时，班主任还需要协调学校内部资源，如学生志愿者、教师资源等，确保活动的顺利进行。

（三）活动实施与管理

在活动实施过程中，班主任需要担任活动的管理者和协调者角色，包括活动的现场布置、参与者的接待与安排、活动的进程控制等。班主任需要确保活动的顺利进行，并及时处理活动中出现的各种问题；同时还要关注参与者的反馈和需求，及时调整活动策略和方法。

（四）效果评估与总结

活动结束后，班主任要对活动的效果进行评估和总结，可通过收集参与者的反馈意见、观察参与者的行为变化等方式进行。评估的内容包括活动的参与度、满意度、影响力等。通过评估和总结，班主任能了解活动的优点和不足，为今后的活动提供有益的参考和借鉴。

一次活动的结束并不意味着工作的终止，班主任需要持续跟进活动的效果，关注学生的心理健康状况变化，并及时提供必要的支持和帮助；同时还要根据活动的反馈和总结，不断改进与优化活动策略和方法，提高活动的针对性和实效性。班主任可以通过组织各种社区支持活动，为学生提供更加广阔和多元的心理健康促进平台。这不仅可以增强学生的心理健康意识，为学生提供必要的心理支持，还可以促进学校与社区之间的合作和交流，共同为学生的心理健康成长创造更加有利的环境。

四、社区服务与学生参与

随着社会对心理健康重视程度的提升，社区服务学生在心理健康促进中的作用日益凸显。班主任作为学生心理健康的守护者，应积极引导学生参与社区服务，利用社区心理健康资源，构建一个有利于学生心理健康发展的环境。

（一）社区服务的心理健康价值

社区服务不仅有助于培养学生的社会责任感和公民意识，还能在无形中促进学生的心理健康。通过参与社区服务，学生可以更好地融入社会，增强归属感；

在帮助他人的过程中，体验成就感和自我价值；同时，还能在与不同年龄、背景的人的交往中，提升人际交往能力和情绪管理能力。

（二）引导学生参与社区服务的策略

班主任要通过日常观察和交流，了解学生的兴趣爱好和心理健康需求，为他们推荐合适的社区服务项目；与社区机构合作，共同搭建学生社区服务平台，为学生提供多样化的参与机会；通过设立奖励机制、组织分享会等方式，激励学生积极参与社区服务，并对他们的付出给予认可。

（三）社区服务中的心理健康教育

在社区服务过程中，巧妙地融入心理健康教育元素，例如，通过组织心理健康主题的社区活动，让学生在实践中学习心理健康知识；或者邀请心理健康专家参与社区服务，为学生提供现场咨询和指导。

（四）学生参与社区服务的案例分享

以某中学为例，班主任组织学生参与了社区的"心理健康月"活动。在活动中，学生们通过制作心理健康宣传海报、开展心理健康讲座、组织心理健康游戏等方式，深入社区进行宣传。这不仅增强了学生们的心理健康意识，还提升了他们的团队协作和沟通能力。通过与社区居民的互动，学生们更加了解了社会的多元性和复杂性，增强了社会适应能力。虽然社区服务在学生心理健康促进中发挥着积极作用，但实施过程中仍存在一些挑战，如何确保社区服务活动的持续性和有效性、如何平衡学生的学业压力和社区服务时间，这些问题需要班主任在实践中不断探索和解决。

班主任应继续深化与社区机构的合作，拓展社区服务的领域和形式。同时加强对学生的引导和激励，鼓励他们积极参与社区服务，实现自我成长与社会贡献的双赢。社区服务是学生心理健康促进的重要途径之一，班主任作为学生心理健康的守护者，应充分发挥桥梁和纽带作用，引导学生积极参与社区服务，利用社区心理健康资源，为学生的心理健康成长保驾护航。

第三节　家庭环境与心理健康

一、家庭环境对学生心理的影响

家庭，作为社会的细胞，是学生成长的摇篮。家庭环境对学生的心理健康有着深远的影响，这种影响往往是潜移默化且持久的。作为班主任，深入了解家庭环境对学生心理的影响，对于更好地促进学生心理健康成长具有重要意义。

（一）家庭氛围与学生心理

家庭氛围是家庭成员在日常生活中所形成的一种相对稳定的气氛和情调。和谐、温馨的家庭氛围有助于学生形成健全的人格和良好的心理状态。相反，冷漠、紧张的家庭氛围则可能导致学生出现焦虑、抑郁等心理问题。班主任要密切关注学生的家庭氛围，通过家访、家长会等方式，加强与家长的沟通，引导家长营造积极的家庭氛围。

（二）家庭教育方式与学生心理

家庭教育方式是指父母在教育子女时所采用的方法和态度，不同的家庭教育方式对学生的心理影响各不相同。民主、平等的家庭教育方式有助于培养学生的自主性和自信心；而专制、溺爱的家庭教育方式则可能导致学生出现依赖、叛逆等心理问题。班主任要向家长传授科学的家庭教育理念和方法，帮助家长树立正确的教育观，促进学生的心理健康成长。

（三）家庭经济条件与学生心理

家庭经济条件是影响学生心理的重要因素之一，贫困家庭的学生可能会因经济压力而产生自卑、焦虑等心理问题；而富裕家庭的学生则可能会因过度溺爱而缺乏独立性和责任感。班主任要关注学生的家庭经济状况，对贫困学生给予关爱和帮助，引导他们正视困难、树立信心；对富裕学生则要加强挫折教育，培养他们的独立性和责任感。

（四）家庭结构与学生心理

家庭结构是指家庭成员的构成及其相互关系，单亲家庭、重组家庭等特殊家庭结构会给学生带来特殊的心理影响。单亲家庭的学生可能会因缺乏父爱或母爱而产生孤独、自卑等心理问题；重组家庭的学生则可能会因需要适应新环境而感到困惑和不安。班主任要对这些特殊家庭中的学生给予更多的关注和关爱，帮助他们顺利度过心理适应期。

（五）家庭暴力与学生心理

家庭暴力是指家庭成员之间以殴打、捆绑、残害、限制人身自由，以及经常性谩骂、恐吓等方式实施的身体、精神等侵害行为。家庭暴力对学生的心理健康影响极大，会导致学生出现恐惧、抑郁、自卑等严重的心理问题。班主任要高度重视家庭暴力问题，发现学生遭受家庭暴力时，要及时介入、报告和处置，保护学生的合法权益和身心健康。

家庭环境对学生心理健康的影响是多方面的、深刻的。作为班主任，要全面了解学生的家庭环境，关注不同家庭环境对学生心理的影响，采取有针对性的措施和方法，促进学生的心理健康成长。同时要加强与家长的沟通和合作，通过家庭、学校和社会的共同努力，为学生营造和谐、健康、有利于成长的环境，共同为学生的心理健康护航。

二、支持家庭建立积极环境

家庭环境作为学生成长的重要背景，其积极与否对学生的心理健康产生着深远的影响。作为班主任，不仅要关注学生的在校表现，更要将视野拓宽到学生的家庭环境，积极支持家庭建立有利于学生心理健康的积极环境。

（一）理解家庭环境的多元性

每个家庭都有其独特的文化背景、教育理念和家庭氛围，班主任要做的是理解和尊重这种多元性。可以通过家访、家长会等方式，深入了解学生的家庭环境，包括家庭成员的构成、父母的教育方式、家庭经济状况等，为后续的支持和帮助提供依据。

（二）提供家庭教育指导

许多家长在教育孩子时缺乏科学的方法和策略，导致家庭教育效果不佳，甚至对孩子的心理健康产生了负面影响。班主任要利用自身的专业知识和经验，为家长提供家庭教育指导，可以组织家长学校活动，邀请专家讲解科学的家庭教育理念和方法；或者通过定期的家长会，向家长分享教育经验，解答家长在教育过程中的困惑。

（三）搭建家校沟通桥梁

有效的沟通是建立家校合作的基础。班主任要搭建家校之间的沟通桥梁，及时地将学生在校的表现和问题反馈给家长，同时也了解学生在家庭中的表现和存在的问题。班主任可以通过双向的信息交流，增强家校之间的理解和信任，共同为学生的心理健康成长提供支持。

（四）关注特殊家庭的需求

对于单亲家庭、贫困家庭、流动人口家庭等特殊家庭，班主任要给予更多的关注和帮助。这些家庭面临着更多的生活压力和教育挑战，需要额外的支持和资源。班主任可以通过提供心理咨询、申请经济援助、联系社会资源等方式，为这些家庭提供实质性的帮助。

（五）倡导家庭参与学校活动

学校组织的各种活动是学生展示自我、锻炼能力的重要平台，也是家庭了解学校教育理念和学生在校表现的重要途径。班主任要积极倡导家庭参与学校活动，如邀请家长参加运动会、文艺汇演等，让家长更深入地了解孩子在校的生活和学习情况，增强家庭对学校的认同感和归属感。

支持家庭建立积极环境是一个持续的过程，班主任要定期跟进家庭环境的变化和学生在家庭中的表现，及时调整支持策略；也要将学生在学校中的进步和变化及时反馈给家长，让家长看到家庭教育的成效，增强家庭教育的信心和动力。班主任在支持家庭建立积极环境中发挥着关键的作用，可以通过理解家庭环境的多元性、提供家庭教育指导、搭建家校沟通桥梁、关注特殊家庭的需求、倡导家庭参与学校活动及持续跟进与反馈等方式，有效地促进家庭环境的改善和优化，为学生的心理健康成长创造更加有利的条件。同时这也是班主任践行教育职责、实现家校共育的重要途径。在未来的教育实践中，班主任需要继续探索和创新支持家庭建立积极环境的方法和策略，为学生的全面发展和终身幸福奠定坚实的基础。

三、家庭危机干预与支持

家庭是学生成长的摇篮，然而家庭中也会遭遇各种危机，如父母离异、亲人去世、家庭暴力等。这些家庭危机不仅会对学生的心理健康造成严重影响，还会波及他们的学业和未来发展。作为班主任，如何在学生家庭遭遇危机时进行有效的干预和支持，显得尤为重要。

（一）建立家庭危机预警机制

班主任要通过日常观察和交流，及时发现学生家庭存在的危机。例如，学生突然出现情绪低落、成绩下滑、行为异常等情况，都是家庭危机的信号。一旦发现这些信号，班主任要立即进行深入了解，确认是否存在家庭危机；同时还要与家长保持密切联系，及时了解家庭动态，为后续的干预和支持做好准备。

（二）提供心理支持和情绪疏导

当学生家庭遭遇危机时，他们往往会出现焦虑、恐惧、抑郁等负面情绪。班主任要及时为学生提供心理支持和情绪疏导，帮助他们渡过难关。可以通过个别谈话、心理辅导等方式，倾听学生的心声，理解他们的感受，给予他们关心和支持。还可以引导学生正确看待家庭危机，鼓励他们积极面对困难，培养坚韧不拔的意志品质。

（三）协调家庭资源与社会支持

面对家庭危机，学生家庭需要更多的资源和支持，班主任要积极协调家庭资源与社会支持，为学生家庭提供实质性的帮助，如帮助学生家庭申请经济援助、联系社会公益组织等。班主任还要与学校相关部门合作，为学生提供学业辅导、生活照顾等方面的支持，确保学生能够在学校得到全面的关爱和帮助。

（四）强化家校合作与沟通

在家庭危机干预与支持过程中，家校合作与沟通至关重要。班主任要加强与家长的沟通和交流，及时了解家庭危机的进展情况和学生的心理状态，可以通过电话、家访、家长会等方式，与家长共同探讨解决方案，共同为学生的心理健康成长提供支持。班主任还要向家长传递正确的教育理念和方法，帮助家长更好地应对家庭危机，促进学生的健康成长。

（五）关注危机后的心理康复

家庭危机过后，学生的心理康复同样重要。班主任要持续关注学生的心理状态和行为表现，及时发现存在的问题并进行干预，可通过心理辅导、团体活动等方式，帮助学生逐渐恢复自信、重建安全感。班主任还要与家长保持密切联系，共同关注学生的心理康复进程，确保学生能够顺利度过危机后的适应期。

作为班主任，在学生家庭遭遇危机时要勇于担当、积极作为，可通过建立家庭危机预警机制、提供心理支持和情绪疏导、协调家庭资源与社会支持、强化家校合作与沟通及关注危机后的心理康复等措施，为学生提供全方位的支持和帮助，真正发挥班主任在学生心理健康促进中的关键角色作用，为学生的健康成长保驾护航。

四、家庭教养风格与心理健康

家庭教养风格是指父母在教育子女时所采用的一系列相对稳定的态度、行为和情感表达方式。不同的家庭教养风格会对学生的心理健康产生不同的影响。作为班主任，了解家庭教养风格与学生心理健康之间的关系，有助于更好地指导家长，促进学生的健康成长。

（一）家庭教养风格的类型

1.权威型教养风格。权威型父母会设定明确的规则和期望，同时也给予孩子关爱和支持。他们鼓励孩子独立，但也进行适当的限制。这种教养风格往往有助于培养孩子的自主性、责任感和自尊心。

2. 专制型教养风格。专制型父母强调严格的规则和服从，很少考虑孩子的感受和需求，往往采用惩罚和控制的方式管理孩子。这种教养风格常导致孩子缺乏自信、依赖性强，甚至会产生叛逆行为。

3. 放纵型教养风格。放纵型父母对孩子几乎没有任何限制和要求，过度溺爱孩子，满足孩子的所有需求。这种教养风格会导致孩子以自我中心、缺乏自律能力和责任感。

4. 忽视型教养风格。忽视型父母对孩子的需求和行为漠不关心，很少与孩子交流，也不提供必要的支持和指导。这种教养风格会导致孩子情感缺失、社交障碍和学习困难。

（二）家庭教养风格对学生心理健康的影响

不同的家庭教养风格对学生的心理健康具有不同的影响。权威型教养风格往往有助于培养学生的积极心理品质，如自信、自尊和自律；而专制型和放纵型教养风格则容易导致学生出现焦虑、抑郁、攻击性等不良心理反应；忽视型教养风格则可能使学生缺乏安全感，产生孤独感和无助感。

（三）班主任的应对策略

1. 了解家庭教养风格。班主任要通过家访、家长会等方式，深入了解学生的家庭教养风格，为后续的心理健康指导提供依据。

2. 指导家长调整教养风格。针对不同类型的家庭教养风格，班主任要给予具体的指导和建议。例如，对于专制型家长，要引导他们更加关注孩子的情感需求，采用温和、民主的教育方式；对于放纵型家长，则要提醒他们设定合理的规则和期望，培养孩子的自律性。

3. 加强家校沟通与合作。班主任要定期与家长沟通，了解学生在家庭中的表现和存在的问题，共同商讨解决方案；同时也要将学生在学校的表现和进步及时反馈给家长，增强家校之间的互信和合作。

4. 开展心理健康教育和辅导。针对学生出现的心理问题，班主任可以组织心理健康教育和辅导活动，帮助学生建立正确的自我认知、学会情绪管理和压力应对等技能。同时也可以为有需要的学生提供个别心理辅导，帮助他们解决心理困惑和难题。

　　家庭教养风格与学生的心理健康密切相关。作为班主任，要深入了解学生的家庭环境和教养风格，积极指导家长调整教育方式，加强家校沟通与合作，共同为学生的心理健康成长保驾护航。

第四节　跨文化理解与包容性教育

一、理解多元文化背景下的心理需求

　　随着全球化的不断深入，多元文化交融已成为社会发展的必然趋势。学校作为社会的缩影，也呈现出多元文化的特点。在这一背景下，班主任作为学生心理健康的守护者，更需要深入理解多元文化背景下的学生心理需求，以促进学生的健康成长。

（一）多元文化背景下的学生心理特征

　　在多元文化背景下，学生的心理特征呈现出多样性和复杂性的特点。不同文化背景的学生，其价值观念、思维方式、行为习惯等方面都存在差异。这些差异导致学生在与他人交往、适应学校生活等方面面临挑战，从而产生心理压力和困惑。

（二）理解多元文化心理需求的重要性

　　理解多元文化心理需求对班主任来说至关重要，有助于班主任更好地把握学生的心理动态，及时发现和解决心理问题。理解多元文化心理需求有助于班主任制定更具有针对性的教育策略，以满足不同文化背景学生的成长需求。通过理解多元文化心理需求，班主任可以促进学生之间的相互理解和尊重，营造和谐、包容的班级氛围。

（三）班主任在理解多元文化心理需求中的实践策略

　　1.建立文化敏感意识。班主任要时刻关注不同文化背景学生的需求，尊重他们的文化差异，避免偏见和歧视。

2. 加强跨文化沟通。班主任要学习并掌握跨文化沟通技巧，以便更好地与学生及其家长交流，理解他们的期望和关切。

3. 组织多元文化教育活动。班主任可以通过组织丰富多样的多元文化教育活动，如文化节、主题班会等，帮助学生了解不同文化的特点和价值，培养他们的跨文化理解和包容能力。

4. 关注特殊群体的心理需求。对于来自少数民族、移民家庭等特殊群体的学生，班主任要给予更多的关注和支持，帮助他们适应学校生活、克服心理困扰。

5. 合作与共享资源。班主任要与学校心理咨询师、社会工作者等专业人士紧密合作、共享资源，共同为学生提供更加全面、专业的心理健康服务。

理解多元文化背景下的学生心理需求并非易事，它要求班主任具备敏锐的观察力、丰富的教育经验和良好的跨文化沟通能力。在实践中，班主任会遇到各种挑战和困难，如文化差异导致的误解、沟通障碍等，需要不断学习和反思，提高自己的专业素养和实践能力。理解多元文化背景下的学生心理需求是班主任在学生心理健康促进中的关键任务之一。通过培养文化敏感意识、加强跨文化沟通、组织多元文化教育活动、关注特殊群体的心理需求及合作与共享资源等实践策略，班主任可以更好地满足学生的成长需求，促进他们的心理健康发展。随着社会的不断进步和教育改革的深入推进，期待班主任在跨文化理解与包容性教育方面发挥更大的作用，为学生的全面发展和终身幸福奠定坚实的基础。

二、促进学校与家庭的跨文化交流

在学生的心理健康促进工作中，班主任不仅是学校与学生之间的桥梁，更是家庭与学校之间沟通的重要纽带。特别是在当前社会多元文化的背景下，跨文化理解与包容性教育显得尤为重要。班主任需要具备跨文化交流的能力，以更好地理解和尊重来自不同文化背景的学生及其家庭，进而促进学生的心理健康发展。

（一）建立有效的家校沟通机制

班主任可以通过定期的家访制度、家长会、家长学校等形式，加强与家长之间的沟通。这些沟通平台不仅是传递学生学习情况、行为表现的渠道，更是增进彼此理解、共同探讨学生心理问题的重要途径。在家访过程中，班主任可以深入了解学生的家庭环境、文化背景和家庭教育方式，为后续的心理健康教育工作提供有力的支持。

（二）提升班主任的跨文化素养

为了更好地与来自不同文化背景的家庭进行交流，班主任需要不断提升自己的跨文化素养，包括学习多元文化的基本知识，了解不同文化背景下的家庭教育观念、教育方式及学生存在的心理问题。学校可以通过组织专门的培训、研讨会等形式，帮助班主任提升这方面的能力。

（三）举办文化交流活动

班主任考可以积极策划并组织以文化交流为主题的活动，如文化节、国际日等，邀请学生和家长共同参与。这些活动不仅能展示不同文化的魅力，还能增进学生、家长与教师之间的相互了解和尊重。这对于营造和谐的家校关系、促进学生的心理健康发展具有积极意义。

（四）尊重文化差异，实施包容性教育

在面对文化差异时，班主任应秉持尊重和理解的态度，避免对学生进行文化上的刻板印象或歧视。同时班主任还应在日常教育教学中实施包容性教育，鼓励学生欣赏和接纳不同文化，培养他们的跨文化交际能力。这对提高学生的社会适应能力、预防心理问题具有重要意义。

（五）借助社区资源进行跨文化教育

班主任还应积极与社区合作，利用社区资源丰富跨文化教育的内容。例如，邀请社区内的文化工作者、艺术家等进校园，为学生提供多元化的文化体验。同时也可组织学生参与社区的文化活动，让他们在实践中感受不同文化的魅力。

（六）关注特殊群体的心理健康需求

在跨文化交流中，某些特殊群体（如少数民族学生、外来务工人员子女等）面临着更多的心理问题。班主任应给予这些群体更多的关注和支持，通过个别辅

导、团体活动等方式满足他们的心理健康需求；同时还应积极与这些学生的家长沟通，共同探讨如何更好地促进学生的心理健康发展。

班主任在学生心理健康促进中扮演着关键角色，特别是在促进学校与家庭的跨文化交流方面。通过建立有效的家校沟通机制、提升班主任的跨文化素养、举办文化交流活动、实施包容性教育及借助社区资源等措施，可以更好地理解和尊重来自不同文化背景的学生及其家庭，进而为学生的心理健康发展创造更加和谐的环境。

三、包容性教育的实施策略

在当前多元文化的社会背景下，包容性教育已成为教育领域的重要议题。作为班级的管理者和学生成长的引导者，班主任在实施包容性教育方面扮演着举足轻重的角色。

（一）建立平等、尊重的班级文化

班主任应致力于营造平等、尊重、和谐的班级文化氛围，通过日常的言行举止和教育活动，传递出对每一个学生的尊重与关爱，无论他们的性别、种族、宗教信仰、家庭背景或学习能力如何。这种文化氛围的建立，有助于消除歧视和偏见，促进学生的自我认同感和归属感。

（二）设计多元文化的教学内容

班主任应在课程设计中融入多元文化元素，让学生在学习过程中了解与欣赏不同文化的特点和价值。这可以通过引入不同国家和地区的文学作品、历史故事、艺术成就、科技发明等来实现。同时也可以邀请来自不同文化背景的学生或家长分享他们的经验和故事，增强教学内容的生动性和实用性。

（三）实施差异化的教学方法

每个学生都是独一无二的个体，因此，应采用差异化的教学方法，满足不同学生的学习需求和兴趣爱好，包括提供个性化的学习计划、灵活多样的教学手段，以及适应不同学习风格的教学策略。这种方式可以确保每个学生都能在课堂中获得成功的体验，从而提升他们的自信心和学习动力。

（四）培养学生的跨文化交际能力

班主任应通过课堂教学和课外活动，积极培养学生的跨文化交际能力，包括学习如何与来自不同文化背景的人进行有效沟通、理解并尊重他们的价值观和风俗，以及处理文化冲突的能力。这种能力的培养不仅有助于学生在日常生活中更好地融入社会，也能为他们未来的国际交流与合作打下坚实的基础。

（五）关注弱势群体的心理需求

在实施包容性教育时，班主任应特别关注弱势群体（如少数民族学生、残障学生、家庭经济困难学生等）的心理需求。他们由于各种原因而面临着更多的挑战和压力，需要额外的支持和关爱。班主任要通过定期的心理辅导、家访，以及与其他教育资源的协调配合，为这些学生提供有针对性的帮助和支持。

（六）与家长和社区建立紧密的合作关系

班主任应与家长和社区保持紧密的联系和合作，共同促进学生的心理健康发展。通过定期的家长会、家访及社区活动等方式，班主任可以了解学生在家庭和社会环境中的情况，同时也可以向家长与社区宣传包容性教育的理念和实践。这种合作关系的建立，有助于形成教育合力，为学生的健康成长创造更加有利的条件。

（七）持续自我提升与反思

作为包容性教育的主要实施者，班主任需要不断进行自我提升和反思。可以通过参加专业培训、阅读相关文献、与同行交流等方式，不断更新自己的教育观念和教学方法。同时也需要定期反思自己的工作实践，总结经验教训，以便更好地应对未来教育中的挑战和机遇。

班主任在实施包容性教育时需要采取多方面的策略，包括建立平等尊重的班级文化、设计多元文化的教学内容、实施差异化的教学方法、培养学生的跨文化交际能力、关注弱势群体的心理需求、与家长和社区建立紧密合作关系及持续自我提升与反思等，营造一个更加和谐、包容、有利于每一个学生健康成长的教育环境。

四、多元文化环境下的心理支持

在多元文化环境下，学生心理健康的促进工作显得尤为复杂和重要。班主任作为学生在校期间的主要引导者，有责任为他们提供必要的心理支持。下面将从三个方面探讨班主任在多元文化环境下如何为学生提供有效的心理支持。

（一）识别和尊重文化差异对心理健康的影响

不同文化背景的学生面临着不同的心理健康挑战。班主任需要具备文化敏感性，能够识别和尊重这些差异，以避免对学生造成无意中的伤害。某些文化更强调集体主义，而另一些文化则更注重个人主义。班主任应了解这些文化差异，并在提供心理支持时考虑这些因素。为了做到这一点，班主任可以参加跨文化培训、阅读相关文献和与来自不同文化背景的学生及家长交流来增强自己的文化意识。此外，还可以鼓励学生分享自己的文化经验和感受，以促进班级内的文化交流和理解。

（二）提供文化适应的心理辅导

对于新来到多元文化环境的学生来说，文化适应是一个重要的过程。他们会面临语言障碍、社交困难、身份认同问题等挑战。班主任可以通过提供个性化的心理辅导，帮助学生应对这些困难，增强他们的心理韧性；提供语言支持、组织社交活动以促进学生间的交流、开展身份认同探索活动，以及教授应对压力和挫折的技巧等。这些措施可以帮助学生更好地适应新的文化环境，减少文化冲突带来的心理压力。

（三）利用社区资源构建心理健康支持网络

在多元文化环境下，社区资源是班主任提供心理支持的重要补充。班主任可以与社区机构、文化团体等建立合作关系，共同为学生提供更加全面和个性化的心理健康服务。例如，邀请社区内的心理咨询师为学生提供专业的心理咨询；与文化团体合作举办文化活动，帮助学生更好地了解和融入当地文化；与社区教育机构合作开展家长教育项目，提升家长对学生心理健康的关注和支持能力。这种多方合作可以构建一个由学生、家长、学校和社区共同参与的心理健康支持网络，不仅可以为学生提供及时有效的心理支持，还能促进学校与家庭、社区之间的紧密合作，为学生的心理健康发展创造更加有利的条件。

班主任在多元文化环境下提供心理支持的关键在于识别和尊重文化差异，提供文化适应的心理辅导，以及利用社区资源构建心理健康支持网络。这些措施的实施将有助于班主任更好地满足学生的心理健康需求，促进他们在多元文化环境下健康成长和发展。

第六章　心理健康促进的实践案例

第一节　班主任的成功案例

一、心理健康干预的实际案例

在学生的成长过程中，心理问题不容忽视。班主任作为学生心理健康的守护者，其及时的干预和有效的策略往往能够帮助学生走出心理困境、重拾信心。

案例一：焦虑症的识别与干预

小李是一名高三学生，平时成绩优秀，但临近高考时出现了严重的焦虑症状，表现为失眠、食欲不振、注意力无法集中等。班主任张老师通过细心观察，发现了小李的异常表现。她及时地与小李进行了深入沟通，了解到小李对高考的过度担忧和恐惧。张老师运用自己掌握的心理健康知识，对小李进行了初步的评估和干预。她鼓励小李正视自己的焦虑情绪，并教授了一些简单的自我放松技巧。同时张老师还与小李的家长进行了沟通，建议他们为小李营造一个轻松的家庭氛围，减轻其心理压力。在张老师的关心和帮助下，小李的焦虑症状得到了明显缓解，最终顺利地通过了高考。

案例二：抑郁症的早期发现与支持

小王是一位性格内向的学生，平时不善言辞，与同学交往较少。班主任刘老师注意到小王近期情绪低落，上课经常走神，成绩也有所下滑。通过与小王的几次交流，刘老师敏锐地察觉到小王存在抑郁倾向。她立即与学校的心理咨询师取得了联系，并安排小王接受了专业的心理咨询。刘老师还在班级中组织了一些团体活动，鼓励小王积极参与其中，帮助他建立更多的社交联系。在刘老师的持续关心和专业支持下，小王的情绪逐渐得到了改善，重新找回了生活的乐趣。

案例三：考试恐惧症的克服与引导

小赵每次考试前都会出现紧张、手心出汗、心跳加速等生理反应。她对考试产生了极度的恐惧和排斥心理，导致每次考试成绩都不理想。班主任陈老师了解到小赵的情况后，决定采取一系列措施帮助她克服考试恐惧症。陈老师与小赵进行了深入的沟通，帮助她认识到自己的恐惧源于对失败的过分担忧和对自我价值的否定。陈老师为小赵制订了一个个性化的学习计划，帮助她逐步建立对学习的自信心。陈老师还教授了小赵一些应对紧张情绪的技巧，如深呼吸、放松训练等。在陈老师的耐心引导和持续鼓励下，小赵逐渐克服了考试恐惧症，学习成绩也有了明显的提升。

二、创新教育活动的案例分享

在学生的心理健康促进中，创新教育活动扮演着举足轻重的角色。班主任作为这些活动的设计者和实施者，其创意和实践能力直接影响着学生的心理健康水平。

案例一：心灵成长小组活动

某高中班主任李老师针对学生普遍存在的情绪管理问题，设计了一系列心灵成长小组活动，包括情绪日记分享、角色扮演游戏、情绪认知讲座等，旨在帮助学生更好地识别和表达情绪，提升情绪管理能力。通过参与这些活动，学生们不仅学会了如何有效应对负面情绪，还建立了深厚的友谊，形成了积极的班级氛围。李老师的心灵成长小组活动得到了学生和家长的一致好评，成为学校心理健康教育的亮点之一。

案例二："阳光体育"心理健康教育融合活动

在某小学，班主任王老师将心理健康教育与体育活动巧妙结合在一起，开展了"阳光体育"系列活动。她利用体育课的时间，组织学生进行各种团队协作游戏和竞技比赛，同时融入心理健康教育的元素。在接力赛中，王老师引导学生体验团队合作的重要性，并教授他们如何面对失败和挫折。通过这些活动，学生们不仅锻炼了身体，还培养了坚韧不拔的意志和积极向上的心态。王老师的创新做法得到了学校的认可和推广，为其他班主任提供了有益的借鉴。

案例三："心灵手巧"艺术治疗活动

针对部分学生内向、缺乏自信的问题，某初中班主任张老师尝试将艺术治疗引入心理健康教育。她组织了"心灵手巧"艺术治疗小组，邀请专业的艺术治疗师进行指导。在活动中，学生们通过绘画、雕塑、手工制作等艺术形式表达自己的情感和想法，释放内心的压力。张老师还鼓励学生们在小组内分享自己的作品和创作过程，从而增强他们的自信心和沟通能力。通过艺术治疗活动，这些原本内向的学生逐渐变得开朗起来，与同伴的关系也更加融洽了。

案例四：心理健康主题班会

某高中班主任陈老师定期组织心理健康主题班会，为学生提供开放、安全的交流平台。在班会上，陈老师邀请心理专家举办讲座，让学生了解心理健康的基本知识和维护方法。她还鼓励学生分享自己的心理困惑和成长经历，引导班级形成互助互爱的氛围。通过这些班会活动，学生们对心理健康有了更深刻的认识和理解，也更加懂得如何关爱自己和他人。

三、班级管理中的心理健康策略

在学生的日常学习和生活中，班级管理是一个不可忽视的重要环节。班主任作为班级的管理者，其在班级管理中所采取的心理健康策略，对学生的心理健康成长具有深远的影响。下面将详细介绍班主任在班级管理中成功运用心理健康策略的案例。

案例一：建立积极的班级文化

在某高中，班主任王老师深知班级文化对学生成长的重要性。她明白积极、健康的班级文化不仅能够提升学生的学术表现，更能在潜移默化中塑造他们的人格和价值观，从而对他们的心理健康产生深远影响。为了营造这样的班级文化，王老师从倡导核心价值观入手，在班级中大力推行"尊重、理解、包容、进步"的理念，鼓励学生之间建立起平等、友善的关系，时常在班会上强调这些价值观，并通过分享个人经历、引用名人名言等方式，让学生深刻理解些价值观的内涵和意义。为了将这些价值观落到实处，王老师还制定了一系列具体的班级规则和行为准则。例如，要求学生之间相互尊重，不得进行任何形式的欺凌和歧视；鼓励学生之间相互理解，学会换位思考，体谅他人的难处；提倡包容精神，让学生明白每个人都有自己的独特之处，应该被接纳和被尊重；强调进步意识，鼓励学生不断挑战自己、追求卓越。除了价值观的引导外，王老师还非常注重通过班级活动增强学生的集体荣誉感和归属感。她还定期组织各种团队拓展活动，如户外徒步、趣味运动会等，让学生在共同的目标下携手合作，体验成功的喜悦。她还经常组织主题班会，让学生围绕某个话题展开讨论，分享自己的见解和感受。这些活动不仅丰富了学生的课余生活，更让他们感受到了班级的温暖和力量。在王老师的精心打造下，这个班级逐渐形成了积极向上、团结友爱的文化氛围。学生们在这里相互支持、相互鼓励，共同面对学习和生活中的挑战。他们的心理健康状况也得到了显著的改善，变得更加自信、乐观、坚韧。这种积极的班级文化不仅对学生的当前成长产生了深远影响，更将成为他们未来人生中宝贵的财富。

案例二：实施个性化的心理辅导

在某小学，班主任李老师在日常教学和管理工作中，敏锐地观察到班级中有几位学生表现出不同于常人的情绪和行为问题。这些学生有的沉默寡言，缺乏自信，总是避免与其他同学交往；有的则容易焦虑，一点点小事就会引发他们过度的担忧和恐惧；还有的则表现出攻击性行为，常常与其他同学发生冲突，难以融入集体。

李老师深知这些问题如果不及时加以干预和引导，会对学生的心理健康和成长产生严重的负面影响。因此，她决定针对这些学生的不同情况，实施个性化的心理辅导。为了更准确地了解学生的心理问题，李老师先通过日常观察、与学生交流及与家长沟通等方式，深入了解了每位学生的具体情况和心理需求，发现这些学生之所以表现出不同的心理问题，与他们的家庭环境、成长经历及性格特点等密切相关。在充分了解学生的基础上，李老师根据每位学生的特点，制订了个性化的心理辅导计划，对于自卑的学生，通过肯定和鼓励的方式，帮助他们发现自己的优点和长处，逐步建立自信心；对于焦虑的学生，教给他们一些简单的放松技巧和情绪管理方法，帮助他们缓解紧张情绪、保持平静心态；对于具有攻击性行为的学生，则通过角色扮演、情境模拟等方式，引导他们学会换位思考和理解他人的感受，培养他们的同理心和社交技能。在实施心理辅导的过程中，李老师始终保持着耐心和关爱，经常与学生进行面对面的交流，倾听他们的内心想法和感受，给予他们及时的反馈和引导；同时还与家长保持密切的联系，及时向家长反馈学生的进步情况，并征求家长的意见和建议，以便更好地调整辅导计划。在李老师的精心辅导下，这些学生的心理问题得到了有效的缓解，逐渐变得自信、开朗起来，能够积极面对学习和生活中的挑战。同时他们的社交能力也得到了明显的提升，让他们能够更好地融入集体，与同学建立良好的关系。

案例三：构建有效的家校沟通机制

在某初中，班主任张老师为了与家长建立良好的沟通关系，采取了多种联系方式。她定期组织家长会，邀请所有家长来学校，与他们面对面交流学生在校的表现和进步情况。在家长会上，张老师不仅向家长汇报学生的学习成绩和日常行为表现，还详细介绍了学校的教育理念、课程设置及各项活动的开展情况；同时也鼓励家长分享自己在家庭教育方面的经验和困惑，促进彼此之间的交流和学习。除了家长会之外，张老师还通过家访、电话沟通等方式与家长保持密切联系，时常利用课余时间深入学生家庭进行家访，了解学生的家庭环境、生活习惯及亲子关系等情况。在家访过程中，张老师不仅向家长反馈学生在校的表现，还耐心倾听家长的意见和建议，与他们共同探讨如何更好地促进学生的成长；同时也经常通过电话与家长保持沟通，及时解答他们在教育孩子过程中遇到的问题和困惑。在与家长的沟通中，张老师非常注重传递学生的信息。她不仅向家长介绍学生的学习成绩和进步情况，还详细描述了学生在校的行为表现、兴趣爱好及社交能力等方面的情况。这些信息让家长更加全面地了解自己的孩子，也为他们提供了有针对性的家庭教育指导。张老师还利用家校沟通的机会向家长普及心理健康知识，经常向家长介绍一些常见的心理问题及其表现形式，如焦虑、抑郁、自卑等，并告诉他们如何正确看待和处理这些问题；还鼓励家长关注孩子的情绪变化和行为表现，及时发现并解决潜在的心理问题。通过张老师的引导，家长们逐渐认识到心理健康对孩子成长的重要性，也更加懂得如何关爱和支持自己的孩子。

通过构建有效的家校沟通机制，张老师成功地将家庭和学校紧密地联系在一起，为学生的心理健康提供了有力的保障和支持。在这种合作模式下，学生们不仅在学校得到了全面的教育和关爱，也在家庭中得到了充分的理解和支持。他们的心理健康状况得到了显著的改善，变得更加自信、乐观和坚韧。家长们也在这个过程中收获了宝贵的育儿经验和知识，与孩子共同成长和进步。

案例四：应对突发事件的心理危机干预

在某高中，一个宁静的午后被一场突如其来的悲剧打破。一名学生在校园意外身亡，这一消息如同晴天霹雳，让整个班级陷入了巨大的震惊和悲痛之中。面对这起意外伤亡事件，学生们无所适从，许多人出现了不同程度的心理危机反应。

班主任刘老师深知这一事件对学生们心理的冲击和影响，在这个关键时刻，学生们需要更多的关爱和支持，以渡过这个难关。因此，她迅速采取了心理危机干预措施，以缓解学生的心理压力和负面情绪。刘老师组织了一次班级集体悼念活动，鼓励学生们表达自己的哀思和情感，让他们有机会与同伴分享内心的痛苦和悲伤。在这次活动中，学生们纷纷上台发言，讲述自己对逝去同学的回忆和感受，通过倾诉和聆听，逐渐释放了内心的压抑和悲痛，感受到了班级的温暖和支持。为了更进一步地帮助学生应对心理危机，刘老师还邀请了专业的心理咨询师来班级进行心理疏导和危机干预讲座。心理咨询师通过讲解心理危机的产生原因、表现形式及应对策略等知识，帮助学生们正确面对和处理自己的心理危机反应；还针对个别学生的情况进行了个性化的心理辅导，帮助他们缓解恐慌、抑郁、愤怒等负面情绪。在整个干预过程中，刘老师始终密切关注每位学生的情绪变化和行为表现，通过日常观察、与学生交流及与家长沟通等方式，刘老师及时发现并处理潜在的心理问题。对于情绪波动较大的学生，刘老师及时给予安慰和鼓励；对于行为出现异常的学生，刘老师及时与家长取得联系，共同商讨解决方案。在刘老师的精心组织和专业引导下，班级学生逐渐走出了心理阴影。他们开始重新面对生活，找回了勇气和信心，同时也学会了如何正确面对与处理生活中的挫折和困难，变得更加坚强和成熟。这些变化都离不开刘老师的关爱和支持，她用自己的行动诠释了一个班主任在学生心理健康促进中的重要作用。

四、应对挑战与困难的经验分享

在学生的成长过程中，心理问题日益受到重视。作为班级的管理者和学生的引导者，班主任在学生心理健康促进中扮演着关键角色。在实际工作中，班主任也会遇到各种挑战和困难。下面是一位班主任在应对这些挑战与困难时的经验分享。

（一）深入了解学生，建立信任关系

在面对学生的心理问题时，班主任要深入了解学生，通过日常观察、与学生交流、与家长沟通等方式，了解学生的家庭背景、成长经历、性格特点等，从而更准确地把握学生的心理状态；同时要与学生建立信任关系，让学生感受到关心和关爱，愿意向自己倾诉内心的烦恼和困惑。

（二）提升专业素养，掌握心理辅导技能

为了更好地应对学生的心理问题，班主任需要不断提升自己的专业素养，掌握心理辅导技能。可以通过参加专业培训、阅读相关书籍、与同行交流等方式，

学习心理学知识，了解常见的心理问题及其处理方法。此外，还可以在实践中不断摸索和总结经验，形成自己独特的心理辅导风格。

（三）创设良好的班级氛围，提供心理支持

班级氛围对学生的心理健康有着重要影响，班主任要努力营造积极、健康、和谐的班级氛围，让学生在其中感受到归属感和安全感。班主任可以用组织班级活动、制定班级规则、建设班级文化等方式，增强学生的集体荣誉感和凝聚力；同时要关注学生的心理需求，及时提供心理支持，帮助学生缓解压力、调整心态。

（四）与家长紧密合作，共同关注学生的心理健康

家庭是学生成长的重要环境，家长的支持和配合对学生的心理健康至关重要。班主任要与家长保持紧密联系，定期沟通学生在校的表现和进步情况，同时也了解学生在家庭中的生活和学习状况。在与家长的沟通中，班主任可以向家长传递心理健康知识，引导家长正确看待和处理孩子的心理问题，通过家校合作，共同为学生的心理健康保驾护航。

（五）应对突发事件的策略

面对突发事件，如学生意外伤亡、家庭变故等，班主任要迅速采取心理危机干预措施。首先要保持冷静，稳定学生的情绪；然后组织班级活动或集体悼念，让学生有机会表达自己的哀思和情感；邀请专业人士进行心理疏导和危机干预，帮助学生正确面对和处理自己的心理危机反应。在整个过程中，班主任要密切关注每位学生的情绪变化和行为表现，及时发现并处理学生潜在的心理问题。

（六）不断反思与总结，提升工作效果

在实际工作中，班主任会遇到各种挑战和困难。为了不断提升工作效果，需要经常进行反思和总结。回顾自己在处理学生心理问题时的成功经验和不足之处，分析原因并寻求改进方法；也可以向同行请教或参加研讨会等活动，分享经验、交流心得，共同提高在学生心理健康促进方面的能力。

作为班主任，在学生心理健康促进中扮演着关键角色。通过深入了解学生、提升专业素养、创设良好的班级氛围、与家长紧密合作及采取应对突发事件的策

略等方式，班主任可以更好地应对挑战与困难，为学生的心理健康成长贡献力量。

第二节　学生自助与互助项目

一、学生领导的心理健康项目

在学生的心理健康促进工作中，除了班主任和专业心理辅导人员的努力外，学生自身的参与和互助也具有不可忽视的作用。特别是在一些由学生自主发起和领导的心理健康项目中，这种作用体现得尤为明显。

（一）项目背景与发起

在某高中，一群对心理健康有浓厚兴趣的学生，在班主任的鼓励和支持下，自主发起了一个名为"心语心声"的心理健康项目。该项目旨在通过同伴教育、心理自助和互助活动，提升全班学生的心理健康意识和自我调适能力。

（二）项目内容与实施

"心语心声"项目包括多个子项目，如心理健康知识讲座、心理自助手册编写、心理剧创作与表演、心理健康主题班会等。这些活动均由学生主导，班主任则提供必要的指导和支持。

1. 心理健康知识讲座。邀请校内外心理专家或医生举办讲座，普及心理健康知识，提高学生对心理问题的认识和识别能力。班主任协助联系专家，提供场地和时间安排上的支持。

2. 心理自助手册编写。由学生团队收集、整理与心理健康相关的资料和信息，编写成适合本班学生的心理自助手册。手册内容包括情绪管理、压力应对、人际关系处理等实用技巧和方法。班主任对手册内容进行审核和指导，确保其科学性和实用性。

3. 心理剧创作与表演。鼓励学生创作以心理健康为主题的心理剧，通过角色扮演、情境模拟等方式，展现学生在学习与生活中遇到的心理问题和困惑。班主任提供创作指导和表演建议，帮助学生更好地理解和表达角色情感。

4. 心理健康主题班会。定期组织以心理健康为主题的班会活动，如分享心理健康小故事、讨论心理健康话题、进行心理小游戏等。班主任参与班会策划和组织，引导学生积极参与和分享自己的心得与体验。

（三）班主任的关键角色

在学生领导的心理健康项目中，班主任扮演着多重角色，发挥着至关重要的作用。班主任是项目的支持者和推动者，鼓励学生自主发起和参与项目，提供必要的资源和指导，帮助学生克服困难和挑战。班主任是项目的合作者和参与者，与学生一起策划和组织活动，共同学习和成长。通过参与项目，班主任能更深入地了解学生的需求和困惑，为后续的心理辅导工作提供有力支持。班主任还是项目的监督者和评估者，关注项目的进展和效果，及时给予反馈和建议，确保项目能够顺利进行并取得预期成果。

（四）项目成效与影响

通过"心语心声"项目的实施，全班学生的心理健康意识和自我调适能力得到了显著提升。学生们更加关注自己的心理健康状况，愿意主动寻求帮助和支持。同时，项目也促进了学生之间的交流和互助，增进了班级的凝聚力和向心力。

由学生领导的心理健康项目在促进学生心理健康方面发挥着重要作用，而班主任作为项目的关键角色之一，其支持、合作和监督对项目的成功实施与取得良好成效至关重要。

二、互助小组的组织与运作

在学生的心理健康促进工作中，互助小组是一种非常有效的形式，不仅能够帮助学生及时解决心理问题，还能促进学生之间的交流与合作，增强学生的团队意识和自我调适能力。

（一）互助小组的组建

互助小组的组建是项目成功的第一步。班主任在组建互助小组时，要充分考虑学生的性格、兴趣、特长等因素，确保每个小组的成员之间能够相互理解、支持和帮助。同时还要明确小组的目标和任务，让每个学生都清楚自己的责任和角色。在小组组建过程中，班主任可以通过课堂观察、学生自我推荐、同学互评等方式，了解学生的特点和需求，然后进行科学合理的分组。每个小组的人数不宜过多，一般以 5 ～ 7 人为宜，确保每个学生都有机会参与到小组活动中，发挥自己的作用。

（二）互助小组的活动内容

互助小组的活动内容应该围绕心理健康主题展开，包括心理知识学习、心理问题探讨、心理技能训练等。根据学生的实际情况和需求，设计丰富多彩的活动，如角色扮演、情境模拟、小组讨论、心理游戏等。这些活动旨在帮助学生了解心理健康知识，掌握心理调适技能，提高自我认知和自我管理能力。互助小组还可以开展一些实践性活动，如心理健康主题演讲、心理剧创作与表演、心理健康知识竞赛等。这些活动不仅可以锻炼学生的组织能力、表达能力和团队合作能力，还能让学生在实践中深刻体会到心理健康的重要性。

（三）互助小组的运作机制

为了确保互助小组的有效运作，需要建立一套完善的运作机制。明确小组的活动时间和地点，确保每个学生都能按时参加小组活动。制订小组的活动计划和任务分工，让每个学生都清楚自己的责任和任务。建立小组的评价和反馈机制，及时了解小组活动的进展和效果，发现问题及时解决。在小组运作过程中，班主任还要关注小组内部的互动和沟通情况，鼓励学生之间积极交流、分享经验和感受，营造开放、包容、互助的氛围；同时要定期对小组进行督导和指导，帮助各小组解决遇到的困难和问题，确保小组活动的顺利进行。

（四）班主任在互助小组中的角色

在互助小组的组织与运作中，班主任扮演着多重角色。班主任是小组的引导者和支持者，需要帮助学生明确小组的目标和任务，提供必要的资源和指导，鼓励学生积极参与小组活动。班主任是小组的协调者和沟通者，要关注小组内部的互动和沟通情况，及时调解冲突和矛盾，促进小组内部的和谐与稳定。班主任是小组的评价者和反馈者，要对小组的活动进行定期的评价和反馈，发现问题及时解决，推动小组的不断进步和发展。

互助小组在学生心理健康促进中发挥着重要作用，班主任作为小组的组织者和引导者，需要充分发挥自己的专业优势和人格魅力，为小组的成功运作提供有力保障。通过科学合理的分组、丰富多彩的活动及完善的运作机制，互助小组将成为学生心理健康成长的有力支持。

三、同伴辅导与支持网络

在学生心理健康促进的实践中，同伴辅导与支持网络是一种非常有效的策略。同伴之间共同的语言、相似的经历和感受，使得他们更容易彼此理解、信任和支持。班主任在这一策略中扮演着关键角色，不仅是支持者，还是引导者和协调者。

（一）同伴辅导的概念与意义

同伴辅导，顾名思义，是指由年龄相近、生活背景相似的学生之间展开的相互辅导活动。在这种辅导中，学生们不是简单地接受知识或指令，而是相互倾听、分享各自的经验和感受，以及为彼此提供必要的支持和帮助。这种辅导方式的目的不仅仅是为了解决某个具体问题，更重要的是促进学生们在心理、情感、社交等多个方面的共同成长。同伴辅导的意义深远而广泛，有助于提升学生的心理健康水平。在面对学习压力、人际关系、自我认知等挑战时，学生常常会感到困惑和无助，而同伴辅导提供了安全、信任的环境，能让学生们敞开心扉，倾诉内心的烦恼和困惑。通过同伴的倾听和理解，学生们能够感受到被接纳和被支持，从而减轻心理压力，增强心理韧性。同伴辅导还能增强学生的社会交往能力，在辅导过程中，学生们需要学会如何与他人建立信任关系、如何有效沟通、如何处理冲突和分歧等社交技能。这些技能对学生的未来发展和成功至关重要。通过同伴辅导，学生能够在实践中不断锻炼和提升这些技能，为未来的社交生活奠定坚实的基础。同伴辅导还有助于提升学生的自我认知能力和问题解决能力，在分享经验和感受的过程中，学生能够更深入地了解自己的内心世界，明确自己的价值观和目标。他们还能从同伴的分享中获得新的视角和启发，拓宽自己的思维方式和认知边界。在面对问题时，学生能够运用所学的知识与技能进行独立思考，解决问题的能力也会得到提升。

（二）支持网络的构建

1. 选拔与培训同伴辅导员。通过观察、访谈和测评等方式，选拔出具有良好心理素质、沟通能力和领导力的学生作为同伴辅导员。同时为他们提供必要的培训和支持，帮助他们掌握基本的心理辅导技能和方法。

2. 建立信任与安全的氛围。营造一个信任、安全、尊重的氛围，让学生愿意敞开心扉、分享自己的感受和经历，通过组织团队建设活动、制定保密协议、建立反馈机制等方式实现。

3. 搭建多样化的交流平台。搭建多样化的交流平台，如面对面谈话、书信交流、网络平台等，为学生提供更多的选择，让他们能够以自己舒适的方式与同伴进行沟通和交流。

（三）实践案例与效果评估

在某高中，班主任认识到学生心理健康的重要性，决定尝试构建同伴辅导与支持网络。他们深知同龄人之间的理解与沟通有时比师生之间的沟通更加顺畅和有效，因此班主任精心策划并成功实施了这一项目。

为了确保同伴辅导与支持网络的有效运作，班主任进行了同伴辅导员的选拔。通过观察、访谈和测评等方式，从班级中选拔出具有良好心理素质、沟通能力和领导力的学生担任同伴辅导员。这些被选拔出来的学生经过系统的培训，学习了基本的心理辅导技巧、倾听能力和问题解决策略，为后续的辅导工作做好了充分的准备。在建立信任与安全的氛围方面，组织了一系列的团队建设活动，如信任背摔、盲人方阵等，让学生在轻松愉快的氛围中增进彼此的了解和信任。还制定了严格的保密协议，确保学生在分享个人经历与感受时不会受到不必要的干扰和伤害。这些措施共同营造了一个信任、安全、尊重的环境，让学生愿意敞开心扉、分享自己的内心世界。为了满足不同学生的需求，还搭建了多样化的交流平台。除了面对面谈话和小组讨论外，还利用现代科技手段建立了在线交流平台，如微信群、QQ群等。这些平台为学生提供了更加便捷和灵活的交流方式，让他们能够随时随地与同伴进行沟通和交流。无论是学习上的困惑、生活上的烦恼还是情感上的挫折，学生都能在这些平台上找到倾诉的对象和解决问题的办法。经过一段时间的实践，同伴辅导与支持网络取得了显著的效果。学生的心理健康水平得到了显著提升，他们更加自信、乐观和积极面对生活中的挑战。同伴关系也变得更加和谐融洽，学生们在相互支持和帮助中共同成长。这些变化不仅体现在学生的日常行为和学习成绩上，还得到了家长和教师的一致好评。

为了确保同伴辅导与支持网络的持续改进和发展，班主任还定期进行评估和反馈。通过问卷调查、访谈和观察等方式收集学生与教师的意见和建议，分析网络运作中存在的问题和不足。根据评估结果及时调整网络的结构和功能，使其更加符合学生的需求和期望。这种持续改进的机制确保了同伴辅导与支持网络的长期有效性和生命力。同伴辅导与支持网络在学生心理健康促进中发挥着重要作用。班主任作为关键角色之一，充分发挥自己的专业优势和人格魅力，为网络的构建和运作提供有力支持。通过科学合理的选拔与培训、营造信任与安全的氛围及搭建多样化的交流平台等措施，同伴辅导与支持网络将成为学生心理健康成长的有力保障。

四、学生参与的重要性和影响

学生参与心理健康促进项目，特别是在自助与互助项目中，是至关重要的。这不仅仅是因为学生是心理健康的主体，更是因为他们的参与能直接影响项目的成效和持续发展。

（一）学生参与的重要性

学生直接参与心理健康促进项目，可以确保项目内容更加贴近他们的实际需求。他们的反馈与建议能够为项目的调整和优化提供第一手资料，从而使项目更加精准地服务于学生群体。在自助与互助项目中，学生的参与能够促进同伴之间的交流和互助。同龄人之间的共同语言和相似经历使他们更容易产生共鸣，相互之间的支持和鼓励往往能够产生积极的影响。通过参与项目，学生可以意识到自己在心理健康维护中的责任和角色。这种自主意识的提升有助于他们更加积极地关注自己的心理状态，并主动寻求帮助和支持。

（二）学生参与的影响

学生的广泛参与能够在校园内形成关注心理健康的良好氛围，通过项目活动，学生可以更加深入地了解心理健康知识，提升自我认知和自我调适的能力。学生的积极参与有助于构建充满关爱和支持的校园环境。在这样的环境中，学生更愿意放开自己，分享自己的感受和经历，从而形成正向循环。通过参与项目，不仅可以提升自己的心理健康水平，还可以在团队合作、沟通表达、问题解决等方面得到锻炼和成长。这些能力的提升将有助于学生在未来的学习和生活中更好地应对各种挑战。

（三）班主任的角色与策略

在学生参与心理健康促进项目的过程中，班主任发挥着关键的作用。他们需要采取一系列策略激发学生的参与热情，确保项目的顺利实施。例如，通过班会、讲座等形式向学生普及心理健康知识，强调参与项目的重要性和意义。邀请心理专家或优秀学生代表分享经验，激发学生的兴趣和动力。精心组织项目活动，确保每个学生都有机会参与其中。在活动过程中，班主任要密切关注学生的反应与需求，及时给予引导和支持。为了保持学生的参与热情，班主任要采取各种激励措施，设立奖励机制、给予公开表扬等。这些激励与认可能够让学生感受到自己的价值和成就，从而更加积极地投入项目中。

学生参与心理健康促进项目中具有不可替代的重要性。他们的参与不仅能够增强项目的实效性，促进同伴间的互助与支持，还能够培养学生的自主意识和责任感。而班主任作为学生心理健康的守护者和引导者，需要充分发挥自己的专业优势和人格魅力，激发学生的参与热情，确保项目的顺利实施和持续发展。

第三节　家庭案例与经验分享

一、家长在支持学生心理健康中的经验

家庭是学生成长的重要环境，家长在维护和促进孩子心理健康方面扮演着举足轻重的角色。下面将通过具体案例和经验分享，探讨家长在支持孩子心理健康中的有效做法和深刻体会。

案例一：倾听与理解

张妈妈发现女儿小丽最近情绪低落，学习成绩也有所下滑。她没有急于责备，而是选择了一个周末的下午，与小丽进行了一次深入的谈话。在谈话过程中，张妈妈耐心倾听小丽的烦恼和困惑，不时地给予理解和支持。通过这次谈话，小丽感受到了妈妈的关心和理解，情绪逐渐好转，学习状态也得到了恢复。

倾听和理解是家长支持孩子心理健康的重要手段。当孩子面临困难或烦恼时，他们需要的不是指责和批评，而是家长的理解和支持。通过倾听孩子的内心声音，家长可以及时发现孩子的心理问题，进而采取有效的措施进行干预和帮助。

案例二：鼓励与肯定

李小明在学校的表现一直不太理想，他对自己缺乏信心，总是担心自己做不好事情。然而他的父亲却从未放弃对他的鼓励和支持，每当李小明取得一点进步时，父亲都会及时地给予肯定和表扬。这些鼓励和肯定让李小明逐渐找回了自信，他开始尝试更多的挑战，并在学习和生活中取得了显著的进步。

鼓励与肯定是家长促进孩子心理健康的有效方法，家长的鼓励和肯定能够帮助孩子建立积极的自我认知，提升他们的自信心和自尊心。当孩子感受到自己的价值和能力被认可时，他们会更加勇敢地面对困难和挑战，从而实现自我成长和发展。

案例三：沟通与引导

王妈妈发现儿子小刚最近沉迷于网络游戏，导致学习成绩严重下滑。她没有采取强硬措施禁止小刚玩游戏，而是主动与小刚进行了沟通。在沟通中，王妈妈了解了小刚玩游戏的原因和需求，并引导他合理安排时间，平衡学习和娱乐的关系。王妈妈还与小刚一起制订了学习计划，帮助他逐步走出游戏的泥潭，重新找回学习的乐趣。

沟通与引导是家长解决孩子心理问题的关键。当孩子出现不良行为或习惯时，家长需要与孩子进行深入的沟通，了解他们的内心需求和动机。通过沟通家长可以引导孩子正确认识自己的行为和问题，帮助他们树立正确的人生观和价值观。家长还需要给予孩子适当的引导和支持，帮助他们克服困难和挑战，实现自我成长和发展。

家长在支持孩子心理健康方面具有重要作用。通过倾听与理解、鼓励与肯定及沟通与引导等有效手段，家长可以帮助孩子建立积极的自我认知、提升自信心和自尊心、克服困难和挑战、实现自我成长和发展。这些经验和做法对班主任来说同样具有借鉴意义，他们可以在与家长的沟通和合作中共同促进学生的心理健康发展。同时班主任还可以通过家长会、家访等形式加强与家长的沟通和联系，共同构建家校共育的良好氛围和机制。

二、家庭环境改善的案例

家庭环境作为学生成长的重要背景，对学生的心理健康具有深远的影响。当家庭环境存在问题时，学生的心理健康往往会受到威胁。通过班主任的介入和帮助，许多家庭成功地改善了家庭环境，为学生的心理健康创造了更好的条件。

案例一：从冷漠到温暖

小王是一个看似无忧无虑的孩子，其实内心深处隐藏着许多孤独和寂寞。他的家庭条件十分优越，父母都是成功的企业家，拥有让人羡慕的财富和社会地位。然而这一切对于小王来说，却仿佛无形的枷锁，将他牢牢地束缚在冰冷的豪宅之中。父母因为工作繁忙，很少有时间陪伴在小王身边，他们总是忙于处理各种生意上的事务，忽略了与小王的情感交流。渐渐地，小王变得孤独、冷漠，他的内心仿佛被一层厚厚的冰层所包裹，让人难以触及。在学校，小王的学习成绩也大幅下降，失去了对学习的兴趣和热情，每天只是机械地完成作业和应付考试。班主任李老师察觉到了小王的变化，决定采取行动，帮助这个孤独的孩子走出困境。

李老师与小王的父母进行了深入的沟通，向他们详细阐述了家庭陪伴对孩子心理健康的重要性，以及小王目前所面临的困境。她的话语深深地触动了小王的父母，他们开始意识到自己在孩子成长过程中的缺失和不足。在李老师的劝说下，小王的父母决定调整工作和生活安排，尽量多抽出时间陪伴小王。并开始关注小王的兴趣爱好，带他参加各种活动和旅行。在这个过程中，小王逐渐感受到了家庭的温暖和支持。随着时间的推移，小王家庭的氛围发生了翻天覆地的变化。父母不再只是忙于工作，而是更加注重与小王的情感交流。他们一起看电影，一起做饭，一起玩游戏，共同分享着生活的点滴快乐。小王也在这个过程中逐渐打开了心扉，他的笑容越来越多，性格也变得越来越开朗。在学校，小王的学习成绩也有了明显的提升，重新找回了对学习的兴趣和热情，开始主动参与到课堂讨论和小组活动中。

案例二：从冲突到和谐

小李的家庭中存在严重的亲子冲突，父母对小李的学习和生活要求严格，经常责备和打骂他。小李对此感到十分反感和叛逆，与父母的关系日益紧张。班主任得知小李的情况后，邀请了小李的父母来到学校，与他们进行面对面的沟通。在沟通过程中，班主任指出了父母在教育孩子过程中存在的问题和不足，并提供了专业的建议和指导。班主任鼓励父母采用更加温和、理性的方式与孩子沟通，尊重孩子的个性和需求；同时也与小李进行了深入的谈话，引导他理解父母的苦心和期望，鼓励他积极与父母沟通、表达自己的想法和感受。在班主任的帮助下，小李家庭中的亲子冲突逐渐得到了缓解，父母开始尝试改变自己的教育方式和方法，与小李进行更加平等、尊重的沟通。小李也逐渐放下了心中的叛逆和敌意，开始与父母建立更加和谐的关系。

三、家校合作的成功故事

家校合作在学生心理健康促进中扮演着至关重要的角色。学校和家庭紧密合作、共同关注学生的心理健康时，往往能够取得事半功倍的效果。

故事一：共同关注，助力成长

小明是一个性格内向、不善表达的学生。他在学校里表现平平，成绩也一直不太理想。班主任李老师注意到了小明的情况，决定与他的家长进行沟通。在交流中，李老师了解到小明的家庭环境较为复杂，父母忙于工作，很少有时间陪伴他，导致小明在家中缺乏关注和支持，进而影响了他在学校的表现。为了帮助小明走出困境，李老师和家长共同商讨了解决方案，决定每周定期进行交流，了解小明在学校和家里的情况；还为小明提供了额外的辅导和支持，鼓励他积极参与课堂活动和社交活动。家长也努力调整工作和生活安排，尽量多陪伴小明，并给予他正面的鼓励和支持。经过一段时间的努力，小明的情况有了明显的改善。他在学校里的表现变得更加积极和自信，成绩也有了显著的提升。家长对李老师的帮助表示衷心的感谢，并愿意继续与学校保持紧密合作，共同关注小明的成长和发展。

故事二：携手应对，共克时艰

小红是一个品学兼优的学生，但最近一段时间她的成绩突然大幅下滑，情绪也变得异常低落。班主任王老师注意到了小红的变化，及时与她进行了沟通。在交流中，小红透露了自己家庭中的变故，父母因为感情问题正在闹离婚，家里充满了争吵和冷漠。王老师深感同情和关切，决定与小红的家长进行沟通。在见面会上，王老师向家长详细阐述了小红目前所面临的困境，以及这对她学习和心理健康的负面影响，强调了家校合作的重要性，并希望双方能够携手帮助小红应对这一挑战。在王老师的劝说下，小红的父母逐渐意识到了问题的严重性。他们开始调整自己的态度和行为，尽量减少争吵和冲突，为小红营造更加和谐的家庭环境。同时王老师也为小红提供了心理支持和辅导，帮助她走出低谷、重拾信心。经过一段时间的努力，小红的家庭环境得到了明显改善。父母开始重新关注彼此和小红的感受与需求，共同为家庭的和谐稳定付出努力。小红的情绪也逐渐稳定下来，她的成绩也开始回升，这一切都离不开王老师的及时介入和家校双方的紧密合作。

四、家庭危机干预的案例分析

家庭危机，如父母离异、亲人去世、家庭暴力等，常常会对学生的心理健康造成巨大的冲击。在这样的情境下，班主任的及时介入和有效干预，往往能够为学生提供一个安全的心理港湾，帮助他们渡过难关。

案例背景：

小华是一名初中生，平时表现开朗活泼，与同学关系融洽。然而最近一段时间，小华突然变得沉默寡言，经常独自发呆，成绩也大幅下降。班主任刘老师注意到小华的变化，决定深入了解情况。经过与小华的多次沟通，刘老师了解到小华的家庭最近遭遇了重大变故。小华的父母因为感情不和正在闹离婚，家里充满了争吵和冷漠。小华感到无助和害怕，不知道如何应对这一突如其来的家庭危机。刘老师深知家庭危机对小华心理健康的严重影响，于是采取积极的干预措施。她与小华的父母分别进行了深入的沟通，向他们阐述了小华目前的心理状态和面临的困境，强调了家庭稳定对孩子成长的重要性，并希望双方能够为了小华的未来尽量和平解决矛盾。同时在学校刘老师为小华提供了额外的心理支持和辅导，鼓励小华表达自己的感受和想法，教会他一些基本的自我调节技巧，如深呼吸、放松训练等。此外，还组织了一些集体活动，邀请小华参加，帮助他分散注意力，减轻心理压力。经过一段时间的努力，小华的家庭危机得到了有效的缓解。父母虽然最终决定离婚，但他们为了小华的成长，尽量保持友好的关系，共同关心和支持小华。小华也逐渐从家庭危机的阴影中走出来，情绪变得稳定，学习成绩也开始回升。

这个案例表明，班主任在家庭危机干预中发挥着至关重要的作用。他们不仅需要及时发现学生的心理问题，还需要采取有效的干预措施，为学生提供心理支持和帮助。班主任要通过家校合作和共同努力，帮助学生度过家庭危机，促进他们的心理健康发展。家庭危机干预是一项复杂而艰巨的任务，需要班主任具备专业的心理健康知识和丰富的实践经验，在干预过程中，班主任要保持耐心和细心，与学生建立信任关系，深入了解他们的内心世界；同时还需要与家长保持密切沟通，共同制订干预方案，确保干预的有效性和持续性。

这个案例也提供了宝贵的启示：一是要重视学生的心理健康教育，及时发现和解决学生的心理问题；二是要加强家校合作，共同为学生的健康成长创造良好的环境；三是要不断提升班主任的专业素养和实践能力，为他们的心理健康教育工作提供有力的支持。

第四节　社区与学校合作的模范

一、社区资源在学校心理健康中的应用

随着社会的发展和进步，社区资源在学校心理健康教育中扮演着越来越重要的角色。社区与学校之间的紧密合作，不仅可以为学生提供更加全面、丰富的心理健康教育资源，还能够有效促进学校与社区之间的交流和互动，共同为学生的健康成长创造良好的环境。

（一）社区资源的种类及其在心理健康教育中的应用

社区资源种类繁多，包括心理健康讲座、心理咨询服务、心理健康活动、志愿者服务等，这些资源都可以为学校心理健康教育提供有力的支持。社区心理健康专家可以为学校师生提供心理健康讲座和培训，提高师生的心理健康意识和能力；社区心理咨询服务机构可以为学生提供个性化的心理咨询和辅导服务，帮助学生解决心理问题和困惑；社区心理健康活动可以为学生提供展示自我、交流互

动的平台，促进学生的心理健康发展。在应用社区资源时，班主任需要积极与社区相关机构进行沟通和联系，了解社区资源的种类和特点，并根据学校心理健康教育的需求和学生的实际情况，选择合适的社区资源进行合作。班主任还需要对合作过程进行监督和评估，确保合作的有效性和可持续性。

（二）班主任在社区资源与学校心理健康教育合作中的关键作用

1. 桥梁与纽带作用。班主任作为学校与社区之间的桥梁和纽带，需要积极搭建。学校与社区之间的合作平台。他们需要与社区相关机构进行沟通和协商，确定合作的内容、方式和时间等具体细节，为学校引入优质的社区资源提供便利。

2. 资源整合者。班主任要对学校内部与外部的资源进行整合和优化配置，根据学生的心理健康需求和学校的实际情况，选择合适的社区资源进行合作，确保资源的有效利用和最大化效益。

3. 组织者与实施者。班主任要组织和实施具体的心理健康教育活动，借助社区资源，组织各类心理健康讲座、培训、咨询和活动等，为学生提供丰富多样的心理健康教育体验。同时班主任还需要对活动的效果进行评估和总结，不断改进和优化活动方案。

4. 学生的引导者与支持者。班主任要关注学生的心理健康状况，及时发现和解决学生的心理问题。可以借助社区资源，为学生提供个性化的心理咨询和辅导服务，帮助学生走出心理困境、建立积极的心态。同时还要与家长保持密切沟通，共同关注学生的心理健康发展。

（三）成功案例分享

某中学班主任李老师发现班上有部分学生存在焦虑、抑郁等心理问题，决定借助社区资源加强学生的心理健康教育。李老师与社区心理健康服务机构进行了联系，邀请了专业的心理咨询师为学生提供定期的心理健康讲座和个性化的心理咨询服务；还组织了以"阳光心态，快乐成长"为主题的心理健康活动周，邀请社区志愿者参与活动的策划和实施。在活动周期间，学生们通过参与各种心理健康游戏、互动体验等活动，不仅释放了压力、缓解了焦虑情绪，还学会了如何调节自己的情绪、建立积极的心态。

社区资源在学校心理健康教育中具有重要作用。班主任作为学校与社区之间的桥梁和纽带，需要积极发挥关键作用，加强与社区相关机构的沟通和合作，整合和优化配置学校内部和外部的资源，组织和实施具体的心理健康教育活动，关注学生的心理健康状况并为其提供个性化的支持和帮助。班主任要通过社区与学校之间的紧密合作和共同努力，为学生创造更加健康、和谐的成长环境，促进他们的全面发展。

二、社区心理健康项目与学校的合作

在当今社会，学生的心理问题日益受到重视。为了有效促进学生的心理健康，社区与学校之间的合作变得尤为重要。社区心理健康项目作为一种有益的资源，可以为学校提供专业的心理健康服务，帮助学生更好地应对生活中的挑战。而班主任在这一过程中发挥着关键作用，他们不仅是学生心理健康的守护者，也是社区与学校合作的推动者。

（一）社区心理健康项目的介绍

社区心理健康项目通常由专业的心理健康团队组成，具备丰富的心理健康知识和实践经验。这些项目旨在通过提供心理咨询、心理健康教育、心理危机干预等服务，帮助社区居民提升心理健康水平。对于学生而言，社区心理健康项目可以提供更加个性化、专业化的心理健康服务，满足他们在成长过程中的心理需求。

（二）学校与社区心理健康项目的合作模式

学校与社区心理健康项目的合作可以采取多种形式，例如，学校可以邀请社区心理健康团队定期来校开展心理健康讲座，为学生提供专业的心理健康教育；同时学校还可以与社区心理健康项目建立长期合作关系，为有需要的学生提供个性化的心理咨询和辅导服务。此外，学校还可以组织师生参与社区心理健康活动，如心理健康宣传周、心理剧表演等，以增强学生的心理健康意识。

（三）班主任在合作中的角色与作用

班主任作为学生心理健康的守护者，需要密切关注学生的心理状态，及时发现并解决学生的心理问题。在与社区心理健康项目的合作中，班主任可以与社区心理健康团队保持密切联系，了解项目的最新动态和服务内容，为学校引入合适的心理健康资源提供建议；协助组织心理健康讲座和活动，确保活动的顺利开展和效果；还可以为有需要的学生提供个性化的心理支持和辅导，帮助他们更好地应对心理挑战。

（四）合作成效

学校与社区心理健康项目的合作，能为学生提供更加全面、专业的心理健康服务。这种合作模式不仅可以帮助学生解决心理问题、提升心理健康水平，还能促进学校与社区之间的交流和互动，为学生的健康成长创造良好的环境。

三、社区支持网络的构建与利用

在学生的心理健康促进工作中，社区支持网络的构建与利用是一项至关重要的策略。社区支持网络是指由社区内各种资源、组织和个体所组成的相互支持、协作的网络系统。在学生的心理健康教育中，班主任应当积极参与社区支持网络的构建，充分利用社区资源，为学生提供更加全面、有效的心理健康支持。

（一）社区支持网络对学生心理健康的积极影响

社区支持网络能够为学生提供更加多元化的心理健康服务。学校内部的心理健康教育资源有限，而社区内往往拥有丰富的心理健康服务机构和专家资源。通过构建社区支持网络，学校可以与这些机构和专家建立合作关系，引入更多的心理健康服务资源，为学生提供更加个性化、专业化的心理健康支持。社区支持网络有助于提升学生的心理健康意识。社区内的各种心理健康宣传活动和教育项目可以帮助学生更加深入地了解心理健康知识，提升他们的心理健康意识。班主任通过与社区合作，组织学生参与这些活动，让学生在实践中学习、在体验中成长。社区支持网络能够为学生提供更加及时的心理危机干预。当学生面临心理危机时，社区支持网络中的专业机构和人员可以迅速介入，提供及时有效的心理援助。班主任与这些机构和人员要保持紧密联系，确保在关键时刻能够为学生提供必要的心理支持。

（二）班主任在社区支持网络构建中的关键作用

班主任是连接学校与社区的桥梁，他们熟悉学生的情况，了解学生的需求，能够与社区内的相关机构和人员进行有效的沟通。与社区建立合作关系，能为学校引入更多的心理健康资源，同时也可以将学校的需求和意见反馈给社区，促进双方的合作更加紧密。班主任是社区支持网络中的组织协调者，会组织各种心理健康活动和教育项目，协调各方资源，确保活动的顺利开展。班主任还需要对活动的效果进行评估和总结，不断改进和优化活动方案，以提升心理健康教育的效果。班主任是学生在社区支持网络中的引导者和支持者，他们关注学生的心理健康状况，引导学生积极参与社区内的心理健康活动和教育项目。当学生面临心理问题时，班主任可以提供必要的心理支持和辅导，帮助学生走出困境、健康成长。

（三）社区支持网络构建的实践策略与建议

建立长期稳定的合作关系，学校与社区之间的合作需要建立在相互信任、共同发展的基础之上。双方应签订合作协议，明确合作的目标、内容和方式，确保合作的稳定性和持续性。加强信息共享与沟通，学校与社区之间需要建立畅通的信息共享与沟通渠道。双方还要定期召开会议、交流信息、分享经验，共同探讨学生心理健康教育的问题与对策。在组织心理健康活动和教育项目时，要注重活动的实效性和创新性。活动的内容要贴近学生的实际需求，形式需要新颖有趣，以使吸引学生的参与兴趣。同时对活动的效果进行科学的评估和总结，不断改进和优化活动方案。

四、社区参与对学生心理健康的正向影响

随着社会的发展和教育改革的深入，学生的心理问题日益受到广泛关注。社区作为学生生活的重要环境之一，对学生心理健康具有正向影响。

（一）社区参与有助于提升学生的自我认同感

社区是学生接触社会的窗口，通过参与社区活动，学生可以更好地认识自己，了解自己的兴趣、特长和价值。例如，参与社区志愿服务活动可以让学生体验到帮助他人的快乐，从而培养自己的责任感和同情心。这些体验有助于学生形成积极的自我认知，提升自信心和自尊心。同时社区参与还可以让学生结识更多志同道合的朋友，扩大自己的社交圈子，进一步增强学生的归属感和自我认同感。

（二）社区参与有助于缓解学生的心理压力

学业压力、人际关系等问题是学生面临的主要心理压力来源，而社区参与可以为学生提供一种释放压力的途径。通过参与社区活动，学生能暂时摆脱学业的束缚，放松身心，享受与同龄人相处的乐趣。社区活动往往具有趣味性和互动性，可以让学生在轻松愉快的氛围中缓解压力、调整心态。对一些有心理问题的学生，社区参与还可以为他们提供心理支持，帮助他们走出心理困境。

（三）社区参与有助于培养学生的社会适应能力

社会适应能力是学生未来发展的重要素质之一。通过参与社区活动，学生能提前接触社会，了解社会的运作方式和规则，从而培养自己的社会适应能力。参与社区组织的公益活动可以让学生学会如何与他人合作、如何解决问题、如何承担责任等社会技能，这些技能对学生未来的学习和工作都具有重要意义。社区参与还可以让学生更好地了解社会现象和社会问题，增强自己的社会责任感和使命感。社区参与对学生心理健康具有正向影响，有助于提升学生的自我认同感、缓解学生的心理压力及培养学生的社会适应能力。在这一过程中，班主任发挥着关键作用。他们不仅是学生心理健康的守护者，也是社区与学校合作的推动者。班主任要积极引导学生参与社区活动，为学生提供必要的心理支持和辅导，帮助学生更好地应对生活中的挑战。同时班主任还要与社区保持密切联系，了解社区的动态和资源，为学校引入合适的心理健康项目提供建议和支持。通过班主任的努力和推动，社区与学校之间的合作会更加紧密，共同为学生的心理健康促进贡献力量。

在未来的教育实践中，应该进一步重视社区参与在学生心理健康促进中的作用，积极探索和创新合作模式，为学生的健康成长创造更加良好的环境。同时也需要加强对班主任的培训和支持，提升他们在学生心理健康促进中的专业素养和实践能力。只有这样才能更好地发挥社区参与对学生心理健康的正向影响，培养出更加健康、自信、有责任感的新一代青少年。

第七章　应对心理健康挑战的策略

第一节　应对学生的心理危机

一、心理危机的识别与干预

心理危机是指个体面临突然或重大的生活事件，无法用通常的方法解决时所出现的心理失衡状态。对于学生而言，心理危机可能源于学业压力、人际关系问题、家庭变故等多种因素。在这一背景下，班主任作为学生心理健康的守护者，需要具备识别心理危机的能力，并采取及时有效的干预措施，帮助学生渡过难关。

（一）心理危机的识别

1. 观察学生的行为变化。心理危机的出现往往伴随着行为的异常，班主任需要密切关注学生的日常行为，如是否出现突然的学习成绩下降、缺勤增多、社交退缩等现象。这些行为变化是学生心理危机的信号。

2. 留意学生的情绪反应。情绪是心理状态的直接体现。学生经历心理危机时，会出现焦虑、抑郁、愤怒等负面情绪。班主任需要通过日常接触和交流，敏锐地捕捉学生的情绪变化，以便及时发现他们心理危机。

3. 关注学生的言语表达。言语是表达内心世界的重要方式，学生在面临心理危机时，会在言语中流露出消极、悲观的想法。班主任需要认真倾听学生的言语表达，特别是那些表达绝望、无助感的言论，这是心理危机的征兆。

（二）心理危机的干预

1. 建立信任关系。在发现学生面临心理危机时，班主任要与学生建立信任关系，通过倾听、理解、接纳等方式，让学生感受到关心和支持，从而敞开心扉，分享内心的痛苦和困惑。

2. 提供心理支持。心理支持是缓解心理危机的重要手段。班主任可以通过个别谈话、心理疏导等方式，为学生提供情感上的支持和安慰，引导学生参与有益的活动，如体育锻炼、音乐放松等，以缓解心理压力。

3. 寻求专业帮助。当学生的心理危机超出自身的应对能力时，班主任应及时寻求专业帮助，与学校的心理咨询师、心理医生等专业人员合作，为学生提供专业的心理评估和治疗。同时班主任还需要与家长保持沟通，共同关注学生的心理健康状况，共同帮助学生应对心理危机。

（三）预防心理危机的发生

除了识别和干预心理危机外，班主任还需要注重预防心理危机的发生。

1. 加强心理健康教育。通过课堂教育、主题班会等形式，向学生传授心理健康知识，提高他们的心理素质和应对能力；让学生了解心理危机的成因、表现及应对方法，增强他们的自我防范意识。

2. 构建良好的班级氛围。营造积极、健康、和谐的班级氛围，组织丰富多彩的班级活动，增进同学之间的友谊和团结；通过关注每个学生的成长和进步，让他们感受到班级的温暖和支持。

3. 建立学生心理健康档案。为学生建立心理健康档案，记录学生的心理状态、发展历程及重要事件，有助于及时发现学生的心理问题，为后续的干预和治疗提供有力的依据。

二、危机干预团队的建立与运作

随着学生心理问题的日益凸显，学校作为学生成长的重要场所，亟需建立有效的危机干预机制。在这一机制中，班主任作为学生心理健康的"守门人"，具有举足轻重的作用。为了更好地应对学生的心理危机，建立并运作一支高效、专业的危机干预团队显得尤为重要。

（一）危机干预团队的建立

1. 团队成员的选择与培训

在组建危机干预团队时，要明确团队成员的选拔标准。除了具备专业的心理健康知识和实践经验外，还应具备良好的沟通能力、团队协作精神和职业道德。

团队成员可包括班主任、学校心理咨询师、校医等。选拔完成后，要对团队成员进行系统的培训，包括心理健康理论知识、危机干预技巧、案例分析等，以确保他们具备应对各种心理危机的能力。

2. 明确团队职责与分工

班主任作为学生最直接的接触者，负责日常的心理健康教育和心理危机的初步识别与干预；心理咨询师则提供专业的心理咨询和危机干预服务；校医在必要时提供医疗支持和转介。此外，要建立定期沟通机制，及时分享学生心理健康信息，共同制定干预策略。

（二）危机干预团队的运作

1. 快速响应机制

当学生出现心理危机时，危机干预团队需要迅速做出反应。班主任应在第一时间进行初步评估，判断危机的严重程度和紧急性，然后及时通知团队其他成员。团队成员根据各自的职责迅速行动，确保学生得到及时有效的帮助。

2. 个性化干预策略

每个学生的心理危机都有其独特性，因此危机干预团队需要制定个性化的干预策略。团队成员可通过深入了解学生的家庭背景、学习情况、社交关系等，找出他们心理危机的根源，然后有针对性地制订干预方案。在干预过程中，团队成员还要根据学生的反应和变化及时调整策略，以确保干预的有效性。

3. 持续跟进与评估

心理危机的解决往往不是一蹴而就的，需要持续地跟进和评估。危机干预团队在学生度过危机后，要定期与学生联系，了解他们的心理恢复情况和生活状态。同时团队还要对干预过程进行反思和总结，评估干预效果，以便在未来的工作中不断改进和提高。

（三）危机干预团队与学校、家庭、社区的合作

为了更好地应对学生的心理危机，危机干预团队还需要与学校、家庭、社区等各方建立紧密的合作关系。学校提供必要的场地、设备和资金支持；家庭作为学生成长的重要环境，积极参与学生的心理健康教育和心理危机干预；社区则提

供丰富的资源和支持，如心理健康讲座、志愿者服务等。通过多方合作，共同为学生的心理健康保驾护航。

班主任在学生心理健康促进中发挥着关键作用，而危机干预团队的建立与运作则是应对学生心理危机的重要策略。通过选拔专业的团队成员、明确职责分工、建立快速响应机制、制定个性化干预策略及持续跟进与评估等措施，可以有效地应对学生的心理危机，促进他们健康成长。

三、紧急情况下的沟通策略

在应对学生心理危机的过程中，沟通是至关重要的一环。特别是在紧急情况下，有效的沟通能够迅速稳定学生的情绪，及时传递关键信息，并协调各方力量共同应对危机。班主任作为学生心理健康的守护者，需要掌握紧急情况下的沟通策略，以确保在关键时刻能够发挥重要作用。

（一）保持冷静与专业

面对紧急情况时，班主任要保持冷静和专业的态度。情绪的稳定有助于清晰思考并做出正确的判断。同时专业的形象能够赢得学生的信任和尊重，为后续的沟通打下良好的基础。

（二）倾听与共情

在紧急情况下，学生处于极度的恐慌、焦虑或抑郁状态，希望有人倾听他们的内心声音。班主任要耐心倾听学生的表达，通过点头、眼神接触等方式表达理解和关心。在倾听的过程中，班主任还要尝试共情，即设身处地地理解学生的感受，这有助于建立深厚的信任关系。

（三）简明扼要地传递信息

在紧急情况下，时间往往非常宝贵。班主任要迅速、准确地传递关键信息，以便学生和其他相关人员了解情况并做出反应。班主任在沟通时要尽量使用简明扼要的语言，避免冗长和复杂的句子；还要注意信息的准确性和一致性，避免造成不必要的误解和混乱。

（四）采用多种沟通方式

不同的学生有不同的沟通需求和偏好，在紧急情况下，灵活运用多种沟通方式，才能满足学生的个性化需求。面对面交谈、电话沟通、短信或电子邮件等都可以作为沟通的工具。对一些有特殊需求的学生，如听力受损或视力受损的学生，班主任还需要提供相应的辅助设备或手语翻译等支持。

（五）与家长和其他相关人员的协作

在应对学生心理危机的过程中，班主任要与家长和其他相关人员保持紧密的协作。通过与家长沟通，了解学生的家庭背景、成长经历及心理问题根源，为制定个性化的干预策略提供依据。同时与其他相关人员如心理咨询师、校医等的协作也是非常重要的，能提供专业的建议和帮助，共同为学生提供全面、系统的心理健康支持。在与家长和其他相关人员沟通时，班主任要尊重他们的意见和建议，并积极吸纳他们的智慧；及时传递学生的情况和进展，让他们了解学生的最新动态；共同制定干预策略和目标，确保各方力量能够形成合力。

（六）遵循保密原则

在紧急情况下，班主任会接触到学生的敏感信息和个人隐私。在沟通过程中，要严格遵守保密原则，确保学生的隐私不被泄露，这既是对学生的尊重，也是维护学校声誉和自身职业道德的必然要求。为了做好保密工作，班主任可以明确告知学生与相关人员关于保密的要求和规定；在处理敏感信息时使用加密技术或专用设备等手段进行保护；定期检查和评估保密工作的执行情况，及时发现并纠正存在的问题。

在应对学生心理危机的过程中，班主任需要掌握紧急情况下的沟通策略。通过保持冷静与专业、倾听与共情、简明扼要地传递信息、采用多种沟通方式及与家长和其他相关人员的协作等措施，班主任可以在关键时刻发挥重要作用，为学生的心理健康保驾护航。同时遵循保密原则也是沟通过程中不可忽视的重要一环。

四、危机后的恢复与支持

当学生经历心理危机后，其心理和情感状态往往处于较为脆弱和不稳定的状态。此时，班主任的角色显得尤为关键，不仅需要帮助学生度过危机，还需要在危机后为学生提供持续的恢复与支持，以确保学生能够逐步回归正常的学习和生活。

（一）危机后的心理评估

在心理危机得到初步解决后，班主任要对学生进行心理评估，旨在了解学生的心理状态、情绪反应及存在的潜在问题。还要通过与学生进行深入的交流，观察其行为表现，必要时要借助专业的心理测评工具，对学生的心理状况有一个全面、准确的了解。

（二）提供持续的情感支持

心理危机往往会给学生带来深刻的情感创伤，在危机后，学生需要一段时间处理和疗愈这些创伤。班主任要为学生提供持续的情感支持，包括倾听他们的感受、理解他们的痛苦，以及给予积极的鼓励和安慰，帮助学生逐渐走出阴影，重新建立对生活的信心和希望。

（三）制订个性化的恢复计划

每个学生的心理危机和恢复过程都是独特的，班主任要根据学生的心理评估结果，制订个性化的恢复计划，包括心理咨询、团体辅导、放松训练、兴趣培养等多个方面，旨在帮助学生逐步恢复心理健康，提升自我调适能力。

（四）促进家校合作

家庭是学生成长的重要环境，也是心理危机恢复过程中的重要支持力量。班主任要积极与家长沟通，了解学生在家庭中的情况，指导家长学会正确应对学生的心理问题，为学生营造和谐、支持性的家庭环境；同时还要定期与家长反馈学生的恢复情况，征求家长的意见和建议，以形成家校合作的良好氛围。

（五）关注特殊群体的需求

在心理危机恢复过程中，一些特殊群体，如学业困难学生、单亲家庭学生、留守儿童等面临着更多的挑战和困难。班主任要特别关注这些特殊群体的需求，为他们提供更多的关心和支持。例如为学业困难学生提供额外的辅导和帮助；为单亲家庭学生和留守儿童建立支持系统，提供心理关怀和生活帮助等。

（六）建立长效的心理健康教育机制

心理危机的发生往往与学生的心理健康水平密切相关，班主任要在危机后的恢复与支持过程中，积极建立长效的心理健康教育机制，包括定期开展心理健康教育课程、组织心理健康主题活动、建立学生心理健康档案等，以提升学生的心理健康意识，增强他们的心理韧性，预防心理危机的再次发生。

班主任在学生心理健康促进中发挥着关键角色，在应对学生心理危机时，不仅需要迅速识别和干预危机，还需要在危机后提供持续的恢复与支持，通过心理评估、情感支持、个性化恢复计划、家校合作、关注特殊群体需求及建立长效的心理健康教育机制等措施，帮助学生逐步走出心理危机的阴影，重新拥抱健康、快乐的生活。

第二节　预防心理问题

一、心理健康教育的预防作用

在学生的成长过程中，心理问题不容忽视。作为与学生日常接触最为密切的班主任，在预防学生心理问题方面发挥着至关重要的作用。通过有效的心理健康教育，班主任不仅可以帮助学生建立健康的心理状态，还能预防潜在的心理问题，促进学生全面发展。

（一）心理健康教育的必要性

随着社会的快速发展和竞争的加剧，学生面临着来自学业、家庭、社交等多方面的压力。这些压力如果得不到及时有效的缓解，就会引发各种心理问题，如焦虑、抑郁、自卑等。开展心理健康教育，帮助学生掌握应对压力的方法和技巧，就显得尤为重要。

（二）班主任在心理健康教育中的角色

作为学校教育的重要组成部分，班主任在心理健康教育中扮演着多重角色。班主任是学生心理健康的守护者，需要时刻关注学生的心理状态，及时发现并处理学生潜在的心理问题。班主任是心理健康知识的传播者，需要通过课堂讲解、主题班会等形式，向学生普及心理健康知识，提高他们的心理健康意识。班主任还是学生心理健康实践的指导者，需要引导学生参与各种心理健康实践活动，帮助他们在实践中提升心理健康水平。

（三）心理健康教育的预防作用体现

1. 增强心理韧性。通过心理健康教育，学生能学会如何面对挫折和困难，增强心理韧性。遇到问题时，他们能够积极应对，而不是轻易放弃或产生消极情绪。

2. 提升自我调节能力。心理健康教育可以帮助学生掌握自我调节的方法和技巧，如情绪管理、压力调节等，有助于学生在面对压力时保持冷静和理智，避免情绪失控。

3. 预防心理问题的发生。通过提前介入和干预，心理健康教育可以有效预防一些常见的心理问题。例如，针对学业压力大的学生，开展学习心理辅导，帮助他们掌握有效的学习方法，减轻学习压力。

4. 促进全面发展。心理健康是学生全面发展的重要组成部分，通过心理健康教育，学生可以更好地认识自己、接纳自己，从而更加自信、积极地面对生活和学习，有助于学生在学业、社交、情感等多个方面取得更好的发展。

（四）实施心理健康教育的策略

1. 定期开展心理健康教育活动。如心理健康主题班会、心理健康讲座等，确保每个学生都能接受必要的心理健康教育。

2. 关注特殊群体。对有学业困难、家庭问题等特殊群体的学生，班主任要给予更多的关注和支持，提供个性化的心理健康辅导。

3. 家校合作。与家长保持密切沟通，共同关注学生的心理健康状况，形成家校合力的教育氛围。

4. 培训专业技能。班主任自身也要不断学习与提升心理健康教育的专业知识和技能，以便更好地为学生服务。

二、预防策略与干预计划

在学生心理健康的维护中，预防策略与干预计划是班主任工作的两个重要方面。科学有效的预防策略，能减少心理问题的出现；而及时恰当的干预计划，则能够在学生出现心理问题时，迅速做出反应，防止问题进一步恶化。

（一）预防策略

1. 增强心理健康意识

班主任作为学生成长道路上的引路人，有责任通过日常教育、主题班会等多种形式，普及心理健康知识。在这些活动中，班主任可以邀请心理健康专家举办讲座，或者组织学生进行心理健康主题的讨论和分享，让学生在轻松的氛围中了解心理健康的重要性，还可以通过黑板报、班级群等渠道，定期发布心理健康相关的知识和信息，帮助学生树立正确的心理健康观念，提高他们的自我保健意识。

2. 培养良好的心理素质

除了普及心理健康知识外，还需要通过课堂教学、团体活动、社会实践等途径，培养学生的自信心、抗挫能力、合作精神等心理素质。在课堂教学中，班主任可以设计一些小组合作、角色扮演等活动，让学生在参与中感受到合作的力量和乐趣，培养他们的团队协作精神。在团体活动中，班主任可以组织一些拓展训练、体育竞赛等，让学生在挑战中锻炼自己的意志力和抗挫能力。在社会实践中，班主任可以引导学生参与社区服务、志愿者活动等，让他们在实践中学会关爱他人、承担责任，形成良好的道德品质和社会责任感。

3. 建立心理健康档案

为了更全面地了解学生的心理健康状况，班主任要定期对学生进行心理健康测评，并建立心理健康档案。测评可包括问卷调查、心理测试等多种形式，旨在了解学生的情绪状态、压力水平、人际关系等方面的情况。通过测评结果，能及时发现学生的心理问题，为后续的干预提供依据，同时可以根据测评结果，制订个性化的辅导计划，帮助学生解决心理困扰，提升他们的心理健康水平。

4. 营造和谐的班级氛围

班级是学生学习和生活的重要场所，积极向上、和谐融洽的班级氛围对学生的心理健康有着积极的影响。班主任要努力营造温馨、包容、互助的班级氛围，尊重每一个学生，关注他们的成长和进步，给予他们充分的肯定和鼓励；倡导团结友爱的精神，引导学生之间建立良好的人际关系，形成互帮互助的良好风气；定期组织一些班级活动，如文艺演出、运动会等，增强班级的凝聚力和向心力，让学生在快乐的氛围中茁壮成长。

（二）干预计划

1. 建立快速反应机制

在学生的日常学习生活中，班主任要保持高度的警觉性，一旦发现学生出现心理问题的苗头或迹象，如情绪低落、行为异常、学习成绩突然下滑等，立即启动快速反应机制。这一机制的核心在于迅速与学生本人及其家长取得联系，全面了解学生的具体情况，包括家庭背景、学习压力、人际关系等方面，以便为后续的干预提供准确的信息支持。班主任还要根据学生的实际情况，制订初步的干预方案，明确干预的目标、方法和步骤，确保干预工作的有序进行。

2. 提供心理咨询服务

针对学生的心理问题，班主任要积极邀请专业的心理咨询师为学生提供一对一的心理咨询服务。这些咨询师具有丰富的心理学知识和实践经验，能够帮助学生深入剖析自己的问题，找到症结所在，并提供科学有效的解决方案。通过心理咨询，学生更好地认识自己、接纳自己，学会面对和处理自己的情绪和行为问题，从而提升自我认知和自我调节能力。心理咨询师还会为学生提供一些实用的心理技巧和方法，帮助他们在日常生活中更好地应对压力和挑战。

3. 实施个性化干预方案

每个学生的心理问题都有其独特性和复杂性，班主任需要针对学生的具体情况制订个性化的干预方案，包括心理辅导、行为矫正、情绪管理等多个方面的内容，旨在从多个角度入手，全面改善学生的心理状况。在实施干预方案的过程中，班主任要保持与学生的密切沟通，及时了解他们的感受和需求，并根据反馈情况对方案进行适时的调整和优化，以确保干预的有效性。同时班主任还要积极与家长保持联系，共同关注学生的进步和成长，形成家校合力的教育氛围。

4. 跟踪评估与调整

干预计划并非一蹴而就，而是需要持续跟踪和评估的。在干预过程中，班主任要定期对学生的心理状况进行跟踪评估，了解干预的效果和学生的变化情况。评估可通过多种方式进行，如心理测评、观察记录、学生自述等。根据评估结果能及时发现干预中存在的问题和不足，对方案进行及时的调整和改进。评估结果还可以为后续的干预工作提供有益的参考和借鉴，帮助班主任更好地应对类似的情况和问题。持续跟踪评估与调整，可以确保干预计划的持续性和针对性，为学生的心理健康提供长期有效的支持。

预防策略与干预计划在维护学生心理健康过程过程中具有至关重要的作用，班主任要充分发挥自身的专业优势和影响力，通过科学有效的预防策略和及时恰当的干预计划，为学生的心理健康保驾护航。班主任还要不断学习与提升自己的专业素养和技能水平，以便更好地应对学生心理问题的挑战。

三、提早介入的重要性

在学生心理健康的维护工作中，提早介入是一种至关重要的策略。它意味着在心理问题刚刚出现苗头或尚未造成严重影响时，班主任就及时采取措施进行干预，从而防止问题进一步恶化。许多心理问题在初期只是轻微的症状或苗头，但如果不及时加以干预，这些问题就会逐渐恶化，甚至演变为严重的心理疾病。提早介入可以在问题尚处于可控阶段时迅速采取行动，防止其进一步恶化，以便保护学生的身心健康。心理问题的出现往往会给学生带来巨大的心理压力和痛苦。他们会产生焦虑、抑郁、孤独、无助等负面情绪，严重影响学习和生活。提早介入可以帮助学生及时排解这些负面情绪，减轻他们的心理痛苦，让他们重新找回生活的乐趣和希望。

在心理问题初期进行干预，往往能够取得更好的效果。在这个阶段，学生的心理问题尚未根深蒂固，对干预的接受度和配合度也相对较高。班主任通过心理辅导、行为矫正等方式，能帮助学生纠正不良的心理和行为习惯，培养他们积极的心态和健康的人格。如果等到问题严重后再进行干预，不仅难度会大大增加，效果也可能不尽如人意。提早介入需要班主任与学生家长保持密切的沟通和合作，班主任应及时向家长反馈学生的心理健康状况，引导家长关注学生的内心世界，共同为学生的健康成长提供支持。这种家校合作的方式不仅能增强干预的效果，还能促进家长与学校之间的信任和合作，形成良好的教育合力。提早介入不仅可以帮助学生解决眼前的心理问题，还能提升他们的自我认知和自我调节能力。在干预过程中，要引导学生正视自己的内心世界，学会分析自己的情绪和行为问题，并寻找合适的方式调节自己的心态。这种能力的提升对学生未来的成长和发展具有重要意义，能帮助他们更好地应对各种挑战和压力。

从更宏观的角度来看，提早介入还有助于降低教育成本和社会负担。如果学生的心理问题得不到及时有效的干预，会导致他们无法顺利完成学业、融入社会甚至引发更严重的社会问题。而提早介入可以在问题尚处于萌芽阶段时就将其扼杀在摇篮之中，避免这些问题的发生和发展，从而降低教育成本和社会负担。提早介入在学生心理健康促进中具有重要意义，班主任作为与学生日常接触最为密切的教育工作者之一，应当充分认识到提早介入的重要性，并在实际工作中积极践行这一策略及时发现并处理学生的心理问题，为学生的健康成长保驾护航。

四、预防性教育活动与项目

在应对学生心理健康挑战的过程中，预防性教育活动与项目扮演着至关重要的角色。这些活动和项目旨在通过教育手段，提升学生对心理健康的认知，增强他们的心理素质，从而有效预防心理问题的发生。

（一）预防性教育活动的重要性

预防性教育活动是提升学生心理健康意识、预防心理问题发生的有效途径。可以通过开展形式多样的教育活动，帮助学生了解心理健康知识，掌握基本的心理调适方法，增强自我保健意识。这些活动不仅能够提升学生的心理素质，还可以促进他们全面、健康地发展。预防性教育活动还有助于营造积极向上的校园氛围，当学校重视并定期开展心理健康教育活动时，学生之间的交流和互动会增多，彼此之间的理解和支持也会增强。这种氛围有利于减轻学生心理压力和孤独感，从而降低心理问题发生的概率。

（二）实施预防性教育活动的策略

1. 开展心理健康知识讲座。邀请心理健康专家或专业心理咨询师进校开展讲座，向学生普及心理健康知识，提升他们对心理健康的重视程度。讲座内容可以涵盖情绪管理、压力应对、人际关系等多个方面。

2. 设立心理健康课程。将心理健康课程纳入学校课程体系，通过系统的教学帮助学生掌握心理健康知识和技能。课程内容可以包括自我认知、情绪调控、挫折应对等，要注重实践性和操作性。

3. 组织心理健康主题活动。可以结合重要时间节点（如世界精神卫生日、心理健康周等），组织丰富多彩的心理健康主题活动，如心理剧表演、心理漫画展览、心理健康知识竞赛等，让学生在参与中感受心理健康的重要性。

4. 建立心理健康自助平台。利用现代信息技术手段，建立心理健康自助平台，提供心理测评、心理咨询预约、心理知识库等功能，方便学生随时随地获取心理健康资源和服务。

5. 实施心理素质拓展训练。通过团队协作、户外拓展等形式多样的训练活动，提升学生的心理素质和团队协作能力。这些活动在增强学生体魄的同时，培养坚韧不拔的意志品质和积极向上的心态。

（三）预防性教育项目的实施

除了日常的预防性教育活动外，学校还可以开展一些长期、系统的预防性教育项目。针对不同年级、不同需求的学生群体，制订个性化的教育方案。例如，针对新生适应问题，开展"新生心理适应教育项目"，通过团体辅导、个别咨询等方式帮助他们尽快适应新环境；针对毕业生面临的就业压力，开展"职业规划与心理调适项目"，提供职业规划指导和心理调适技巧培训；针对特殊学生群体（如家庭经济困难学生、学习困难学生等），制订专门的心理健康支持计划，提供个性化的心理援助。预防性教育活动与项目是班主任在学生心理健康促进工作中的重要抓手，通过科学规划、精心组织、有效实施这些活动和项目，可以显著提升学生的心理健康水平，为他们的全面发展和终身幸福奠定坚实的基础。

第三节 处理特殊情况与需求

一、特殊需求学生的心理支持

在教育的广阔天地中，每一位学生都是独一无二的个体。对那些有着特殊需求的学生来说，他们的内心世界更加复杂多变，需要教育工作者特别是班主任的细心呵护和精心引导。作为班级的管理者和学生的引导者，班主任在处理特殊情况与需求时发挥着不可替代的作用。他们不仅要关注学生的学习成绩，更要深入了解学生的内心世界，为特殊需求学生提供及时、有效的心理支持。

（一）建立信任关系，深入了解学生的需求

为有特殊需求的学生提供心理支持的第一步是建立信任关系。班主任要通过日常的接触和交流，让学生感受到自己的关心和理解；在与学生沟通时，要保持耐心和倾听，尊重学生的感受和想法，不轻易打断或评判。通过深入的交流，了解学生的特殊需求、面临的挑战，以及内心的困惑和焦虑。只有感受到班主任的真诚和关怀时，学生才会敞开心扉，分享自己的真实想法。在了解学生需求的基础上，还要进一步分析这些需求背后的原因和影响。学习困难的学生需要更多的辅导和支持；家庭环境复杂的学生需要更多的情感关怀和心理疏导。班主任要通过深入分析学生的特殊需求，制订更加个性化和有针对性的心理支持方案。

（二）提供个性化心理支持方案

针对有特殊需求的学生的不同情况，要制订个性化的心理支持方案，包括提供心理咨询、组织心理辅导活动、建立学习互助小组等多种形式。对需要心理咨询的学生，可邀请专业的心理咨询师进行一对一的辅导，帮助学生解决内心的困惑和问题。同时还可以组织一些心理辅导活动，如团体辅导、沙盘游戏等，让学生在轻松愉快的氛围中释放压力、缓解焦虑。除了专业的心理咨询和辅导活动外，

还可以通过建立学习互助小组等方式为学生提供学习上的支持和帮助。这些小组由学习成绩优秀的学生和学习困难的学生组成，通过互相帮助和学习交流，不仅提高学生的学习成绩，还能培养他们的团队协作能力和人际交往能力。

（三）持续关注与调整支持策略

为有特殊需求的学生提供心理支持是一个长期而持续的过程，要定期关注学生的心理状况和学习进步情况，并根据实际情况及时调整支持策略。对已经取得进步的学生，应给予及时的鼓励和表扬，以增强他们的自信心和学习动力；对仍然面临困难的学生，应进一步分析原因并提供更加具体的帮助和支持。同时还要与家长保持密切的联系和沟通，共同关注学生的成长和进步。家长是学生的第一监护人，他们对学生的心理状况和学习情况有着更加深入的了解。通过与家长的沟通和合作，能更加全面地了解学生的特殊需求并提供更加有效的心理支持。

在处理特殊情况与需求时，班主任需要充分发挥自己的专业优势和人格魅力，为有特殊需求的学生提供全方位、个性化的心理支持。通过建立信任关系、深入了解学生需求、提供个性化心理支持方案及持续关注与调整支持策略等步骤，班主任可以帮助这些学生克服内心的困惑和挑战，实现自我成长和发展。同时班主任的工作也需要得到学校与社会的支持和认可，以形成更加完善的学生心理健康促进体系。

二、应对学生行为问题的策略

在学生心理健康促进工作中，班主任时常面临各种行为问题的挑战。这些问题行为表现为违纪、攻击他人、自我封闭等，不仅影响学生个体的成长，还会对班级的整体氛围造成负面影响。班主任需要掌握有效的应对策略，以帮助学生纠正问题行为，促进其健康成长。

（一）建立清晰的行为规范与期望

班主任应明确班级的行为规范，让学生清楚地知道哪些行为是可以接受的、哪些是不可接受的。这些规范应具体、明确，并与学生共同讨论制定，以确保其合理性和可行性。同时还应表达对学生行为的期望，希望他们能够遵守规范，尊重他人，积极参与班级活动。在明确规范与期望的基础上，班主任应公正、一致地执行这些规定。当学生出现问题行为时，及时指出并引导其纠正，同时对遵守规范的学生给予肯定和鼓励。这样不仅可以维护班级秩序，还能帮助学生形成正确的行为观念。

（二）采用多元化的干预策略

针对学生的问题行为，要采用多元化的干预策略。可运用行为矫正技术，如正向强化、负向惩罚等，帮助学生改变不良行为。但需要注意的是，惩罚并非目的，而是为了引导学生认识并改正错误。在使用惩罚时，要确保公正、适度，并与学生进行充分的沟通。除了行为矫正技术外，还可以运用心理咨询、家庭治疗等方法深入了解学生的问题根源，为其提供个性化的帮助。这些方法可以帮助班主任更加全面地了解学生的内心世界，找到其行为问题的症结所在，从而制定更加有效的干预策略。

（三）建立支持系统与合作网络

在应对学生行为问题时，班主任不应孤军奋战，应积极寻求其他教育工作者、家长和社会的支持与合作。要与学校心理咨询师、德育主任等专业人员建立合作关系，共同为学生的心理健康促进提供支持。这些专业人员可以为班主任提供宝贵的建议和指导，帮助其更好地处理学生的行为问题。还应与家长保持密切联系，及时了解学生在家庭中的表现和问题所在。通过与家长的沟通与合作，更加全面地了解学生的成长背景和行为动机，为其提供更加有针对性的帮助。还可以利用社会资源，如社区活动、志愿者服务等，为学生提供更多的实践机会和正面引导。这些活动能帮助学生培养社会责任感、团队协作精神等积极品质，从而减少问题行为的发生。

班主任在应对学生行为问题时需要掌握有效的策略，建立清晰的行为规范与期望、采用多元化的干预策略及建立支持系统与合作网络等，帮助学生纠正问题行为，促进其健康成长。这些策略也有助于营造良好的班级氛围和学习环境，为学生的全面发展提供有力保障。

三、特殊情况下的个别化支持

在学生的成长过程中，由于个体差异和外部环境的影响，部分学生会面临一些特殊情况，如学习困难、情绪障碍、家庭问题等。这些情况会学生的心理健康产生不良影响，需要班主任给予特别的关注和支持。班主任在学生心理健康促进中扮演着关键角色，特别是在提供个别化支持方面。

（一）深入了解学生的特殊情况

提供有效的个别化支持，要深入了解学生的特殊情况，包括学生的学习能力、情绪状态、家庭背景等方面的信息。对通过与学生本人、家长、其他教师及学校心理咨询师的沟通，全面了解学生的需求和挑战；同时保持敏感性和观察力，及时发现学生的变化和问题，为提供及时的个别化支持奠定基础。

（二）制订个性化的支持计划

在了解学生的特殊情况后，要制订个性化的支持计划。这些计划应根据学生的具体需求和挑战来制订，要具有针对性和可操作性。对学习有困难的学生，班主任可以提供额外的辅导资源和学习策略培训；对情绪障碍的学生，班主任可以提供情绪管理和心理疏导的支持；对家庭有问题的学生，班主任可以与家长合作，共同寻找解决方案。个性化的支持计划旨在帮助学生克服困难，提升学生的自我认知和应对能力。

（三）实施持续的支持与监测

制订个性化的支持计划后，班主任需要负责实施并持续监测其效果，包括定期与学生沟通、评估学生的进步和困难、调整支持计划等。在实施过程中，要保持耐心和关爱，鼓励学生积极参与并表达自己的感受和需求；同时应与家长和其他教师保持密切沟通，共同关注学生的成长和进步。班主任要通过持续的支持与监测，确保个别化支持的有效性，并及时调整策略以满足学生的变化需求。

（四）建立积极的班级氛围和互助机制

除了直接为学生提供个别化支持外，班主任还可以营造积极的班级氛围，建立互助机制来间接支持学生。积极、包容、互助的班级氛围有助于学生形成健康的心理状态和建立良好的人际关系。在这样的环境中，学生不仅能够感受到来自班主任的关心和支持，还能从同学那里获得帮助和鼓励，从而更好地应对特殊情况带来的挑战。

（五）寻求专业支持和资源

在提供个别化支持的过程中，班主任会遇到超出自己能力范围的情况。这时就需要勇于寻求专业支持和资源，如学校心理咨询师、医生、社会工作者等。要通过与专业人员的合作，为学生提供更加全面和专业的支持，同时积极学习和提升自己的专业知识和技能，以便更好地应对各种特殊情况。

班主任在特殊情况下的个别化支持对学生心理健康促进具有重要意义，可以通过深入了解学生的特殊情况、制订个性化的支持计划、实施持续的支持与监测、建立积极的班级氛围和互助机制及寻求专业支持和资源等策略，为学生提供全面、有效的个别化支持。这些支持不仅有助于帮助学生克服当前的困难，还能提升他们的自我认知和应对能力，为未来的成长和发展奠定坚实的基础。

四、教师的自我调节与抗压能力

在学生心理健康促进工作中，班主任不仅扮演着引导者和支持者的角色，还需要具备自我调节和抗压的能力。这是因为班主任工作经常要面对各种压力和挑战，如学生行为问题、家长诉求、教学压力等。若班主任无法有效调节自身的情绪和压力，不仅会影响其工作效果，还可能对学生的心理健康产生负面影响。探讨班主任的自我调节与抗压能力在处理特殊情况与需求中的重要性，显得尤为重要。

（一）班主任自我调节的重要性

自我调节是指班主任能够有效管理和调节自己的情绪、行为和认知，以保持良好的心态和工作状态。在学生心理健康促进中，班主任的自我调节能力显得十分重要。

1. 保持冷静与理智。面对学生的行为问题或突发事件时，班主任需要保持冷静和理智，以便做出正确的判断和决策。情绪稳定的班主任更能够赢得学生的信任和尊重，从而有效地引导学生解决问题。

2. 提升工作效果。具备自我调节能力的班主任能够更好地应对工作中的压力和挑战，保持高效的工作状态。他们更能够专注于学生的需求和发展，为学生提供更有针对性的支持和帮助。

3. 营造积极向上的班级氛围。班主任的情绪和态度对班级氛围有着重要影响。一个积极、乐观的班主任能够感染学生，营造出积极向上的班级氛围，有利于学生的心理健康成长。

（二）班主任抗压能力的必要性

抗压能力是指班主任在面对压力和挑战时能够保持坚韧不拔、积极应对的能力。在学生心理健康促进中，班主任的抗压能力很有必要。

1. 应对工作压力。班主任工作中需要处理各种琐碎事务，如学生管理、家长沟通、教学安排等。这些工作压力若无法得到有效缓解，会影响班主任的身心健康和工作效果。具备抗压能力的班主任能够更好地应对这些压力，保持高效的工作状态。

2. 面对挑战与变化。教育工作充满挑战和变化，如学生需求的变化、教育政策的调整等。具备抗压能力的班主任能够更好地适应这些变化和挑战，不断学习与提升自己的专业素养和能力。

3. 保持心理健康。长期面对压力和挑战会对班主任的心理健康产生负面影响。具备抗压能力的班主任能够更好地保持自己的心理健康，避免职业倦怠和情绪耗竭等问题的发生。

（三）提升自我调节与抗压能力的策略

1. 加强情绪管理。班主任可以通过学习情绪管理技巧和方法，如深呼吸、冥想等，提升自己的情绪调节能力。同时也可以寻求同事、朋友或家人的支持和帮助，向他们倾诉，以缓解负面情绪和压力。

2. 建立积极的应对方式。面对压力和挑战时，要积极寻求解决方案并付诸实践。可以通过不断尝试和调整策略应对问题，从而增强自己的抗压能力和自信心。

3. 保持健康的生活方式。良好的生活方式有助于提升班主任的身心健康水平，保持充足的睡眠、均衡的饮食和适当的运动有助于缓解压力和提升心情。同时也可以尝试一些放松活动，如用听音乐、阅读等舒缓紧张的情绪。

4. 持续专业成长。通过参加培训、阅读专业书籍或文章等方式来不断提升自己的专业素养和能力。持续的学习与成长有助于增强班主任的自我效能感和职业满足感，从而提升其自我调节与抗压能力。

第四节　跨学科合作与整合资源

一、与其他学科教师的合作

在学生心理健康促进工作中，班主任的角色远不止于班级管理和日常教学。尤其是在面对心理健康挑战时，班主任需要与其他学科教师紧密合作，共同构建全方位、多角度的支持体系。这种跨学科的合作不仅能够提供更全面的学生关怀，还能够促进教育资源的整合和优化，从而更好地满足学生的心理健康需求。

（一）合作的重要性

与其他学科教师的合作在心理健康促进中至关重要，不同学科的教师往往能够从各自的专业角度提供独特的见解和帮助。例如，体育教师更关注学生的体能发展和运动心理，音乐教师更擅长通过艺术手段疏导学生的情绪。通过合作，班主任可以借鉴这些专业知识和经验，为学生提供更加个性化的支持。合作有助于打破学科壁垒，实现教育资源的共享。在传统的教学模式下，各学科往往各自为政，资源难以互通有无。而通过跨学科的合作，班主任能与其他教师共同开发和利用教育资源，如共同策划心理健康主题活动、共享心理辅导材料等，从而提高教育资源的利用效率。合作还能够促进教师之间的专业成长和交流，在合作过程中，班主任可以与其他教师互相学习、互相启发，共同提升在心理健康促进方面的专业素养和能力。这种专业成长不仅有助于提升教师的职业满足感，还能够为学生提供更高质量的教育服务。

（二）合作的实施策略

1. 建立定期沟通机制。班主任可与其他学科教师定期召开会议或进行线上交流，共同讨论学生的心理健康状况、分享教学经验和资源等。这种定期的沟通有助于保持信息的畅通和共享，确保各方能够及时了解学生的需求和变化。

2. 共同制定教育计划。针对学生的心理健康需求，班主任可以与其他教师共同制定跨学科的教育计划，包括心理健康主题课程、实践活动、心理辅导等，旨在从多个角度全面促进学生的心理健康发展。

3. 互相支持和协作。在教学过程中，班主任可以与其他教师互相支持和协作。某学科教师发现学生存在心理问题时，要及时与班主任沟通并寻求帮助；班主任也可以主动关注其他学科教师的教学情况，提供必要的支持和协助。

4. 共享资源和材料。为了丰富教学内容和手段，班主任可以与其他教师共享资源和材料，包括与心理健康相关的书籍、视频、教案等，有助于为教学提供更加多样化的素材和灵感。

（三）合作的挑战与应对

虽然与其他学科教师的合作具有诸多优势，但在实际操作过程中也面临着一些挑战。不同学科教师的教学风格和教育理念存在差异，导致合作过程中可能产生摩擦和冲突；同时合作需要投入额外的时间和精力，会增加教师的工作负担。

为了应对这些挑战，班主任可以采取以下措施。

1. 建立共同的目标和理念。在合作之初，班主任要与其他教师共同明确合作的目标和理念，确保各方在教学方向上保持一致。这有助于减少摩擦和冲突，促进合作的顺利进行。

2. 合理分配任务和责任。在合作过程中，办主任应根据各方的专业特长与实际情况合理分配任务和责任，既确保工作的顺利进行，又减轻教师的工作负担。

3. 加强沟通和协调，面对合作中的问题和困难，班主任应主动与其他教师加强沟通和协调。主动化解矛盾、解决问题，确保合作的顺利进行。

4. 不断总结和反思，在合作结束后，班主任应与其他教师共同总结和反思合作的经验及教训，找出合作中的不足和问题，为今后的合作提供宝贵的借鉴和参考。

二、整合校内外心理健康资源

（一）校内资源的整合

班主任要充分利用学校内部的心理健康资源，包括学校心理咨询室、心理健康教育课程、心理健康讲座等。班主任可以与学校心理咨询师保持密切联系，及时了解学生的心理健康状况，为他们提供必要的转介和支持。同时班主任还可以积极参与学校心理健康教育课程的规划和实施，将心理健康知识融入日常教学中，提高学生的心理健康意识和自我调适能力。此外，班主任可以与其他学科教师共同合作，开展跨学科的心理健康教育活动。与体育教师合作，通过体育运动来提高学生的心理素质和团队协作能力；例如，与音乐教师合作，通过音乐疗法帮助学生缓解压力和负面情绪。这种跨学科的合作不仅可以丰富教学手段和教学内容，还能够为学生提供更加全面、个性化的心理健康支持。

（二）校外资源的拓展

除了校内资源外，班主任还需要积极拓展校外心理健康资源，包括社区心理健康服务机构、专业心理咨询机构、心理健康志愿者等。班主任要与这些机构建立合作关系，为学生提供更加专业、个性化的心理健康服务；与社区心理健康服务机构合作，共同开展心理健康教育和宣传活动，提高学生和家长的心理健康意识；邀请专业心理咨询机构的专家来学校为学生提供心理咨询和辅导服务，帮助他们解决心理问题和困惑。组织心理健康志愿者团队，开展同伴心理辅导和心理支持活动，让学生在互助互爱的氛围中共同成长。

（三）资源整合的挑战与应对

在整合校内外心理健康资源的过程中，会面临一些挑战和困难。不同机构之间的合作需要时间与精力沟通和协调；校外资源的获取与利用需要一定的经费和政策支持；资源的整合还需要考虑学生的实际需求和接受程度等。为了应对这些挑战和困难，班主任可以采取以下措施：一是加强与合作机构的沟通和协调，建立长期稳定的合作关系；二是积极争取学校与政府的政策和经费支持，为资源的整合和利用提供必要的保障；三是深入了解学生的实际需求和心理特点，根据他们的实际情况制订合适的心理健康支持计划。

三、跨学科项目的设计与实施

在学生心理健康促进工作中，跨学科项目的设计与实施是一种创新且有效的策略。这类项目能够打破传统学科界限，整合不同学科的知识和方法，为学生提供更加全面、深入的心理健康支持。班主任在这一过程中扮演着关键角色，需要与其他学科教师紧密合作，共同设计和实施项目。

（一）项目设计

明确目标班主任要与其他学科教师一起明确项目的目标，围绕学生的心理健康需求进行项目设计，如增强自我认知、提升情绪管理能力、培养社交技巧等。

选择内容与方法，班主任要根据项目目标，选择适合的内容和方法。结合心理学、教育学、社会学等多学科知识，设计心理健康主题课程、实践活动、角色扮演游戏等。

制订实施计划，班主任要详细规划项目的实施步骤和时间表，确保每个阶段都有明确的任务和责任人，以及相应的评估标准。

（二）项目实施

团队协作。班主任作为项目的核心成员，需要与其他学科教师保持密切沟通，确保项目的顺利进行。可定期召开团队会议，分享进展，讨论问题，调整计划。

学生参与。鼓励学生积极参与项目活动，发挥他们的主体作用。可以通过问卷调查、小组讨论等方式收集学生的反馈，及时调整项目内容和方法。

资源整合。充分利用校内外资源，如邀请专家讲座、组织实地考察等，同时借助网络平台和社交媒体，拓展项目的传播和影响。

（三）项目评估与反思

过程评估。在项目实施过程中，要定期进行阶段性评估，通过观察、记录、访谈等方式收集数据，分析项目的进展和效果。

结果反思。项目结束后，要对整个项目进行全面反思，总结成功的经验和存在的不足，为今后的工作提供借鉴和改进方向。

持续改进。要根据学生的反馈和项目的评估结果，不断调整和优化项目设计。同时，也可以将这一经验应用到其他跨学科项目中，实现资源共享和协同发展。

四、合作与资源共享的模式

（一）团队协作模式

在这种模式下，班主任与其他学科教师组成一个团队，共同负责学生的心理健康工作。团队成员应定期交流、分享信息，共同制订和执行心理健康计划。这种模式强调团队成员之间的平等和协作，鼓励每位成员发挥自己的专业优势，共同为学生的心理健康提供支持。

（二）学科整合模式

学科整合模式是将心理健康内容融入各学科教学中，班主任与其他学科教师合作，将心理健康知识、技能和态度融入课堂教学，使学生在学习学科知识的同时，也能提升心理健康素养。这种模式有助于打破学科壁垒，实现心理健康教育的全面渗透。

（三）校内外合作模式

校内外合作模式是指学校与社区、家庭、专业机构等外部资源建立合作关系，共同促进学生的心理健康。班主任与外部资源建立联系，邀请专业人士进校开展讲座、辅导等活动，组织学生参与社区心理健康项目。这种模式有助于拓展心理健康教育的渠道，形成学校、家庭、社会三位一体的心理健康支持网络。

（四）资源共享平台模式

资源共享平台模式是利用现代信息技术手段，搭建一个在线平台，将各类心理健康资源进行整合和共享。班主任可以在平台上发布心理健康知识、教育案例、辅导技巧等资源，也可以从平台上获取其他教师或专业机构的优质资源。这种模式有助于实现资源的快速传播和高效利用，提升班主任和其他教师的心理健康教育能力。

第八章 未来的趋势与发展方向

第一节 心理健康教育的发展趋势

一、全球视角下的心理健康教育

（一）普遍重视与战略地位提升

越来越多的国家和地区开始将心理健康教育纳入国民教育体系，并将其作为提升整体教育质量、培养未来社会合格公民的重要战略。这种普遍重视不仅体现在政策制定和资金投入上，还表现在课程设置、师资培训及教育评价等各个环节。

（二）综合化与跨学科融合

在当今教育领域，心理健康教育的地位日益凸显。与传统的、单一的心理咨询或治疗相比，现代的心理健康教育展现了更加综合化、跨学科的发展趋势。这一转变不仅体现了对心理问题认识的深化，也反映了教育领域对提供更加全面、有效心理支持的需求。心理健康教育的综合化，意味着它不再仅仅关注个体的心理问题和症状，而是将视野拓展到更广泛的领域，包括个体的生理、社会、文化等多方面因素。这种综合化的理念认为，心理问题往往不是孤立存在的，而是与个体的生活环境、社会关系、文化背景等因素密切相关。而跨学科的融合，则为心理健康教育的综合化提供了有力的支持。教育学、社会学、医学等多个学科的深入融合，不仅为心理健康教育带来了新的理论和方法，还为其提供了更加丰富的实践资源。例如，教育学可以提供关于学生学习和发展的深入理解，帮助教育者设计更符合学生需求的心理干预策略；社会学则可以揭示社会环境和文化因素对学生心理健康的影响，为制定更具针对性的心理教育政策提供依据；医学的最新研究成果则可以为心理健康教育提供更加科学、有效的干预手段。

在实践层面，心理健康教育的综合化与跨学科融合已经取得了显著的成果。许多学校和教育机构开始尝试将心理健康教育与学科教学、德育活动、校园文化建设等多个方面结合起来，形成了一系列富有创新性和实效性的教育模式。这些模式不仅关注学生的学习成绩，还注重培养学生的心理素质、社会适应能力等，为他们的全面发展提供了有力的支持。

（三）预防为主与早期干预

随着现代社会对心理问题认识的不断深化，预防为主的理念已逐渐成为全球共识。各国政府和教育机构纷纷将心理健康教育的关口前移，致力于通过普及心理健康知识、提升心理素质等方式，从根本上降低心理问题的发生率。这种转变不仅体现了对个体心理健康的关注，更是对社会整体福祉的负责。预防为主的心理健康教育策略强调在个体未出现心理问题之前，就通过系统性的教育和培训，增强其心理韧性，提升其应对压力和挑战的能力。这种策略不仅有助于降低心理问题的发生概率，还能在个体面临困境时，为其提供有力的心理支持，帮助其快速恢复和调整。对已经出现心理问题的学生，早期发现和早期干预同样至关重要。心理问题的早期表现往往较为隐蔽，容易被忽视。然而一旦错过最佳干预时机，心理问题可能会迅速恶化，给学生个体和社会造成不可逆转的损害。建立健全的心理问题筛查和干预机制，确保学生在出现心理问题的早期就能得到及时、有效的帮助，是降低其对学生个体和社会不良影响的关键。

在实践中，预防为主和早期干预的心理健康教育策略需要多方共同努力。学校作为教育的主阵地，应承担起普及心理健康知识、提升学生心理素质的重任。班主任作为与学生接触最密切的教育工作者之一，更是肩负着重要的责任。他们需要通过专业培训和实践锻炼，提升自身在心理健康教育方面的专业素养和实践能力，为学生提供更加科学、有效的心理支持。家庭和社会也是心理健康教育不可或缺的力量。家长应关注孩子的心理健康状况，与学校保持密切沟通合作，共同为孩子的心理健康成长营造良好的环境。社会各界也应积极参与心理健康教育工作，通过宣传普及心理健康知识、提供心理咨询服务等方式，为构建和谐社会贡献力量。

（四）技术驱动与创新应用

随着现代科技的飞速发展，心理健康教育领域正经历着一场由技术驱动的创新变革。大数据、人工智能、虚拟现实、增强现实等前沿技术的不断涌现和深入应用，为心理健康教育带来了前所未有的新机遇和新挑战。大数据技术的运用使得心理测评更加精准、全面。传统的心理测评方法往往依赖于问卷、量表等主观性较强的工具，而大数据技术则能够通过收集和分析个体在社交媒体、在线学习平台等渠道产生的海量数据，揭示出更加客观、真实的心理特征和行为模式。这不仅提高了心理测评的准确性和有效性，还为后续的心理干预提供了更加科学的依据。人工智能技术在心理健康教育中的应用也日益广泛。通过构建智能算法模型，人工智能可以对个体的心理状态进行实时监测和预测，及时发现潜在的心理问题，并提供个性化的干预建议。此外，人工智能还可以辅助心理咨询师进行更加高效、精准的咨询服务，提高心理健康教育的整体效果。虚拟现实和增强现实等新技术也为心理健康教育带来了革命性的变化。这些技术可以创建出高度仿真的虚拟环境，让学生在其中进行沉浸式的学习体验。利用虚拟现实技术模拟各种社交场景，帮助学生克服社交焦虑；通过增强现实技术展示心理健康知识，能提高学生的学习兴趣和参与度。这些创新应用不仅丰富了心理健康教育的手段和内容，还使得教育过程更加生动、有趣。

技术驱动与创新应用也带来了一定的挑战，如何确保数据的安全性和隐私性、如何避免技术滥用和误用、如何平衡技术与人文关怀等问题都需要深入思考和解决。在推进心理健康教育技术创新的同时，也需要加强伦理规范和法律法规的建设，确保技术能够更好地服务于人类的心理健康福祉。

（五）国际合作与交流加强

面对共同的心理健康挑战，各国之间的合作与交流日益频繁，通过分享经验、互访学习、联合研究等方式，各国共同推动心理健康教育的发展。这种国际合作不仅有助于提升各国心理健康教育的水平，还为构建人类命运共同体注入了新的活力。

二、新兴研究与理论的应用

（一）神经科学与心理健康教育的融合

随着科技的飞速发展，神经科学领域的研究成果日新月异，为理解大脑与行为之间的复杂关系提供了前所未有的深入认识。这些研究不仅揭示了大脑工作的奥秘，还为心理健康教育领域带来了革命性的变革。通过先进的脑成像技术，如功能磁共振成像（fMRI）、脑电图（EEG）等，神经科学家们能够实时监测大脑在不同情境下的活动变化。对于学生而言，这些技术可以帮助他们更加直观地了解在面对压力、挑战时的大脑反应模式。当学生面临考试时，他们的焦虑程度可以通过大脑活动数据来进行客观评估，从而提供更加科学、精准的心理健康教育依据。作为班主任，将这些神经科学研究成果应用于日常教育实践中具有重要意义。通过对学生大脑活动数据的分析，班主任可以更加深入地了解每个学生的心理状态和需求，进而设计出更符合他们大脑发展规律的教育活动和干预策略。例如，针对焦虑程度较高的学生，班主任可以运用神经反馈训练等方法，帮助他们学会自我调节大脑活动，降低焦虑水平，提升心理健康素养。神经科学与心理健康教育的融合还有助于打破传统教育观念的束缚。在过去，心理健康教育往往依赖经验和直觉，缺乏科学性和系统性。而现在借助神经科学的研究成果，可以更加科学地评估教育干预的效果，不断优化和完善心理健康教育体系。

（二）积极心理学在心理健康教育中的应用

积极心理学，作为心理学领域的一股新兴力量，为心理健康教育注入了新的活力和视角。与传统的心理学研究不同，积极心理学不再仅仅聚焦于问题和缺陷，而是将目光转向人的优点、潜力和幸福感，致力于探索如何使个体和群体达到最佳的心理状态。在心理健康教育中，积极心理学的应用为班主任提供了全新的工作思路和方法。它鼓励班主任以更加积极、正面的态度看待每一个学生，关注他们的优点和潜力，而不是仅仅盯着问题和不足。这种积极的关注不仅能够增强学生的自信心和自尊心，还能够激发他们的内在动力，促使他们更加主动地投入学习和生活中。

积极心理学在心理健康教育中的应用可以体现在以下三方面：

1. 班主任可以运用积极心理学的理念和方法培养学生的乐观情绪。乐观是一种宝贵的心理品质，够帮助学生更好地应对生活中的挫折和困难。班主任可以通过引导学生关注积极的事物、培养正面的思维习惯，班主任可以帮助学生建立乐观的心态，从而更加积极地面对未来的挑战。

2. 坚韧品质的培养也是积极心理学在心理健康教育中的重要应用之一。坚韧是指在面对逆境和困难时能够保持坚韧不拔、勇往直前的品质。班主任可以通过设计具有挑战性的任务、鼓励学生面对困难时不放弃、引导他们从失败中汲取经验和教训，帮助学生逐渐培养出坚韧的品质，从而更好地应对生活中的各种挑战。

3. 积极心理学还强调培养学生的社会责任感。社会责任感是指个体对社会的责任与义务的认知和担当。班主任可以通过组织各种社会实践活动、引导学生关注社会问题、培养他们的公益意识和奉献精神，帮助学生建立积极的社会责任感，从而成为更加有担当、有作为的社会公民。

（三）生态系统理论对心理健康教育的启示

生态系统理论是一种强调个体与环境之间相互关系和互动的理论框架。它认为，个体的心理和行为发展不仅受到内在因素的影响，还受到周围环境，包括家庭、学校、社区等多重环境的深刻影响。这一理论为心理健康教育提供了新的视角和思路，特别是在指导班主任如何更加全面、系统地关注学生的心理健康方面。生态系统理论提醒班主任，学生的心理问题往往不是孤立存在的，而是与其所处的环境密切相关。在心理健康教育中，班主任需要拓宽视野，不仅关注学生的内在心理状态，还要深入了解他们的家庭背景、学校生活、社区环境等外在因素。这些因素对学生的心理健康产生直接或间接的影响，忽视它们就会导致教育干预的效果不佳。生态系统理论强调环境之间的相互作用和影响。学生的家庭、学校和社区等环境并不是孤立的，它们之间存在着复杂的联系和互动。班主任需要认识到这些环境之间的相互作用，并努力构建一个支持性的生态环境，以促进学生的心理健康发展。例如，加强家校合作，与家长共同关注学生的心理问题；优化班级氛围，创造积极、和谐的学习环境；与社区合作，开展有益于学生心理健康的社区活动等。生态系统理论还启示班主任，心理健康教育应该是一个持续、动态的过程。学生的心理健康状态会随着环境的变化而发生变化，因此，班主任需要定期评估学生的心理健康状况，及时调整教育策略。同时班主任还需不断学习和更新自己的专业知识，以应对学生不断变化的心理问题。

（四）大数据与人工智能在心理健康教育中的创新应用

大数据和人工智能技术的发展为心理健康教育带来了新的机遇，通过对大量数据的收集和分析，能更准确地了解学生的心理健康状况和需求；同时基于人工智能的算法和模型，能为学生提供更加个性化、精准的心理健康服务和干预。班主任需要积极学习新技术，并将其应用到实际工作中，以提升心理健康教育的效果和质量。

三、教育技术在心理健康中的作用

随着科技的飞速发展，教育技术已成为心理健康教育领域不可或缺的一部分。教育技术的广泛应用不仅改变了传统的教学方式，还为心理健康的预防和干预提供了新的手段。对于班主任而言，掌握和运用这些教育技术，将在学生心理健康促进工作中发挥至关重要的作用。教育技术有助于实现心理健康教育的普及化。通过网络平台、移动应用等教育技术手段，心理健康知识可以迅速、广泛地传播给每一个学生。班主任可以利用这些工具，定期发布心理健康相关的文章、视频、讲座等资源，帮助学生了解心理健康的重要性，掌握基本的心理调适方法。教育技术能够提供个性化的心理健康支持，每个学生的心理健康状况都是独特的，他们需要的帮助和支持也各不相同。通过大数据分析和人工智能算法，教育技术可以对学生的心理健康状况进行精准评估，并为他们提供订制化的干预方案。班主任可以根据这些评估结果，为学生提供更加贴心、有效的心理健康指导。教育技术还能增强心理健康教育的互动性。传统的心理健康教育往往以单向灌输为主，学生缺乏参与感和体验感，而教育技术中的虚拟现实、增强现实等技术，可以为学生创建逼真的心理健康场景，让他们在游戏中学习、在体验中成长。班主任可以利用这些技术，设计富有创意和吸引力的心理健康活动，激发学生的学习兴趣，调动他们学习的积极性。教育技术有助于构建心理健康教育的共同体，通过社交媒体、在线论坛等教育技术平台，班主任可以与其他教师、家长、专家等建立紧密联系，共同探讨学生的心理问题，分享教育经验和资源。这种跨时空的交流与合作，不仅能够提升班主任的心理健康教育能力，还能为学生营造更加和谐、支持性的成长环境。

教育技术在心理健康教育中发挥着越来越重要的作用，作为班主任，应积极拥抱新技术，不断提升自己的信息素养和心理健康教育能力，以更好地扮演在学生心理健康促进中的关键角色。班主任要通过教育技术的运用，为学生提供更加全面、个性化、互动性的心理健康支持，助力他们健康成长、全面发展。

四、政策与法规对教育的影响

（一）政策法规对心理健康教育的推动作用

近年来，随着社会对心理问题的日益重视，各国政府纷纷出台相关政策法规，以推动心理健康教育的发展。这些政策法规往往明确了心理健康教育的目标、原则、内容和方法，为学校和班主任开展心理健康教育工作提供了有力的支持。

一些国家将心理健康教育纳入国民教育体系，要求学校开设心理健康课程，配备专业的心理健康教师。这些政策不仅提高了心理健康教育的地位，还确保了每个学生都能接受基本的心理健康教育。政策法规还鼓励学校与家庭、社区等外部资源建立合作关系，共同促进学生的心理健康。这种跨部门的合作机制有助于形成全方位的心理健康支持网络，为学生提供更加全面、个性化的心理健康服务。

（二）政策法规对班主任工作的具体要求

作为学校心理健康教育的重要实施者，班主任在政策法规的指导下，需要承担一系列具体的工作职责。这些要求不仅涉及心理健康知识的传授，还包括对学生心理状况的关注、评估与干预。班主任要定期参加心理健康教育培训，提高自身的专业素养。通过培训，班主任可以掌握最新的心理健康教育理念和方法，更好地满足学生的心理健康需求。班主任要密切关注学生的心理状况，及时发现并处理心理问题。在日常工作中，班主任要通过观察、交流等方式了解学生的心理状态，对出现心理问题的学生进行及时干预和辅导。班主任还要与家长保持密切联系，共同关注学生的心理健康；通过定期的家访、家长会等活动，向家长传递心理健康知识，指导家长正确应对孩子的心理问题。

（三）政策法规对教育资源分配的影响

政策法规不仅直接影响教育实践，还通过影响教育资源的分配间接影响教育效果。在心理健康教育领域，政策法规的出台往往伴随着教育资源的重新配置。政府会增加对心理健康教育的投入，为学校提供更多的心理健康教育资源，包括专业的心理健康教师、心理辅导室、心理健康教育教材等。这些资源的增加有助于提升学校心理健康教育的整体水平，为班主任开展心理健康教育工作提供更好的支持。政策法规还会引导社会资本进入心理健康教育领域，鼓励企业、社会组织等参与心理健康教育服务提供，形成多元化的心理健康教育服务体系。这种服务体系可以为学生提供更加多样化、个性化的心理健康服务选择。

第二节　教师专业发展与自我提升

一、心理健康教育的专业培训

在快速发展的教育环境中，教师的专业发展，特别是心理健康教育的专业培训，显得尤为重要。作为班主任，不仅要管理学生的日常学习和行为，更要关注学生的心理健康，接受心理健康教育的专业培训，对提升班主任工作的质量、促进学生的全面发展具有不可替代的作用。

（一）专业培训能提升班主任的心理健康教育理念

在当今教育背景下，心理健康教育已逐渐成为学校教育的重要组成部分。作为班级的管理者和学生的引导者，班主任在学生心理健康教育中扮演着举足轻重的角色。因此，通过专业培训提升班主任的心理健康教育理念显得尤为重要。专业培训能够帮助班主任全面、深入地理解心理健康教育的内涵和价值。在传统的教育观念中，学习成绩往往被视为衡量学生发展的唯一标准，而学生的心理健康则容易被忽视。现代教育研究表明，心理健康不仅与学生的学习成绩密切相关，更是影响其未来社会适应能力、生活质量及幸福感的关键因素。通过专业培训，班主任能够重新审视与定位心理健康教育在学生全面发展中的地位和作用，从而更加重视在日常工作中融入相关理念和实践。专业培训还能使班主任系统地掌握心理健康教育的基本原则和方法，心理健康教育是一门专业性很强的学科，涉及心理学、教育学、社会学等多个领域的知识和技能。班主任如果没有经过系统的学习和培训，就很难在实践中有效地开展心理健康教育。通过专业培训，班主任可以学到科学有效的教育理念、策略和方法，如如何识别学生的心理问题、如何进行心理疏导和干预、如何与家长沟通协作等。这些知识与技能将为班主任工作提供有力的支持和指导。

（二）专业培训能增强班主任的心理健康教育技能

除了对心理健康教育理念的提升，专业培训在增强班主任实际操作技能方面也发挥着不可或缺的作用。这些技能对班主任在日常工作中有效应对学生的心理问题、提供及时的心理支持至关重要。专业培训能够教授班主任如何准确识别学生的心理问题。学生的心理问题往往表现得隐蔽而复杂，需要班主任具备敏锐的洞察力和专业的判断能力。通过培训班主任可以学到一系列心理评估工具和方法，如观察学生的行为表现、情绪状态、学习成绩等，从而及时发现学生的心理问题，为后续的干预和支持奠定基础。专业培训能够提升班主任进行心理辅导的能力。心理辅导是一项需要专业知识和技巧的工作，要求班主任能够与学生建立信任关系、倾听他们的内心声音、提供有效的心理支持。通过培训，班主任可以学到各种心理辅导技巧和方法，如倾听技巧、引导技巧、反馈技巧等，从而更加自信、从容地面对学生的心理问题，帮助他们走出困境、重拾信心。专业培训还能够加强班主任与家长在心理健康教育方面的沟通合作。家长是学生心理健康教育的重要合作伙伴，班主任需要与家长保持密切的联系和沟通，共同关注学生的心理健康状况。通过培训，班主任可以学到如何与家长建立有效的沟通渠道、如何分享学生的心理健康信息、如何引导家长参与学生的心理健康教育等技巧和方法，从而形成家校共育的良好氛围，为学生的心理健康提供全方位的支持和保障。

（三）专业培训有助于班主任的自我调适与压力管理

在教育领域，班主任作为一线教育工作者，承担着繁重的教学任务和学生管理工作，面临着来自多方面的压力和挑战。这些压力不仅影响着班主任的身心健康，还会对其工作质量和学生的成长产生负面影响。心理健康教育的专业培训在关注如何教育学生的同时，也着重关注班主任的自我调适和压力管理能力的提升。通过专业培训，班主任可以接触到一系列科学有效的压力管理技巧和策略。其中，情绪调节是一项重要的技能。在工作中，班主任时常会遇到各种挫折和困难，如学生问题、家长沟通难题等，这些都可能引发负面情绪。通过培训，班主任可以学习到如何识别和管理自己的情绪，避免情绪失控对工作和生活造成不良影响。时间管理也是班主任必备的一项能力，面对繁重的工作任务和琐碎的日常事务，班主任需要合理安排时间，确保工作的高效完成。专业培训可以教授班主任一些时间管理的技巧和方法，如制订工作计划、设置优先级、避免拖延等，从而帮助班主任更好地应对工作中的压力和挑战。职业规划也是提升班主任自我调适和压力管理能力的重要途径。通过培训，班主任可以更加清晰地认识自己的职业目标和发展方向，制订出符合自身实际情况的职业规划。这不仅有助于班主任在工作中保持积极性和动力，还能够使其在面对职业困境时更加从容和坚定。

二、教师自我关怀与心理健康

随着教育改革的深入和社会对教师期望的提高，教师的工作压力日益增大，特别是班主任，在完成繁重的教学任务和履行管理职责之余，还要关注学生的心理健康。因此，教师的自我关怀与心理健康维护显得尤为重要。

（一）自我关怀的概念及意义

自我关怀，这一看似简单却常常被忽视的概念，实则蕴含着深远的意义。它指的是教师，特别是身处教育一线的班主任，能够有意识地对自己的身体、心理和情感需求进行关注和照顾，确保自己在繁忙的工作中保持身心的健康与平衡。对于班主任来说，自我关怀不仅仅是一种个人的生活需求，更是一种职业责任和担当。只有自身处于良好的身心状态时，他们才能更加专注、更加投入地履行教书育人的神圣职责，为学生的成长和发展提供稳定而持久的支持。因此，自我关怀不仅关乎教师个人的幸福感和生活质量，更直接影响着教育的质量和效果。自我关怀有助于教师缓解工作压力，提升工作满意度和幸福感。面对繁重的教学任务、复杂的学生问题，以及来自社会和家庭的期望压力，教师很容易感到疲惫和挫败。而通过关注自己的身心健康，合理安排工作和休息时间，积极参与有益身心的活动，教师能够有效地释放压力、调节情绪，从而以更加积极的心态面对工作中的挑战和困难。自我关怀能够增强教师的自我效能感，提高教学质量和效果。当注重自我关怀时，他们更加容易感受到自己的价值和能力所在，从而在教学工作中表现出更高的自信和热情。这种自信和热情不仅能够感染和影响学生，激发他们的学习兴趣和动力，还能够促使教师不断探索与创新教学方法和手段，提高教学效果和满意度。自我关怀也是促进教师专业发展的重要途径之一。一个注重自我关怀的教师，会更加关注自己的专业成长和发展需求，愿意投入时间与精力进行学习和研究。这种持续的学习与研究不仅能够提升教师的专业素养和教学能力，还能够使教师保持对教育工作的新鲜感和热情，实现自我价值的不断提升和超越。

（二）教师心理健康的现状与挑战

随着教育改革的不断深化和社会对教育质量期望的持续提升，教师的工作压力日益加大，这已成为影响教师心理健康的首要因素。工作压力的增大往往伴随着职业倦怠感的产生，许多教师在长期高强度的工作状态下，逐渐失去了对教育工作的热情和动力，表现出明显的情绪耗竭和成就感降低。这种职业倦怠不仅损害了教师的身心健康，也严重影响了其教学质量和效率。情绪困扰也是教师心理问题中不容忽视的一部分。面对工作中的种种挑战和困难，如学生管理、家长沟通、教学评估等，教师很容易产生焦虑、抑郁等负面情绪。这些情绪如果得不到及时有效的排解和疏导，就会进一步加剧教师的心理压力，甚至导致心理疾病的出现。对于班主任而言，他们所面临的心理健康挑战更为严峻。作为班级的管理者和学生的引导者，班主任不仅要承担一般教师的教学任务，还要额外负责学生的日常管理、心理辅导、家校沟通等多项工作。这些工作往往琐碎而繁重，需要班主任投入大量的时间和精力。在处理学生问题的过程中，班主任还时常会遇到各种棘手的情况，如学生的学习困难、行为偏差、心理危机等。这些问题对班主任的专业素养和心理素质提出了极高的要求，稍有不慎会就导致工作失误或心理失衡。关注并改善教师的心理健康状况已刻不容缓，学校和社会应当为教师提供更多的支持和帮助，如加强心理健康教育、建立心理援助机制、减轻教师工作负担等。教师自身也要学会调整心态、释放压力、寻求专业帮助，以维护自己的身心健康。只有这样才能共同构建一个健康、和谐的教育环境。

（三）实现教师自我关怀的途径与方法

1. 关注自己的身体健康。教师通过合理饮食、适量运动、充足休息等方式保持身体健康。同时还要定期体检，及时发现并治疗身体疾病。

2. 关注自己的心理健康。教师可以学习一些心理健康知识，掌握一些心理调适方法，如放松训练、情绪调节等。此外，还可以积极参加一些心理健康活动，如心理咨询、心理辅导等，以缓解心理压力和困扰。

3. 建立良好的人际关系。教师可以通过与同事、朋友、家人的交流互动建立良好的人际关系。这些人际关系可以为教师提供情感支持和帮助，缓解孤独感和无助感。

4. 寻求专业帮助。教师面临严重的心理问题时，可以寻求专业心理咨询师或心理医生的帮助。他们可以为教师提供专业的心理咨询和治疗服务，帮助教师解决心理问题。

（四）教师自我关怀与专业发展的相互促进

教师的自我关怀与专业发展之间存在着紧密的互动关系，它们相辅相成，共同推动着教师的成长和进步。自我关怀作为教师个人成长的重要基石，为教师的专业发展提供了有力的支撑。在日常的教学工作中，教师面临着来自学生、家长、学校及社会等多方面的压力和挑战。这些压力不仅影响着教师的心理状态，还对其身体健康产生不良影响。只有学会关注自己的内心需求，及时调整自己的情绪和心态，保持身心的健康与平衡，教师才能有足够的精力和热情投入专业发展中，不断学习新知识、新技能，提升自己的教育教学水平。专业发展作为教师职业素养提升的重要途径，反过来也会促进教师的自我关怀。随着教育教学理念的不断更新和课程改革的深入推进，教师需要不断更新自己的知识储备和教育技能，以适应不断变化的教育环境和学生需求。在这个过程中，教师的专业素养和教学能力会得到了显著提升，他们会更加自信地面对工作中的各种挑战和压力。这种自信不仅能增强教师的职业认同感和满足感，还会使他们更加关注自己的身心健康状况，愿意投入更多的时间和精力进行自我关怀。教师的自我关怀与专业发展是相互促进、相辅相成的，共同构成了教师个人成长的两个重要方面，推动着教师在职业生涯中不断前行与进步。在未来的教育发展中，学校应该更加关注教师的自我关怀与专业发展，为他们的成长与进步提供更多的支持和保障。

三、终身学习与职业发展路径

（一）终身学习的必要性

随着教育理念的不断更新和教育技术的飞速发展，传统的教育方式已经难以满足现代学生的需求。班主任作为学校教育的重要实施者，必须通过终身学习，掌握新的教育理念和教学方法，以适应教育变革的需要。学生的心理问题日益受到关注，对班主任的心理健康教育能力提出了更高的要求。通过终身学习，班主任可以不断提升自己在心理健康教育方面的专业知识和技能，更好地服务于学生的心理健康成长。终身学习是班主任实现自我价值和职业满足感的重要途径。通过持续的学习和提升，班主任可以在教育实践中不断挑战自我、超越自我，实现自我价值的最大化。

（二）班主任的职业发展路径

班主任要明确自己的职业目标，包括长期目标和短期目标。长期目标可以是成为优秀的心理健康教育专家或学校管理者；短期目标可以是掌握某项新的教学技能或完成某项研究课题。要根据职业目标，制订详细的发展计划，包括学习计划、实践计划、合作计划等。这些计划应该既具有挑战性又具有可行性，以确保班主任能够在实践中不断进步。班主任要通过多种途径进行持续的学习和实践，如参加专业培训、阅读专业书籍、参与课题研究、开展教学实践等。这些活动不仅可以帮助班主任掌握新的知识和技能，还可以拓宽其视野和思维方式。在实践过程中，要不断进行反思和总结，以发现自己的优点和不足，及时调整发展策略。通过反思和总结，班主任可以更好地理解自己的教学实践和职业发展过程，为未来的学习和发展提供宝贵的经验。

（三）实践策略

班主任应与其他教师、学校管理者、教育专家等建立学习共同体，共同学习和探讨教育问题。通过学习共同体的交流和合作，能获得更多的学习资源和发展机会。现代信息技术为班主任的终身学习提供了便捷的途径，班主任可以利用网络课程、在线教育平台等资源进行自主学习和提升；同时也可以利用社交媒体、教育博客等平台与同行进行交流和分享。班主任要关注国家和地方的教育政策与动态，了解教育改革的方向和趋势。通过对政策与动态的关注和分析，班主任可以更好地把握教育发展的脉搏，为自己的职业发展做出正确的决策。

四、教师社群与支持网络

在教师专业发展与自我提升的过程中，教师社群与支持网络发挥着不可或缺的作用。对于班主任而言，这些社群和网络不仅是获取信息、交流经验的平台，更是情感支持、共同成长的摇篮。

（一）教师社群与支持网络的重要性

教师社群为班主任提供了信息共享和经验交流的平台，在这里，班主任可以获取最新的教育理念、教学方法和心理健康教育技巧，也可以分享自己的实践经验和成功案例，从而实现知识的共享和经验的传承。面对繁重的教学任务和管理职责，班主任往往承受着巨大的压力，教师社群与支持网络能为班主任提供情感上的支持和安慰，帮助他们缓解压力、释放情绪，从而保持良好的心理状态。通过与社群中的其他教师交流与互动，班主任可以不断拓宽自己的视野和思维方式，激发创新灵感，促进专业成长和自我提升。同时社群中的优秀教师和专家也可以为班主任提供专业指导和帮助，引领他们向更高的目标迈进。

（二）构建教师社群与支持网络的策略

利用现代信息技术，如社交媒体、教育论坛等，建立线上交流平台，能方便班主任随时随地进行信息交流和经验分享。这些平台可以打破时间和空间的限制，让班主任在繁忙的工作之余保持与社群的联系。定期组织线下研讨活动，如工作坊、研讨会、座谈会等，为班主任提供面对面交流的机会。这些活动可以促进班主任之间的深入交流和合作，增强社群的凝聚力和向心力。为新任班主任配备经验丰富的导师，提供一对一的指导和帮助。导师可以为新任班主任解答疑惑、传授经验，帮助他们快速适应工作环境，提升专业素养。要鼓励班主任与其他教师合作开展课题研究、教学实践等活动，通过合作研究，班主任可以深入了解其他教师的教学理念和方法，取长补短，共同提升。

（三）实践中的挑战与机遇

在实践中，构建教师社群与支持网络也面临着一些挑战和机遇。挑战方面：一是如何激发班主任的参与热情，让他们积极投入社群活动中；二是如何确保社群活动的有效性和针对性，让每一次活动都能为班主任带来实质性的收获；三是如何平衡线上交流和线下活动的关系，让两者相互补充、相互促进。

机遇方面：一是现代信息技术的发展为教师社群与支持网络的构建提供了便捷的条件和丰富的资源；二是教育改革的深入推进为班主任的专业发展与自我提升提供了广阔的空间和机遇；三是社会对教育的关注与投入为班主任的职业发展提供了有力的支持和保障。

第三节 学生心理健康的全面支持

一、构建全校范围的支持系统

随着教育改革的深入和心理健康教育的日益重视，构建全校范围的支持系统已成为促进学生心理健康发展的重要举措。这一系统旨在整合学校内外资源，形成全方位、多层次的支持网络，为学生提供及时、有效的心理健康服务。

（一）系统构建的必要性

当今社会，学生的心理问题已成为一个不容忽视的议题。随着学业压力、家庭关系、网络影响等多重因素的交织，学生的心理健康正面临着前所未有的挑战。这些问题不仅影响着学生的学习成绩和日常生活，更对其未来的成长和发展构成潜在威胁。然而传统的心理健康教育模式在应对这一复杂局面时显得捉襟见肘。课堂教学虽然能够普及心理健康知识，但往往缺乏针对性和实效性；个别辅导虽然能够深入解决个别学生的问题，但覆盖面有限，难以惠及全体学生。构建一个更加全面、系统的心理健康支持系统势在必行。这一系统的构建将打破学校内部各部门的壁垒，促进教育资源的高效整合，通过跨部门、跨学科的协作，形成一股强大的合力，共同为学生的心理健康保驾护航。同时，系统构建还将吸纳更多外部资源，如家庭、社区、专业机构等，进一步拓展心理健康教育的边界和深度。在这样的系统支持下，学生可以更加便捷地获取心理健康信息和服务。无论是日常的心理调适，还是面临危机时的紧急干预，系统都能够提供及时、有效的支持。这不仅有助于提升学生的心理健康水平，更能够培养他们的自我认知、情绪管理、人际交往等多方面的能力，为其未来的全面发展奠定坚实基础。

（二）关键要素

1. 领导的重视与支持。学校领导应充分认识到心理健康教育的重要性，将其纳入学校整体发展规划，并提供必要的政策、经费和人员支持。

2. 专业的师资队伍。建立一支具备专业知识和技能的心理健康教育师资队伍，包括专职心理教师、班主任、学科教师等，共同承担心理健康教育的任务。

3. 多元化支持的网络。整合学校内外资源，建立包括课堂教学、个体咨询、团体辅导、家庭联系、社区合作等在内的多元化支持网络，满足学生不同层面的需求。

4. 完善的工作机制。建立科学、规范的工作机制，包括学生心理健康状况评估、问题发现与报告、危机干预与转介、效果评估与反馈等，确保支持系统的有效运行。

（三）实施策略

1. 加强师资培训。定期举办心理健康教育师资培训，提高教师的专业素养和教育教学能力，确保能够有效地开展心理健康教育工作。

2. 深化课堂教学改革。将心理健康教育融入各学科教学中，通过情境模拟、角色扮演、讨论分享等方式，增强学生的心理健康意识和自我调适能力。

3. 开展丰富多彩的课外活动。组织各类心理健康主题的课外活动，如心理剧表演、心理沙龙、心理拓展训练等，让学生在轻松愉快的氛围中接受心理健康教育。

4. 加强家校合作。建立定期的家校沟通机制，向家长普及心理健康知识，引导家长关注孩子的心理健康状况，共同营造有利于孩子健康成长的家庭环境。

5. 利用社会资源。积极与社区、专业机构等合作，引入更多优质资源，为学生提供更加专业、个性化的心理健康服务。

二、学生心理健康服务的整合

（一）整合的必要性

学生的心理问题具有多样性、复杂性和隐蔽性等特点，单一的服务模式往往难以满足学生的实际需求。因此，将学生心理健康服务与学校教育、家庭教育、社会支持等有机结合，形成多方参与、协同合作的服务体系显得尤为重要。可以通过整合各方资源，为学生提供更加全面、个性化的心理健康服务，及时发现和解决学生的心理问题，促进他们的健康成长。

（二）整合的策略

1.建立协同机制。学校应与学生家庭、社区、专业心理健康机构等建立紧密的合作关系，共同制订学生心理健康服务计划，明确各方职责，形成协同工作的良好局面。

2.完善服务流程。学校应建立一套完整的学生心理健康服务流程，包括心理筛查、评估、干预、追踪等环节，确保每位学生都能得到及时、有效的心理健康服务。

3.强化师资培训。学校应加强对班主任、学科教师等教职员工的心理健康教育培训，提高他们的专业素养和服务能力，使他们能够更好地识别和应对学生的心理问题。

4.利用信息技术。学校应借助现代信息技术手段，如建立学生心理健康电子档案、开发在线心理辅导平台等，实现对学生心理健康状况的动态监测和个性化辅导。

5.开展科普教育。学校应定期开展心理健康主题教育活动，如讲座、工作坊、主题班会等，普及心理健康知识，提高学生和家长的心理健康意识。

（三）面临的挑战与机遇

在整合学生心理健康服务的过程中，学校也面临着一些挑战和机遇。挑战方面：一是如何协调各方利益，确保服务的公平性和可持续性；二是如何克服资源不足和专业人才匮乏的问题；三是如何应对学生心理问题的复杂性和多变性。

机遇方面：一是随着社会对心理问题的重视程度不断提升，学校有望获得更多的政策支持和资源投入；二是现代信息技术的发展为心理健康服务的整合提供了便捷的手段和平台；三是家校合作、社区支持等模式的探索与实践为学校心理健康服务的创新提供了广阔的空间。

学生心理健康服务的整合是一项系统而复杂的工程，需要学校、家庭、社会等多方共同努力，通过建立协同机制、完善服务流程、强化师资培训、利用信息技术及开展科普教育等策略的实施，为学生提供更加全面、高效的心理健康服务，助力他们的健康成长。同时面对挑战与机遇并存的现实情况，学校也应保持清醒的头脑和敏锐的洞察力，积极应对挑战并抓住机遇，推动学生心理健康服务的不断创新与发展。

三、学生领导力与自我倡导能力

在学生心理健康的全面支持体系中，培养学生的领导力和自我倡导能力至关重要不仅是提升学生个体心理健康水平的有效途径，也是构建积极、健康的学校心理环境的重要组成部分。

（一）学生领导力与自我倡导能力的重要性

学生领导力和自我倡导能力的培养有助于学生更深入地了解自己的内心世界，增强自我认知；也能促使学生更有效地管理自己的情绪和行为，从而提升心理健康水平。具备领导力的学生往往能够在同伴中发挥积极影响，促进同伴之间的正向互动和支持。而自我倡导能力则有助于学生表达自己的需求和感受，维护个人权益，同时尊重他人，从而建立健康的同伴关系。当学生能够在学校中积极发挥领导作用，自我倡导正面价值观和行为时，整个学校的心理环境也会因此得到改善。这种积极的氛围有助于预防学生心理问题的出现，并为已经出现问题的学生提供更好的康复环境。

（二）班主任在培养学生领导力与自我倡导能力中的角色

班主任应积极为学生创造参与班级、学校活动的机会，让学生在实践中锻炼领导力和自我倡导能力。可以组织班级讨论会、主题班会等活动，让学生担任主持人、策划者等角色。在学生尝试发挥领导作用或进行自我倡导时，班主任应给予及时的指导和鼓励，通过具体的建议、反馈和肯定，帮助学生提升能力、增强信心。班主任自身的言行对学生具有潜移默化的影响，因此在日常工作中应展现积极、健康的领导风格和自我倡导行为，为学生树立良好的榜样。班主任可以与学校其他教职员工、家长、社区等合作，共同建立支持学生领导力与自我倡导发展的系统，通过多方协同努力，为学生提供更加全面、持续的支持和帮助。

（三）面临的挑战与应对策略

在培养学生领导力与自我倡导能力的过程中，班主任会面临一些挑战，如学生参与度不高、缺乏有效的指导方法等。针对这些挑战，班主任可以采取以下策略：

1. 激发学生兴趣与动机。设计有趣、有意义的活动，让学生感受到参与的价值和乐趣，从而激发他们的兴趣和动机。

2. 提供多样化的指导方法。根据学生的年龄、性格、兴趣等特点，提供多样化的指导方法，如角色扮演、小组讨论、案例分析等，以满足不同学生的需求。

3. 持续学习与自我提升。班主任应不断学习新的教育理念和方法，提升自己的专业素养和指导能力，以便更好地支持学生的发展。

学生领导力与自我倡导能力在心理健康促进中发挥着重要作用。班主任作为学生成长过程中的重要引导者，应积极创造条件、提供指导、树立榜样并建立支持系统，以培养学生的这些能力并促进他们的心理健康发展。面对挑战时，班主任也应灵活调整策略、持续学习进步，以便更好地适应和满足学生的成长需求。

四、全面发展的学生支持计划

随着教育改革的不断深化，学生的全面发展已成为当今教育的重要目标。在这一背景下，全面发展的学生支持计划应运而生，旨在为学生提供全方位、多层次的支持，促进其身心健康、学业进步和社交能力的提升。

（一）全面发展的学生支持计划的必要性

在当下这个快速变化的时代，社会竞争日益激烈，心理环境也越发复杂多变。身处其中的学生，不仅要面对来自学业的压力，还要应对家庭、社交等多方面的挑战。这些压力和挑战，若不能得到及时有效的缓解和支持，很容易对学生的心理健康造成不良影响，进而波及他们的学习成绩和未来发展。因此，建立全面发展的学生支持计划显得至关重要，这样的计划不仅关注学生的学习成绩，更着眼于他们的全面发展，包括心理素质、社交能力、创新思维等多个方面。通过提供个性化的辅导、心理咨询、社交技能训练等多元化的支持措施，学生支持计划能够帮助学生有效应对各种挑战，缓解压力，提升自信心和抗逆能力。全面发展的学生支持计划还有助于培养学生的综合素质。在支持计划的引导下，学生可以接触到更广阔的知识领域，培养跨学科的学习能力和创新思维。他们还可以在各种实践活动中锻炼自己的组织领导能力、团队协作能力和解决问题的能力。这些综合素质的提升，不仅有助于学生在当前的学习生活中脱颖而出，更能为他们的未来发展奠定坚实的基础。面对日益严峻的社会竞争和复杂多变的心理环境，必须高度重视全面发展的学生支持计划的建立和实施。要通过整合学校、家庭、社会等多方资源，为学生的全面发展提供有力的保障，让他们在成长的道路上更加自信、坚韧、勇敢。

（二）全面发展的学生支持计划的核心内容

班主任要提供个性化的学习指导，帮助学生制订学习计划，掌握学习方法，提升学习效率。关注学生的学习困难，提供及时的辅导和支持；建立心理健康教育体系，定期开展心理健康教育和心理辅导活动，帮助学生增强心理韧性，提升情绪管理能力，预防心理问题的发生；鼓励学生参与各种社交活动，培养其团队合作精神和人际交往能力；关注学生的社交困难，提供必要的帮助和指导；引导学生认识自我，探索兴趣和发展方向，制订个人生涯规划；同时提供职业指导和实习机会，帮助学生积累职业经验，为未来的发展奠定基础。

（三）全面发展的学生支持计划的实施策略

1.资源的整合与利用

班主任要充分利用学校内外的各种资源，形成支持学生全面发展的强大合力。这些资源包括教师、家长、社区、企业等。教师作为学生学习的主要引导者，应提供专业的知识和技能指导。家长则需要在家庭教育中发挥作用，与学校密切配合，共同关注学生的成长。社区和企业则可以为学生提供丰富的实践机会和职业发展指导。这些资源的整合，可以为学生创造一个全方位、立体化的支持体系。

2. 个性化指导与支持

每位学生都有独特的个性和需求，支持计划应根据学生的个体差异提供个性化的指导和支持。这要求教育者深入了解每位学生的特点，包括他们的兴趣爱好、学习方式、发展目标等，然后制订有针对性的辅导方案。这种个性化的指导，可以确保每位学生都能在自己的优势领域得到充分发展，同时在需要提升的方面得到有效的帮助。

3. 持续跟踪与评估

全面发展的学生支持计划不是一成不变的，需要根据学生的发展情况进行持续跟踪和评估。这要求教育者定期收集和分析学生的学习成绩、心理状态、社交能力等方面的数据，以及家长、教师、同学等方面的反馈信息。通过这些数据和信息，可以及时发现学生在发展中遇到的问题和困难，然后对支持计划进行相应的调整和优化。这样可以确保支持计划始终与学生的发展需求保持高度契合。

4. 家校沟通与合作

家庭和学校是学生成长的两个重要环境，因此，加强家校沟通与合作是全面发展的学生支持计划中不可或缺的一环。学校应定期与家长进行沟通，了解学生的家庭情况和在家中的表现，同时也向家长反馈学生在校的学习和发展情况。这种方式可以增进家长对学校的信任和支持，同时也可以让家长更加了解和支持学生的全面发展。家庭和学校形成合力时，就可以为学生创造一个更加有利于其全面发展的环境。

（四）班主任在全面发展的学生支持计划中的角色

作为班级的管理者和学生的引导者，班主任在全面发展的学生支持计划中扮演着举足轻重的角色。班主任需要深入了解每位学生的需求和特点，为他们提供个性化的指导和支持；整合各方资源，协调各方力量，确保支持计划的顺利实施；还要持续关注学生的发展情况，及时调整支持策略，确保计划的针对性和实效性。

全面发展的学生支持计划是促进学生身心健康、学业进步和社交能力提升的重要举措。整合资源、个性化指导、持续跟踪与评估及家校合作等策略的实施，能为学生提供全方位、多层次的支持。而班主任作为这一计划的关键执行者，需要充分发挥自身的专业优势和引导作用，为学生的全面发展保驾护航。

第四节　创新与未来展望

一、创新策略在心理健康促进中的应用

随着教育环境的不断变化和学生心理健康需求的日益增长，传统的心理健康促进方法已难以满足当前的需求。班主任作为学生心理健康的守护者，需要不断探索和创新心理健康促进策略，以更好地适应时代的发展和学生的需求。

（一）技术创新，利用现代科技手段提升心理健康促进效果

随着信息技术的日新月异，大数据、人工智能等尖端科技逐渐渗透到社会的各个领域，为各行各业带来了翻天覆地的变革。在这种背景下，教育领域，尤其是心理健康教育，也迎来了前所未有的发展机遇。作为与学生接触最为密切的班主任，更应站在时代的前沿，积极拥抱这些现代科技手段，以期在心理健康促进方面取得更为显著的效果。大数据技术的运用可以为班主任提供更加全面、深入的学生心理画像。通过收集和分析学生在学习、生活、社交等各个维度的数据分析，班主任可以更加准确地掌握学生的行为模式、情绪变化及潜在的心理需求。这些数据的获取和分析，不仅有助于班主任及时发现学生存在的心理问题，更能为后续的个性化心理辅导提供有力的数据支撑。人工智能技术的引入可以极大地提升心理咨询的效率和覆盖面。传统的心理咨询往往受时间、地点和人力等因素的限制，难以满足所有学生的需求。而基于人工智能的心理咨询平台，则可以打破这些限制，为学生提供 24 小时不间断的心理支持。无论是面对学习压力、人际关系困扰还是其他心理问题，学生都可以随时随地获得专业的帮助和指导。

（二）方法创新，引入多元化、互动性的心理健康促进方法

传统的心理健康教育模式，如讲座和课程，虽然在传递知识和信息方面具有一定的效果，但往往难以激发学生主动参与的兴趣。这些方法往往单向、呆板，

缺乏足够的互动性和实践性，使得学生在接受心理健康教育时感到枯燥和被动。为了改变这一现状，必须进行方法创新，引入更多元化、互动性的心理健康促进方法。角色扮演是一种极具潜力的心理健康教育方法。让学生扮演不同的角色，模拟真实生活中的各种情境，可以帮助他们更好地理解他人的感受和需求，培养同理心和社交技巧。这种方法不仅能够激发学生的学习兴趣，还能让他们在实践中学习和成长。团体辅导也是一种有效的心理健康教育方式，与传统的个体咨询相比，团体辅导更注重团队之间的互动和合作。在团体中，学生可以分享自己的经验和感受，倾听他人的故事，相互支持和鼓励。这种互动性的学习环境有助于培养学生的团队协作能力、沟通技巧和解决问题的能力。心理剧也是一种富有创意和趣味性的心理健康教育方法。通过编写和表演心理剧，学生可以将自己的情感和想法以艺术的形式表达出来，同时也可以在表演过程中体验和感知他人的内心世界。这种方法不仅能够提升学生的自我认知和情感表达能力，还能帮助他们更好地理解和应对各种心理问题。

（三）合作创新，构建多方参与的心理健康促进网络

学生的心理问题是一个复杂而多维度的议题，不仅仅局限于学校环境，更与家庭、社区等多个方面紧密相连。单纯依靠学校或班主任的力量往往难以全面解决这些问题。为了更有效地促进学生的心理健康，班主任应积极寻求与家长、社区机构等各方建立紧密的合作关系，共同构建一个全方位、多层次的心理健康促进网络。与家长的合作是至关重要的一环。家长是学生的第一任老师，他们对学生的成长和发展有着深远的影响。班主任应定期与家长进行交流，分享学生在校的表现和心理状态，了解学生在家庭环境中的情况，共同探讨和解决学生存在的心理问题。这种家校合作的方式不仅可以增强教育的连贯性和一致性，还能为学生提供更加全面和个性化的心理支持。与社区机构的合作也是不可或缺的一部分。社区是学生生活的重要环境之一，其中蕴含着丰富的资源和机会。班主任可以与社区的心理健康机构、青少年活动中心等建立合作关系，共同开展心理健康教育和促进活动。这些机构的专业知识和经验可以为学校提供有力的补充和支持，同时也能帮助学生更好地融入社区、拓展社交圈子。构建这样一个多方参与的心理健康促进网络，形成强大的合力，可以共同为学生的心理健康保驾护航。在这个网络中，各方可以相互支持、相互学习、相互监督，共同推动心理健康教育的深

入发展。这种合作创新的模式不仅能够提升学生的心理健康水平，还能促进家庭、学校和社区之间的和谐关系，为社会的稳定和发展做出积极的贡献。

（四）文化创新，营造积极健康的班级心理氛围

班级，作为学生求学路上的一个重要驿站，不仅仅承载着知识传递的功能，更是塑造学生性格、培养学生情感的重要场所。班级的心理氛围，对学生的心理健康具有举足轻重的作用。为了营造一个积极健康的班级心理氛围，班主任需要进行文化创新，从班级规则到班级活动，从点滴细节到大局规划，都要用心去思考、去设计。制定科学合理的班级规则是营造良好心理氛围的基础，这些规则不仅要明确学生的权利和义务，更要倡导尊重、包容、互助的价值观。规则的制定和执行，能让学生明白在班级中，每一个人都是重要的，每一个人的情感和需求都应该得到尊重和满足。组织丰富多样的班级活动是增强班级凝聚力、营造积极心理氛围的有效途径，这些活动可以是学术竞赛、文艺表演，也可以是户外拓展、社会实践。这些活动，不仅可以锻炼学生的能力，更能增进学生之间的友谊，培养他们的团队协作精神和集体荣誉感。鼓励学生之间的正向互动和支持也是营造积极健康班级心理氛围的关键。班主任要引导学生学会欣赏他人的优点，学会在他人需要帮助时伸出援手，学会在面对困难和挑战时相互鼓励与支持。这种正向的互动和支持，不仅能够提升学生的心理健康水平，更能培养他们的社会责任感和公民意识。在这个过程中，创新策略的应用显得尤为重要。无论是技术创新、方法创新还是合作创新，都可以为班级心理氛围的营造提供新的思路和手段。例如，利用现代科技手段建立班级交流平台，让学生可以随时随地分享自己的心情和感受；引入多元化的心理健康教育方法，让学生在轻松愉快的氛围中提升心理健康素养；与家长和社区机构建立合作关系，共同为班级心理氛围的营造提供支持和保障。

二、面向未来的教育模式与实践

随着社会的快速发展和教育理念的不断更新，面向未来的教育模式与实践正逐渐成为教育改革的重点。在这些新的教育模式中，学生的心理健康促进占据了核心地位。班主任作为学生成长过程中的重要引导者，需要积极适应这些变化，探索和实践新的教育方法，以更好地促进学生的全面发展。

（一）以学生为中心的教育模式

随着教育理念的不断更新和发展，未来的教育模式将越来越注重学生的主体地位，强调以学生为中心的教学理念。在这种新型的教育模式下，班主任的角色将发生深刻的转变，他们不再仅仅是传统的知识传授者，而是成为学生学习和发展的促进者、引导者和伙伴。以学生为中心的教育模式要求班主任更加关注学生的个体差异和需求。每个学生都是独一无二的个体，他们有着不同的兴趣、爱好、特长和发展方向。班主任需要深入了解每个学生的情况，尊重他们的个性和选择，为他们提供量身定制的学习方案和心理辅导。这样才能真正激发学生的学习兴趣和动力，帮助他们在自己喜欢的领域取得更好的成绩。班主任需要创设宽松、和谐的学习环境，让学生感受到被尊重、被理解、被关怀，在这样的环境中，学生才能敢于表达自己的想法和观点，敢于尝试新的学习方法和思路。班主任要鼓励学生积极参与课堂讨论、小组合作、项目研究等多样化的学习活动，让他们在主动探究的过程中发现问题、解决问题，从而培养他们的创新意识和实践能力。以学生为中心的教育模式还要求班主任与学生建立平等、民主的师生关系，班主任要放下身段，与学生进行真诚的交流和沟通，了解他们的困惑和需求，为他们提供及时的帮助和支持。在这种关系下，学生才能更加信任班主任，愿意向他们敞开心扉，分享自己的喜怒哀乐。这样的互动和反馈机制不仅有助于提升学生的学习效果，更能促进他们的全面发展和成长。

（二）整合性教育实践

随着教育改革的不断深入，面向未来的教育实践越来越强调整合性。这种整合性不仅要求打破传统的学科界限，将知识、技能、情感、态度等多元要素紧密融合，更关注学生的全面发展，强调他们在认知、情感、社交和身体等多个维度的成长。在这种整合性的教育实践中，班主任的角色变得尤为重要。他们不仅是学科知识的传授者，更是学生全面发展的促进者和协调者。为了有效实施整合性教育，班主任需要发挥桥梁和纽带的作用，与各学科教师紧密合作，共同设计与实施跨学科的学习活动和项目。这些跨学科的学习活动和项目可以围绕真实世界的问题或挑战展开，让学生在解决实际问题的过程中综合运用所学知识，提升他们的批判性思维、创新能力和问题解决能力。同时这类活动还有助于培养学生的团队合作精神和责任感，因为他们在解决问题的过程中需要相互协作、共同分担责任。此外，班主任还可以积极利用信息技术手段丰富整合性教育实践。例如，通过在线学习平台，学生可以获取更加广泛和多样的学习资源，进行自主学习和探究。虚拟实验室等技术则可以为学生提供更加真实和沉浸式的实践体验，帮助他们在模拟的环境中掌握实际操作技能。

（三）心理健康教育与学科教学的深度融合

在未来的教育实践中，一个显著的趋势将是心理健康教育与学科教学的深度融合。这种融合不仅意味着心理健康教育将成为学校教育不可或缺的一部分，更意味着它将渗透到每一节课、每一个学科中，与学生的日常学习紧密相连。班主任在这种深度融合中扮演着至关重要的角色。他们不仅是学科教学的组织者和实施者，更是学生心理健康的守护者和促进者。为了实现心理健康教育与学科教学的有效融合，班主任需要积极参与心理健康教育的课程设计和实施过程，深入了解心理健康教育的理念和方法，将其灵活运用到自己的教学中。在语文课上，班主任可以通过对文学作品的分析和解读，引导学生深入理解人物的情感世界，学习如何恰当地表达自己的情感。这种情感教育的渗透不仅可以提升学生的文学素养，还能帮助他们更好地认识自己、理解他人。在数学课上，班主任可以通过设计具有挑战性的数学问题，培养学生的逻辑思维能力和抗压能力。在解决问题的过程中，学生可以学会面对困难时的冷静分析和坚持不懈，从而提升他们的心理韧性。在体育课上，班主任则可以通过组织各种体育活动，帮助学生释放压力、增强自信。运动是缓解压力、提升心理健康水平的有效途径之一，班主任可以通过体育课让学生感受到运动的乐趣和益处，培养他们的运动习惯和健康生活方式。这种心理健康教育与学科教学的深度融合不仅可以提高学生的学习兴趣和效果，还能在潜移默化中促进他们的心理健康发展。通过在各学科中融入心理健康教育的元素，班主任可以帮助学生更加全面地成长，为他们的未来奠定坚实的基础。

（四）家校社协同育人机制

在快速发展和不断变化的社会背景下，教育已经不再是学校单方面的责任。面向未来的教育模式更加强调家庭、学校和社会的协同作用，共同为学生的健康成长和全面发展提供全方位的支持。作为学校教育的重要组成部分，班主任在这一过程中承担着不可替代的角色。班主任需要与家长建立紧密的联系和合作。家长是学生的第一任教育者，他们对学生的影响深远且持久。通过定期的家长会、家访及现代通信手段，如微信群、电话沟通等，班主任可以及时了解学生在家庭中的生活和学习状况，把握学生的成长动态。班主任还可以向家长传达学校的教育理念和教育政策，指导家长正确地参与到孩子的教育中，共同促进学生的成长。班主任还需要积极与社区机构建立合作关系。社区是学生生活的重要环境之一，其中蕴含着丰富的教育资源和实践机会。通过与图书馆、博物馆、科技馆等文化机构的合作，可以为学生提供更加广阔的视野和多样的学习体验；与志愿者服务机构的联动，可以培养学生的社会责任感和公民意识；与企事业单位的合作，还可以为学生提供实习实训等实践机会，提升他们的职业素养和实践能力。这种家校社协同育人机制的建立和实施，对学生的成长和发展具有重要意义，不仅可以增强学生的社会责任感和归属感，提升他们的心理健康水平，还能有效促进学生的全面发展和个性化成长。在这一过程中，班主任起着关键的桥梁和纽带作用，他们需要通过自己的专业素养和教育智慧，将家庭、学校和社会的力量有机地结合起来，共同为学生的未来奠定坚实的基础。

三、社会变革对心理健康教育的影响

随着社会的不断变革和进步，人们的生活方式、价值观念、社会结构等方面都发生了深刻的变化。这些变化不仅影响着社会的各个领域，也对教育领域产生了深远的影响。特别是在心理健康教育领域，社会变革的影响尤为显著。作为学校心理健康教育的重要实施者，班主任需要深刻认识社会变革对心理健康教育的影响，积极应对挑战，把握机遇，以更好地促进学生的心理健康发展。

（一）社会变革带来的挑战

1. 价值观念的多元化。随着社会的开放和进步，人们的价值观念逐渐多元化。这种多元化不仅体现在不同个体之间，也体现在不同年龄、不同文化背景的人群之间。这种价值观念的多元化给心理健康教育带来了挑战，因为不同的价值观念会导致不同的心理问题和冲突。班主任要在尊重学生个体差异的基础上，引导他们建立积极、健康的价值观念，促进他们的心理健康发展。

2. 生活节奏的加快。现代社会的生活节奏越来越快，人们面临着巨大的压力和挑战。这种快节奏的生活方式不仅影响着成年人的心理健康，也对青少年的心理健康产生了负面影响。学生面临着来自学业、家庭、社交等方面的压力，容易出现焦虑、抑郁等心理问题。班主任需要关注学生的心理健康状况，提供及时的心理辅导和支持，帮助他们应对压力和挑战。

3. 网络信息的泛滥。随着互联网的普及和发展，人们获取信息的方式和渠道越来越多样化。网络信息的泛滥也给学生的心理健康带来了挑战。不良信息、网络暴力等问题会对学生的心理造成负面影响。班主任要加强对学生的网络素养教育，引导他们正确使用网络，避免受到不良信息的侵害。

（二）社会变革带来的机遇

1. 心理健康教育的重视。随着人们对心理健康的认识不断提高，心理健康教育在学校教育中的地位也逐渐提升。这为班主任开展心理健康教育工作提供了有力的支持。加强心理健康教育的课程建设、师资培训等方面的工作，能为班主任提供更好的教育资源和条件。

2. 科技手段的运用。现代科技的发展为心理健康教育提供了新的手段和途径。大数据、人工智能等技术可以用于学生心理健康的监测和评估；虚拟现实、增强现实等技术可以用于创设更加真实、生动的心理健康教育情境。这些科技手段的运用不仅能提高心理健康教育的效果，还能增强学生的学习兴趣和参与度，班主任需要积极学习和掌握这些科技手段，并将其运用于实际工作中。

3. 社会资源的整合。随着社会的变革和发展，越来越多的社会资源被投入心理健康教育中。各类心理健康教育机构、志愿者组织等可以为学生提供更加专业、个性化的心理辅导和支持。班主任需要积极与这些机构和组织建立合作关系，整合社会资源，共同为学生的心理健康发展贡献力量。

社会变革对心理健康教育产生了深远的影响，班主任需要深刻认识这些影响，积极应对挑战，把握机遇，以更好地促进学生的心理健康发展。在实际工作中，通过加强课程建设、运用科技手段、整合社会资源等方式提升心理健康教育的效果和质量。不断学习和提升自己的专业素养和实践能力，以更好地适应和引领社会变革对心理健康教育的影响。

四、持续改进与适应未来挑战

随着时代的快速发展和教育环境的不断变化，学生的心理问题日益受到社会各界的关注。作为学校教育的重要组成部分，班主任在学生心理健康促进中扮演着关键角色。面对未来的挑战，班主任要不断改进工作策略，提升自身的专业素养，以适应新的教育环境和学生需求。

（一）持续改进是班主任工作的必然要求

持续改进是提升班主任工作质量的关键。教育是一个动态的过程，学生的心理健康状况也会随着时间和环境的变化而发生变化。要时刻关注学生的心理健康状况，及时发现问题并进行干预。通过不断改进工作策略和方法，班主任可以更加有效地解决学生在心理健康方面遇到的问题，提升工作效果。持续改进有助于班主任适应新的教育环境。随着教育改革的不断深入和新的教育理念的涌现，传统的教育模式已经难以适应当前的教育需求。班主任应积极学习新的教育理念和方法，将其融入日常工作中，以更好地适应新的教育环境；并通过持续改进，不断完善自己的教育理念和方法，提高工作的适应性和创新性。作为教育工作者，班主任需要不断提升自己的专业素养和实践能力，通过反思和总结工作中的经验和教训，发现自己的不足之处，并制订相应的学习计划；通过持续学习和实践，不断提升自己的专业素养和实践能力，为更好地促进学生心理健康发展奠定坚实的基础。

（二）适应未来的挑战是班主任工作的重要任务

随着社会的快速发展和科技的进步，教育环境将发生更加深刻的变化。新的教育理念、新的教学方法、新的技术手段等将不断涌现，给班主任工作带来新的挑战。班主任需要积极关注教育发展的动态，了解新的教育理念和方法，掌握新的技术手段，以更好地适应未来的教育环境。随着社会竞争的加剧和家庭结构的变化，学生面临着更大的心理压力和挑战，心理问题已经成为影响学生健康成长的重要因素之一。班主任应加强对学生心理健康的关注和干预，提供及时有效的心理辅导和支持，积极与家长、学校、社会等各方建立合作关系，共同为学生的心理健康发展贡献力量。

　　为了应对这些挑战，班主任需要采取以下措施：一是加强学习，不断提升自己的专业素养和实践能力；二是积极关注教育发展的动态，了解新的教育理念和方法；三是加强与学生、家长、学校等各方的沟通和合作，共同促进学生的心理健康发展；四是注重工作反思和总结，不断改进工作策略和方法。通过这些措施的实施，班主任可以更好地适应未来的挑战，为学生的心理健康发展贡献自己的力量。

　　持续改进和适应未来的挑战是班主任工作的必然要求和重要任务。面对新的教育环境和学生需求，班主任要不断改进工作策略和方法，提升自身专业素养和实践能力；同时积极关注教育发展的动态和学生心理问题的变化趋势，采取有效的措施进行干预和支持。只有这样才能更好地发挥班主任在学生心理健康促进中的关键角色作用，为学生的全面发展和成长贡献自己的力量。

结　语

随着教育模式的不断变革与学生心理问题的日益凸显，班主任在学校教育体系中的角色越发显得重要和不可替代。本书从多元视角出发，深入探讨了班主任在维护和促进学生心理健康方面所承担的责任、挑战及其实践策略。

本书强调了心理健康对学生整体发展的基础性作用。在快速变化的社会环境中，学生面临着来自学业、家庭、社交等多方面的压力，这些压力若得不到及时有效的缓解和引导，很容易演化为各种心理问题，进而影响学生的学业成就和未来发展。班主任作为学生日常学习与生活的重要陪伴者和指导者，其对学生心理健康的关注与干预具有天然的优势和必要性。班主任在心理健康促进中会遇到种种挑战，这些挑战既包括来自学生个体差异的复杂性、家长认知的局限性，也包括学校资源的不足和自身专业知识的匮乏等。面对这些挑战，班主任需要不断提升自身的专业素养，学习心理学、教育学等相关知识，同时还需要积极寻求外部支持，与家长、学校、社区等各方力量形成合力，共同为学生的心理健康保驾护航。

回首全书，不难发现，班主任在学生心理健康促进中的关键角色，不仅体现在他们对学生的深入了解和真诚关爱，更体现在他们专业素养的不断提升和实践能力的持续增强。作为教育工作者，班主任自身的心理健康状况不仅直接影响其工作效果，还会通过师生互动间接影响学生的心理健康。因此，班主任要学会自我调适，合理应对工作压力，保持积极乐观的心态，这样才能更好地履行在学生心理健康促进中的职责。

在此，我们也对每一位在教育事业中默默奉献的班主任表示最崇高的敬意和最诚挚的感谢。你们的辛勤工作和无私奉献，是学生成长道路上最宝贵的财富，也是社会发展进步不可或缺的力量。愿你们的工作充满成就感和幸福感，愿你们的生活充满阳光和温暖。